KB039390

수평화된 한일관계

국중호 편저

기미야 다다시 · 하코다 테츠야 · 오구라 키조 · 남기정 · 황선혜 저

박영사

프롤로그

윤희찬(전 주(駐)요코하마 대한민국 총영사)

　본서의 프롤로그를 담당하게 되어 아주 기쁜 마음입니다. 우선, 제가 어째서 이 프롤로그를 쓰게 되었는지 그 계기에 대해 간단히 말씀드리고자 합니다. 2021년 10월 22일 주(駐)요코하마 총영사관 주최, 그리고 요코하마시립대학 지역공헌센터와 서울대학교 일본연구소를 비롯한 16개 단체 공동 개최로 '한일 과제 해결을 모색하는 심포지엄'을 가졌습니다. 이 심포지엄의 주제가 '한일관계의 바람직한 모습'이었습니다. 외람됩니다만 제가 그때 개회 인사를 드렸고 그것이 좋은 인연으로 이어져 프롤로그를 쓰는 기회를 얻게 되었습니다. 본서는 이 심포지엄에서 있었던 강연이나 토론의 일부를 활용하고 있기도 합니다.

　당시의 한일관계가 그리 좋지 않아 한국에서는 반일, 일본에서는 혐한 등의 감정 표출도 보이곤 했습니다. 하지만, 많은 분들의 근저에는 양국 관계 개선을 요구하는 목소리도 숨어 있음을 감지하고 있습니다. 한일관계의 어디에 무슨 문제가 있고 이를 어떻게 개선할 것인가에 관해서는 실로 다방면으로 나누어져 있어 숱한 분야를 헤쳐 나아가야 합니다. 당연한 얘기지만, 한일관계에 관한 분야는 위의 심포지엄에서 다룬 주제만이 아니라 그 외로 다루어야 할 분야도 많으며, 또한 책 한 권의 분량으로 다루기에는 벅차다고 하겠습니다. 그렇다고는 하겠습니다만 주요 테마에 대해 문제를 제기하고 그 인식을 심화하며 해결책을 모색해 가는 것은 의미 있는 일이기도 합니다. 나아가 이를 서적 출판이라는 형태로 발신하는 일은 매우 뜻깊은 작업이라 여기고 있습니다.

한일 양국은 1965년 국교 정상화 이후 갈등과 곤란도 있었지만, 경제·정치·안보·문화 등 다양한 분야에서 긴밀한 협력관계를 발전시켜 왔습니다. 최근의 한일관계 악화는 정치·안보·역사 문제에 국한되지 않고 경제·사회·문화 등에도 악영향을 주고 있었습니다. 양국 간 민간 교류도 냉각되어 장기화되기도 하였습니다만, 상호교류의 냉각은 양국이 공유해 온 민주주의와 시장경제라는 가치관을 살리지 못한 것이기도 할 것입니다. 위에서 언급한 심포지엄은 양국이 상호 가치관을 살리기 위한 하나의 파문이 되기를 바라는 마음도 있었습니다. 요즈음 들어 한일관계 개선의 분위기가 조성되는 듯하여 고무적이기도 합니다.

본서의 출간이 양국 관계 개선에 하나의 파문이 되고 그 파문이 둘, 셋, 넷의 파문으로 이어져 물꼬가 트여가기를 간절히 바라고 있습니다. 솔직히 말씀드리면, 저로서는, 본서에서 다루고 있는 경제·정치·외교·철학·역사·문화나 양국의 사고방식 등에 대한 구체적인 내용까지 파고들어 논평할 자신은 없습니다. 본서의 내용 소개에 대해서는, 이 프롤로그에 이어 있게 되는 국중호 교수님의 '편저자의 말'에 맡기고자 합니다. 국 교수님은 위에서 언급한 심포지엄 기획을 담당하시는 등 많은 노고를 아끼지 않으셨습니다. 이 자리를 빌려 감사의 뜻을 전합니다.

한국·일본을 포함한 동아시아는 미중 경쟁 시대의 도래와 함께 전 (全) 인류를 강타한 코로나19 감염사태와 맞물려 전례 없는 경험을 하였습니다. 여기에 설상가상으로 2022년 2월 러시아의 우크라이나 침공으로 인해 국제질서에서 미증유의 변동을 겪고 있습니다. 이와 같은 혼란스러운 변화의 너울이 장기화되면서 불안정, 불평등, 불가측을 특징으로 하는 비정상(뉴노멀)의 일상생활을 가져오기도 하였습니다. 그런 가운데 한국과 일본이 동아시아 중심 국가로서 서로 감정을 부추기지 않고 진정한 협력관계로 구축해 나아가길 바라는 마음을 전하며 프롤로그를 대신하고자 합니다.

편저자의 말

한일관계가 좋지 않다는 말들이 오가기도 하지만, 이는 어느 시기를 잘라 말하느냐에 따라 달라지게 마련이다. '좋다' 또는 '좋지 않다'라는 일희일비에 사로잡히기보다는 각자가 지닌 잠재력 발휘로 자기 나름의 발전으로 이어가는 것이 중요하다. 발전으로 향해 가는 데에는 부정적인 면에 얽매이지 않고 당사자 의식을 바탕으로 '좋은 점'이나 '강한 점'을 어떻게 살려가는가가 보다 더 진전을 가져온다. 나아가 실로 장점과 강점을 발휘하려면 지피지기(知彼知己), 즉 '상대를 알고 자신을 안다'는 것, 달리 말해 상대방과 자신의 우열장단(優劣長短)을 파악하는 것이 관건이라 할 것이다.

상호 간의 특징 차이를 잘 관찰하며 상대방이 자신과는 다른 어떤 나은 재주를 지니고 있음을 알게 된다면, 그것을 겸허히 받아들이거나 활용하며 스스로의 잠재 능력을 높여가는 것이 보다 성숙한 자세이다. 한국과 일본 각각의 자국민 중에도 개성 넘치고 뛰어난 능력의 소유자가 있으니, 국내로 한정하여 자신을 보완해 가는 방법도 상정해 볼 수 있을 것이다. 하지만, 더욱 '넓은 시야와 깊은 지식'을 갖추어 가기 위해서는 열린 관점에 입각한 다양성의 확보가 요구된다. 한일관계에서 본다면 그 하나의 전략이 한국으로서는 일본의, 일본으로서는 한국의 뛰어난 특징을 살리는 방법이다. 지리적으로 가깝고 겉모습은 비슷하

iv

나 서로 아주 다른 특징을 지니는 양국 간의 '상호활용 전략'은 소득수준을 높여줄 뿐만 아니라 삶의 질도 윤택하게 한다.

국제무역의 기본 이론 중 하나로 '비교우위'라는 개념이 있다. 국가 간에 각기 장점을 발휘해 만들어 낸 상품을 서로 교역하는 방식이 생활수준을 보다 풍요롭게 하여 준다는 것이 비교우위 이론의 요체라 할 수 있다. 비록 자국이 상대국보다 여러 분야에서 우수하다고 하더라도 자급자족으로 모든 것을 떠안기보다는, 저마다 상대적 우위에 있는 영역에서 창출한 생산물이나 성과물을 상호 거래·교역하는 것이 보다 나은 결과를 가져온다. '비교우위'의 활용은 상호 간의 장점을 살리는 방법이라 할 수 있으며, 이를 위해서는 상대방과 자신이 어떤 특징을 지니고 있는지 파악하는 과정이 있어야 할 것이다.

본서에는 한국과 일본이 일처리에 있어 각각 어떤 사고(思考)로 임하고, 일처리 방식에 있어 양국이 어떤 유사점과 차이점이 있는지에 대한 내용이 많이 실려 있다. 장별로는 한일 경제실적 비교 및 일본 경제침체의 원인(제1장), 한국 대통령선거와 정치(제2장), 근린외교(제3장), 한일철학(제4장), 일본군'위안부' 문제의 정치적 책무(제5장), 문화교류와 콘텐츠(제6장), 한일 사고방식의 비교(제7장), 한일 인식의 차이(제8장)를 들어가며 양국 관계를 논의하고 있다. 보다 자세한 각 장의 개요는 서장에서 정리하고 있으나, 이하에서는 본서의 이미지를 떠올린다는 관점에서 각 장의 개략을 소개하기로 한다.

일본의 고도 경제성장이 끝나는 1973년에는 일본의 소득수준이 한국보다 10배 가까이 높았으나 이제는 거의 같은 수준이 되었다. 물가수준을 고려한 구매력 평가로 본 소득수준에서는 2018년부터 한국이 오히려 일본보다 높아졌다. 제1장에서는 경제면에서의 대칭적 또는 수평적 관계가 되었다는 점을 보이고, 어째서 일본경제가 침체하게 되었는지에 대해, 산업정책·재정정책·금융정책으로 나누어 정책 면에서의 침체 원인을 논의하고 있다. 그런 다음, 한일관계 개선이 일본의 폐색감(閉塞感) 탈출이나 한일경제 활성화에도 도움이 된다는 것을 지적한다.

제2장에서는 제20대 한국 대통령선거와 외교정책에서의 한일 정책 공조에 대해 다룬다. 제20대 한국 대선에서 보수 야당의 윤석열 후보가 진보 진영의 이재명 후보를 누르고 당선된 요인을 설명한다. 나아가 1965년 '완전하고 최종적인 해결'이라는 한일청구권협정의 합의도 존중할 수 있는 묘안을 윤 정권이 잘 짜내어 일본 정부의 협력을 구하는 것이 외교정책에서의 한일 정책공조를 추진하기 위한 조건이 된다는 점을 언급하고 있다.

일찍이 여러 분야에서 수직적으로 전개되어 온 한일관계가 수평화되는 구조적 변화가 일어나고 있다. 한일관계에 있어 작금의 삐걱거려온 상황은 다분히 인위적으로 만들어졌다고 해도 과언이 아니다. 제3장에서는 아베 신조 전 총리와 문재인 전 대통령을 들어, 두 사람이 국내 내셔널리즘을 부추김으로써 한일관계 외교 면에서 크게 마이너스로 작용했음을 보이고 있다. 나아가 정치에 의한 '무지(無知)'와 '악의(惡意)'로 채색된 사실관계를 적시하고 그 참상을 어떻게 타개해야 할지에 대해 고민한다.

제4장에서는 전후(해방 후) 한국과 일본이 '한일모델'이라고도 할 수 있는 화해와 번영과 평화 프로세스를 구축해 왔다는 관점을 제시하고, 서로 자제하는 고도로 지적(知的)이고 창조적인 양자관계를 계속하여 유지하여 왔다는 점에 착목한다. '한일모델'이라 함은, 내버려 두면 파탄과 상호증오와 폭력의 관계에 빠져버릴 초기설정(디폴트) 상태를 한일이 관리(매니지먼트)해 온 것을 전후(해방 후) 양국 관계의 본질로 보는 모델이다. 즉, 파탄과 상호증오와 폭력의 관계에 빠지지 않았다는

것 자체가 가치를 지니며, 그 가치의 실현을 위해 다수이면서 다양한
실행가들(actors)이 다방면에서 스스로를 계속 변화시켜 가며 노력해 온
그 현실을 직시해야 한다.

일본군'위안부'(종군위안부) 문제를 다루는 제5장에서는 그 문제 해결
의 중심이 '사실인정, 사죄반성, 법적배상'으로부터 '진상규명, 기억계
승, 역사교육'으로 옮겨가고 있는 점, 그에 따라 피해·생존자 없는 시
대의 피해자 중심주의가 정치적 책무로 부상하고 있고 그 과제는 '기
억 후 세계의 피해자 기억'의 구성과 계승이라는 점을 지적한다. 그에
더하여, 국제사회의 권고를 반영한 '미래를 향한 열린 형태'의 해결 도
모, '2015년 위안부 합의'의 의미 확인, 양국 정부에 의한 일본 정부 제
공의 10억엔 처리 교섭 개시, 향후 조치의 강구 등으로 구성되는 '위안
부' 문제 해결책이 제안되고 있다.

제6장은 한일 문화교류의 가교로서의 '콘텐츠'에 대해 다루고 있
다. 함께 울고 웃으며 공감과 감동을 느끼는 교류 실천이 문화 콘텐츠
를 개재한 활동이며, 세계에서는 '한류'라는 문화 현상이 일어나고 있
다. 일본에서 한류는 2003년 드라마 〈겨울연가〉에서 비롯되었지만,
일시적인 '붐'에 그치지 않고 그 기세는 지금까지 이어져 '국경을 넘는
문화교류'로서의 역할을 해오고 있다. 제6장에서는 이들 내용에 대해
논의한 다음, 장르·시장·소비자 요구에 따라 변모해 가는 한국 콘텐
츠 비즈니스를 전망하고, 콘텐츠 비즈니스 현장의 목소리를 담아 한
일 문화교류의 참모습을 그려내고 있다.

제7장에서는 '플로우의 한국 vs. 스톡의 일본', '디지털의 한국 vs.
아날로그의 일본', '넓고 얕게의 한국 vs. 좁고 깊게의 일본'이라는 세
가지 축을 제시하고, 한일 간의 사고방식을 비교한다. 이들 세 축은 필
자가 오랜 세월 한일 사회를 관찰해 오면서 도출해 낸 것이다. 이들 세
축의 제시에 이어, 서로 다른 특징을 갖는 한국과 일본이 어떤 관계를

지향하면 좋을지에 대해, '플로우 감성과 스톡 감성의 겸비, 디지털과 아날로그의 조화, 넓고 깊게의 추구'를 제언하고 있다.

제8장에서는 한일 간 인식 차이 및 한일관계에 대해 '한 시민'의 입장에서 본 견해를 피력하고 있다. 우선, 양국의 인식 차이로서 역사적 배경, 역사교육, 가치관의 차이를 들어 서로 간의 상이한 시각을 부각시키고 있다. 다음으로, 한일관계에 대하여는, 아베 신조와 스가 요시히데, 그리고 기시다 후미오 정권이 한국을 어떻게 보는지에 대해 다루고, 미중 갈등과 러시아의 우크라이나 침공이라는 국제정세 변화를 고려한 한일관계의 방향을 모색하고 있다. 나아가, '횡적'으로 여기저기로 넓히려 하는 한국(K)의 씨실(가로실)과 '종적' 사회의 특징이 강하면서 기술 축적이 많은 일본(J)의 날실(세로실)을 서로 엮은 'KJ망(網)'의 구축이라고 하는 '상호활용 전략' 또는 '전략적 협조관계'의 필요성을 강조한다.

본서의 집필에는 여섯 명(한국인 셋, 일본인 셋)의 필진이 참여하여 경제·정치·외교·사회·문화의 각 분야와 관련된 한일관계를 다루고 있다. 다양한 분야를 다루면서도 한일 각각의 사고 및 일처리 방식을 규명하고 각각에서 논의된 것들을 어떻게 살릴 것인가라는 고민이 담겨 있는 점은 공통이라고 할 수 있다. 본서에서는 한일관계를 어떻게 유지해 나가는 것이 좋을지에 대한 제언도 잊지 않고 있다. 종장에서 각 장의 필자들이 제시한 제언을 정리하고 있으나, 편저자 나름으로 그 제언들을 간단한 어구로 표현하면 다음과 같다.

그들 제언 어구는, 한일경제의 활성화나 일본의 폐색감으로부터의 탈출을 위해서도 양국관계 개선이 요구된다는 점(제1장), 한일 공통이익의 존재를 인식하고 그 공통이익의 실현을 위해 양국이 지혜를 짜내야 한다는 점(제2장), 한일이 등신대(等身大)의 이웃 나라를 냉철하게 '아는' 작업을 하며 그로부터 "무엇을 해서는 안 되는가?"를 고민해야 한다는 점(제3장), 한일이 고통에 가득 차 화해와 번영과 평화의 길로 만들어 낸 '한일모델'을 앞으로도 계속 걸을 수밖에 없다는 점(제4장), 일본군'위안부' 문제가 '진상규명, 기억계승, 역사교육'으로 옮겨가고 있다는 점에 비추어 '미래를 향한 열린 형태'의 해결을 도모해야 한다는 점(제5장), '함께 생각하고, 창작하며, 계속 전달해 가는' 세 가지를 실천하며 한일 콘텐츠 교류를 진행해 가야 한다는 점(제6장), 한국과 일본의 특징을 살린 '플로우 감성과 스톡 감성의 겸비, 디지털과 아날로그의 조화, 넓고 깊게의 추구'(제7장), 한일 역사적 배경의 차이에 따른 인식의 차이를 파악하고 위에서 언급한 'KJ망' 구축이라는 '상호활용 전략'을 구사할 필요가 있다는 점(제8장)이다.

본서를 기획하게 된 계기는 2021년 10월 22일 '한일관계의 바람직한 모습'을 주제로 하여 개최된 '한일 과제 해결을 모색하는 심포지엄'이다. 그렇다고 하여 본서가 그 심포지엄에서 있었던 발표 내용을 그대로 문서화한 것은 아니다. 서장과 종장을 제외하고 여덟 개의 장으로 되어 있는 본서의 구성 중 두 개의 장(제3장과 제4장)이 동 심포지엄의 강연을 기초로 하고 있으나, 그 이외의 여섯 개의 장은 심포지엄 이후 새로이 기획하여 추가하고 있다. 한일관계와 관련된 다양한 분야를 다루는 하나의 서적으로서 그 체계를 갖추기 위해 재삼 심혈을 기울였다.

집필을 맡아주신 분들은 각각의 분야에서 조예가 깊은 분들이라는 자부심이 있다. 집필자로 참여해 주신 기미야 다다시, 하코다 테츠야, 오구라 키조, 남기정, 황선혜 집필자 분들께 깊이 감사드리는 마음이다. 이들 집필자 이외에도 위 심포지엄에서 개회사를 담당하여 주신 당시 주(駐)요코하마 대한민국 총영사관 윤희찬 총영사가 프롤로그를 써 주셨고, 폐회 인사를 맡아주신 요코하마시립대학의 오사나이 이즈미 이사장이 에필로그를 담당하여 주신 덕분에 본서의 처음과 끝을 멋지게 장식할 수 있었다. 윤 전 총영사님과 오사나이 이사장님께도 깊은 사의(謝意)를 표하는 바이다. 이들 집필자 분들과 편저자에 대한 소개는 본서의 말미에 싣고 있다.

스마트폰의 보급과 함께 주변에서 접하는 정보가 넘쳐나는 시대가 되었고, 그와 맞물리며 안타깝게도 출판시장의 힘이 상대적으로 약화되고 있다는 느낌이다. 양서(良書)의 출판에도 출판조성금이 필요한 요즈음이다. 본서 일본어판의 출판에서도 주요코하마 대한민국 총영사관 및 요코하마시립대학 학술연구회가 조성금을 지원해 주신 덕분에 간행할 수 있었다. 요코하마 총영사관의 윤희찬 당시 총영사님을 비롯하여 김성연 부총영사님, 이은정 전문관님, 그리고 요코하마시립대 학술연구회의 야스카와 후미아키 운영위원장, 나카타니 다카시 편집위원장, 마츠이 마키코 사무담당자님께 감사의 말씀을 전하고 싶다.

이 책의 원저(原著)는 아카시서점(明石書店)에서 『한일관계의 바람직한 모습 — 수직관계에서 수평관계로 —』(『日韓関係のあるべき姿 – 垂直関係から水平関係へ』)라는 타이틀로 2022년 10월 일본어로 발행되었다. 일본어판 발행시에는 아카시서점의 야스다 신 이사겸 편집부장, 이마에다 히로미츠 편집담당자가 간행 작업 대응에서부터 완성에 이르기까지 세심한 배려가 있었다. 많은 배려와 노고에 고마움을 전하는 동시에 한국어판 출판을 허락하여 주신 아카시서점 관계자 분들께도 감사드린다.

한국어판 출판은 위의 원저를 기본으로 하고 있으나 원저의 자구(字句) 하나 하나를 그대로 번역하지는 않았다. 한국의 독자를 염두에 두고 표현 수정(예컨대, 일본어판에서의 일한(日韓)관계를 한일관계로 하는 등)을 가하였고 그 후의 변화도 반영하여 집필한 것임을 밝혀 둔다. 한국어판 출판에서 헌신적인 도움을 주신 박영사의 나카지마 케이타 법인장께 이 자리를 빌려 깊이 감사드린다. 본서가 한일관계의 개선이나 한국과 일본에 대해 생각해 보는 데 다소나마 도움이 된다면 소기의 출판 목적은 달성되는 것이 아닌가 싶다.

신록이 우거지는
2023年 7月 길일
국중호

차례

제7장 ——————————————————————

한일 사고방식 비교와 보완성 215

제8장 ——————————————————————

한일 인식의 차이와 한일관계 구축 255

종장 ——————————————————————

제언 293

국중호(요코하마시립대학)

서장

한일관계의 여러 문제

서장

한일관계의 여러 문제

본서에서는 한일관계에서 나타나는 다양한 문제들을 여러 각도에서 살펴보고 있다. 이하에서는 각 장의 개요를 소개하기로 한다. 이들 개요는 각각의 집필자들로부터 받은 것을 정리한 것이다.

1 일본경제의 침체 요인과 전망

제1장에서는 한국의 소득수준이 일본을 따라잡고 넘어섰다는 점과 일본경제가 왜 침체하였는지를 다루고 있다. 제1차 오일쇼크(석유위기)가 있었던 1973년 일본의 소득수준(일인당 GDP)은 한국보다 10배 가까이(9.8배) 높은 수준이었다. 이 시기 이후 한국의 고도성장 기간은 일본보다 더 길게 이어졌고 양국 간 소득수준의 격차는 축소되어 왔다. 고도성장 기간을 보면 한국(1963~97)이 일본(1956~73)에 비해 약 두 배나 길며, 구매력 평가로 볼때 2018년부터는 한국의 소득수준이 일본을 추월하고 있다. 이는 소득수준으로 보았을 때 이전의 '비대칭적(또는 수직적) 관계'에서 '대칭적(또는 수평적) 관계'로 바뀌었음을 보여준다.

수평적 관계로 바뀌며 과거의 수직적 또는 비대칭적 관계에서는 묻혀 있었던 사안들에 수정을 가하게 되고 양국 간 입장 조정을 어렵게 하는 현상들이 나타나고 있다.

1991년 거품경제가 붕괴되면서 일본경제는 성장이 멈춘 '성장상실기'로 빠져들었고, 아직도 성장상실기는 이어지고 있다. 제1장에서는 일본경제의 국제적인 위상 저하를 국내총생산, 임금수준, 제조업 생산성 등의 지표를 이용하여 검증한다. 이어 일본경제가 어째서 크게 침체되었는지에 대해 디지털화에 대한 대응 미흡과 함께 금융정책, 재정정책, 산업정책 면을 들어 살펴보고 있다. 이들 검증을 바탕으로 일본의 성장상실기는 "경제정책의 오류와 민간부문의 위축이 초래한 합작"이라 총괄하고 있다. 그러면서 한일관계 개선은 양국 경제 활성화 및 일본의 폐색감(閉塞感) 탈출에도 도움이 된다고 역설한다. 제1장 후반부에서는 일본경제가 어떻게 나아갈 것인지에 대해, 거시적으로는 그 동안의 대담한 금융완화를 정상으로 되돌리는 '출구전략의 성공 여부'와 미시적으로는 '디지털화 진행에 원활히 대응할 수 있을지의 여부'에 달려 있다고 전망하고 있다.

2 외교정책에 있어서의 한일협조 가능성

제2장에서는 제20대 한국 대통령선거와 외교정책에서의 한일 공조 가능성에 대해 다루고 있다. 2022년 3월 제20대 한국 대선은 보수 야당 윤석열 후보가 불과 0.7%포인트 득표율 차이로 당시 여당의 진보 진영 이재명 후보에 이겨 당선되었고 5월 10일 윤 정권이 출범했다. 제20대 대선에서 나타난 특징으로 다음 세 가지를 들 수 있겠다. 첫째, 문재인 정권의 업적 투표에 있어 근소하나마 부지지(不支持)가 지지를 상회하였고, 특히 서울지역 득표에서 윤 후보가 앞선 것은 문 정

권의 부동산 정책 실패의 결과이다. 다음으로, 진보 진영 지지가 많았
던 20대 및 30대에서 남성을 중심으로 보수 지지가 팽팽하였다는 점
을 들 수 있다. 마지막으로 투표율은 77.1%로 높은 정치적 관심을 보
여주었다 하더라도, 정치가 무엇인가 유익함을 가져다 준다는 보장은
없을 것이라는 점이다.

윤 정권은 '여소야대'의 국회, 정치에 대한 사회의 높은 기대에 대
응해야 하며 권력기반이 안정되어 있지는 않다. 특히 외교정책에서는
문재인 정권과 큰 차이를 보인다. 또한 북한에 대해서는 엄격한 상호
주의에 입각해 이전의 정권에 비해 강경한 자세를 취하고 있다. 미중
갈등을 둘러싼 대응에서는 기존의 '전략적 모호성'을 버리고 중국을
염두에 둔 한미동맹 강화 쪽으로 축을 옮기고 있으며 그 일환으로 한
미일 안보협력에도 적극적이다. 윤 정권 들어 한일관계의 분위기는 좋
아지고 있지만 현안이 되고 있는 한국의 사법 판단에 대한 대응이 원
만하게 전개될 것인가 하는 문제는 남아 있다. 사법 판단을 존중하면
서도 한일청구권협정의 '완전 그리고 최종적 해결'이라는 합의도 존중
할 수 있는 묘안을 먼저 윤 정권이 짜낸 다음, 일본 정부의 협조를 구
하는 것이 외교정책에 있어 한일 정책협조를 진전시키기 위한 조건이
된다. 2023년 3월에 있었던 한국 정부의 해결책 제시와 한일정상회담
을 계기로 문 정권 때와는 그 분위기가 달라졌다.

3 수평관계로 바뀌고 있는 한일 간의 구조적 변화

제3장에서는 오늘날의 한일관계에서 배워야 할 점을 화제로 삼고
있다. 한국과 일본과의 정치외교 관계는 오랫동안 호전의 실마리조차
찾기 어려운 상태가 이어져왔다. 일찍이 많은 분야에서 수직적인 추
이를 보여온 양국관계는 이제는 수평화되는 쪽으로 옮겨가고 있다.

그러한 구조적 변화가 일어나며 가뜩이나 어려운 시기에 아베 신조 전 총리와 문재인 전 대통령이라는 두 정치 지도자는 사사건건 정치 판단을 잘못하였고 한일관계의 가일층 악화를 초래하고 말았다. 이렇게 보면 삐걱거려 온 한일관계 상황은 다분히 인위적으로 만들어졌다고 해도 과언이 아니다.

좌우 정치지향의 차이는 있지만 아베 신조와 문재인 두 지도자는 참으로 많은 공통점이 있다. 둘 다 독특한 역사관에 집착한 나머지 이데올로기를 전면에 내세워 국내 내셔널리즘을 부추길 만큼 부추겼다. 이런저런 슬로건을 내걸긴 하였으나 가시적인 실적은 턱없이 부족했다는 점도 닮아 있다. 한일관계에 있어서도 그런 비슷한 사람들끼리의 외교는 마이너스로 크게 작용했다. 한일 모두 양측의 시민감정에 상처를 입힌 것은 이웃나라에 대한 선입견이나 근거 없는 '정상성(正常性)의 이지러짐(bias)'이 동반된 '무지(無知)'였고, 정당성 강조로 국내의 지지를 얻으려는 '악의(惡意)'였다.

제3장에서는 이 기간의 정치에 의한 무지와 악의로 채색된 사실 관계를 되짚어보며, 그 참상을 어떻게 타개하여야 할지에 대한 생각을 피력한다.

4 관리(management)해 온 '한일모델'

1965년 이후 한국과 일본이 걸어온 역사를 과소평가해서는 안 된다. 한일 양국은 제2차 세계대전 후(이하 전후(戰後) (해방 후)라 표기) '한일모델'이라고 해야 할 화해와 번영과 평화 프로세스를 구축해 왔다고 하는 것이 제4장 필자의 기본적인 생각이다. 즉, 한일관계라고 하는 것은 자기중심적이고 폭력적인 양자관계였던 것이 아니라 서로 자제하는 고도로 지적(知的)이고 창조적인 양자관계로 이어져 왔다.

한일관계는 내버려 두면 양호해지는 것이 결코 아니며, 아무것도 하지 않으면 파탄과 상호 증오와 폭력의 관계에 빠질 관계였다. 이것이 초기설정(default)이지, 양호한 관계가 디폴트인 것은 아니다. 그 디폴트를 어찌어찌한 방식으로 가까스로 관리(매니지먼트)해 온 것이 전후(해방 후) 한일관계의 본질이었다. 이러한 본질을 갖는 '한일모델'임을 인식하면 파탄과 상호증오와 폭력의 관계에 빠지지 않았다는 것 자체가 가치 있고 의미 있는 일이었다. 그 가치의 실현을 위해 실로 다수이며 다양한 실행가들(actors)이 다방면에서 노력해 왔다. 이러한 현실을 직시해야 한다.

우리들은 한국과 일본 모두가 근대화 이후 오로지 서양으로부터만 배워왔다고 생각하고 있지만 사실은 그렇지 않다. 한일 양국이 쌍방으로부터 참으로 많은 것을 계속 배워왔고 스스로를 변화시켜 왔던 것이다. 이 쌍방향 프로세스의 총체가 '한일모델'이다.

5　일본군'위안부' 문제의 정치적 책무

제5장에서는 일본군'위안부'(이하 '위안부') 문제 해결을 위한 정치적 책무와 해결책에 대해 살펴보고 있다. '위안부' 문제는 처음 문제 제기가 있고 나서 한 세대를 지나 피해·생존자 없는 시대를 맞고 있다. '위안부' 문제 해결 운동이 한 세대를 지나면서 문제 해결의 중심은 이제 '사실인정, 사죄반성, 법적배상'으로부터 '진상규명, 기억계승, 역사교육'으로 옮겨가고 있다. 한편 가해자 처벌이 중심이 아니라 문제의 배경이 된 권력관계의 해체를 목적으로 할 때 피해자 중심주의는 법적·도덕적 책임의 문제가 아니라 '정치적 책임'의 문제가 된다. 피해·생존자 없는 시대의 피해자 중심주의의 정치적 책임과 그 구체적 과제는 '기억 후의 세계(post-memory world)의 피해자 기억의 구성과 계승'이다.

'위안부' 문제를 해결하기 위해서는, 우선 현실로 존재하는 '2015년 합의'의 의미를 확인하는 것부터 시작하고, 다음으로 일본 정부가 제공하고 한국 정부가 일부 사용한 10억엔의 처리에 대해 양국 정부가 교섭을 개시하며, 마지막으로 한국 정부와 일본 정부가 '2015년 합의'에 근거한 필요 조치로서 향후 조치를 취해가야 할 것이다. 한편, 국제사회는 '2015년 합의'가 피해자 중심주의를 반영하여 '개정(revise)'되어야 하며, 합의 가운데 피해자가 반발한 '최종적이고 불가역적 해결'이라는 형태의 해결에 문제가 있음을 지적했다. 한일 양국 정부는 국제사회의 권고를 반영하여 '미래로 열린 형태'의 해결을 도모하여야 할 것이다. 이를 위해 '진상규명, 기억계승, 역사교육'을 위한 시설을 설립하는 것이 하나의 해결책이다.

6 문화교류 가교로서의 한류 콘텐츠

제6장에서는 한일 문화교류 가교(架橋)로서의 '콘텐츠'에 주목한다. 다양한 콘텐츠를 계기로 양국의 다른 문화, 사회, 역사 등을 서로 알아가며 보다 깊이 이해하려는 행동 자체가 문화교류이다. 양국이 콘텐츠라는 가교를 오가며 함께 울고, 웃고, 응원할 때 공감이라는 공통의 감동이 생긴다. 이를 모두가 공유해 가는 것이 문화교류의 실천이다. 이와 같은 일련의 실천이 이어지면서 일본을 포함하여 세계에서는 '한류(韓流)'라는 문화현상이 일어나고 있다.

일본에서의 한류는 2003년 NHK 위성방송에서 방영된 〈겨울연가〉에서 시작되었는데, 일시적인 '붐'에 그치지 않고 그 기세는 지금까지도 이어지고 있다. 지난 20년간에 이어진 한류는 '경계를 넘는 문화교류'로서 매우 중요한 역할을 해왔다고 할 수 있다. 특히 세대를 초월하여 한국을 더욱 알고자 하며 일상생활에서 한국의 '것'을 즐기려는 사람들이 한층 늘어나고 있다.

일본에 국한하지 않고 전세계에 선풍을 일으키고 있는 한국 콘텐츠는 기획·제작·유통 등의 프로세스에서 나타나는 국내외 산업 측면에서도 격변을 거쳐가며 급속한 성장을 하고 있다. 장르·시장·소비자 욕구(needs) 등에 따라 다양하게 변모해 가는 한국 콘텐츠 비즈니스가 어떻게 성장해 나아갈지에 대한 향후 전망을 제시한다. 더불어 비즈니스 디자인의 관점에서 한국 콘텐츠의 저력을 살펴보고, 콘텐츠 비즈니스 현장의 목소리를 담아 콘텐츠라는 가교로 한일 상호 간 문화 교류의 모습을 제시한다.

7 한일 사고방식의 차이와 세 가지 축

한일 간의 사고방식 차이를 보이는 세 가지 축으로서, '플로우의 한국 vs. 스톡의 일본', '디지털의 한국 vs. 아날로그의 일본', '넓고 얕게의 한국 vs. 좁고 깊게의 일본'을 제시한다. 한국은 대륙문화와 해양문화가 흐르는(플로우) 반도국가에 위치하는 반면, 아시아 대륙의 동쪽 끝의 섬나라 일본은 지정학적으로 문물이 축적(스톡)되는 곳에 자리잡고 있다. 플로우 특성이 강한 한국은 역동성은 있으나 불안정해지기 쉽고, 스톡 특성이 강한 일본은 안정성은 있지만 폐색감(閉塞感)에 빠지기 쉽다. 한국은 '빨리빨리' 앞서가려는 디지털적 특징을 띠고 있는 반면, 일본은 '연속성'을 중시해 차근차근 대응하는 아날로그적 특징을 보인다. 주변국 중 어느 쪽이 강한지를 주시하면서 이리저리 돌아다니며 생존해 온 한국은 '넓고 얕게' 사고방식과 행동패턴이 몸에 배어 있다. 이에 비해, 자신한테 주어진 곳을 목숨 걸고 지키겠다는 '일소현명(一所懸命)' 성향의 역사적 배경을 갖는 일본은 '좁고 깊게'가 강하게 스며들어 있다.

이상의 세 가지 축을 감안할 때, 서로 다른 특징을 띠는 한국과 일본이 어떠한 방향을 지향하는 것이 바람직할 것인가? 그 지향점으로서, '플로우 감성과 스톡 감성의 겸비', '디지털과 아날로그의 조화', '넓고 깊게의 추구'라고 하는 세 축의 접점찾기를 도출해 낼 수 있다. 플로우 감성과 스톡 감성의 겸비라 함은 플로우의 융통성과 스톡의 안정감을 함께 갖추어감을 뜻한다. 디지털과 아날로그의 조화는 디지털과 아날로그의 융합 시대의 도래를 착목하며 디지털의 편리함과 아날로그의 안정감을 지향함을 말한다. 일본의 문호 나츠메 소세키(夏目漱石)의『문예의 철학적 기초』에서는 '넓고 깊게'의 추구가 삶을 풍요롭게 하여 준다는 것을 힘주어 말하고 있다. 소세키의 견해로부터 '넓고 깊게'를 추구하는 삶의 방식의 힌트를 내보이면 '진솔한 경험과 독서'이다.

8 한국과 일본의 인식 차이와 한일관계

제8장에서는 어떤 일에 임함에 있어 한국과 일본의 인식 차이에 주목한다. 작금의 정계(政界)나 대중 매체에서는 감정이나 선입감이 미리 앞서버린 까닭에 상호비난이 난무하고 그 제동이 걸리지 않을 때도 허다했다. 악감정이 배인 비난 싸움으로는 어떤 생산적이거나 창조적인 것들을 배태(胚胎)할 수 없다. 상대방한테 상처를 안겨줄 뿐만 아니라 선의의 교류마저 방해한다. 서로를 이해하려면 상대방이 자신과 어떻게 다른 사고방식을 갖고 있는지를 '알아가는' 작업이 요구된다. 사고방식의 형성은 해당 국가의 역사 전개의 심층과 관련되어 있기 때문에 그 사회를 속깊이 이해하는 데는 역사적 배경에 대한 파악을 빼어놓을 수 없다.

정치 분야에 대한 비판을 꺼려하는 순응적인 일본에서는 보수 우익이었던 아베 신조 정권에 동조하는 공기(분위기)가 감돌았고 한일 국민 간의 호감도도 낮았다. 일본 정치가 및 일반 국민에게 한국은, '국민정서법이 지배하는 나라'라는 이미지로 비춰지고 있었다. 반면에 인권이나 인간의 존엄 등을 내세우며 한일관계에 임하려 했던 문재인 정권 당시는 '우경화가 진행되는 일본'이라는 이미지가 강하게 남아 있었다. 2021년 10월 기시다 후미오 정권이 출범하고 나서 아베 정권에서와 같은 보수 우익이라는 색채는 엷어졌지만 기시다 총리에게도 한국은 '국민정서법이 지배하는 나라'로 비춰지고 있다.

일본과 대칭 또는 수평 관계가 되었을 정도로 한국은 괄목할 만한 발전을 이루어왔다. 이처럼 현재의 한국을 일본과 대등한 관계의 국가로 보아야 할 변화가 일어나고 있음에도 불구하고, 일본의 많은 중년층 남성들은 아직도 한국을 한 수 낮게 보는 경향을 보이곤 한다. 반면에 많은 한국인들 가운데는 여전히 일본에 '떼를 쓰는' 의식이 남아 있다. 적지 않은 한국인은 일본으로부터의 피해의식도 강한 까닭에, "일본이 다시 전쟁을 할 수 있는 나라로 형성되어 가는 것은 아닌가?"라며 경계한다.

한국과 일본이 안고 있는 과제를 풀기 위한 방안으로서, 여기저기 왔다갔다 하는 플로우 속성을 보이는 한국(K)의 가로실(씨줄)과 종적 사회로서 스톡 속성이 강한 일본(J)의 세로실(날줄)을 서로 엮어 짜는 'KJ망'의 구축이라는 '전략적 협조 관계' 또는 '상호 활용전략'이 요구된다.

마지막 종장에서는 본서의 제언을 정리하고 있다.

(국중호 정리)

국중호(요코하마시립대학)

제1장

일본경제의 침체 요인과
향후 전망

제1장
일본경제의 침체 요인과
향후 전망

국중호(요코하마시립대학)

1 한국에 추월당한 일본의 소득수준

일본은 에도막부(江戸幕府: 1603-1868) 말기 서양 세력과의 힘의 차이를 절실히 느꼈다. 메이지(明治) 유신(1868) 후 서양을 "따라잡고 추월하자"라는 구호 아래 근대화를 이루어갔고 소득수준은 현저하게 증가했다. 제2차 세계대전 이후(이하 전후(戰後)라 함) 한국은 일본을 "따라잡고 추월하자"는 심리도 작용하며 빠른 속도로 경제성장을 이루어왔다. 전통적인 지식·기술·자본의 축적(스톡)면에서 일본은 여전히 한국보다 훨씬 웃돌고 있지만, 구매력 평가로 나타낸 소득(일인당 국내총생산)이나 임금수준은 최근 들어 한국이 일본을 추월했다.

소득수준이 사회적 풍요를 가늠하는 유일한 척도는 아니나 소득이나 임금수준은 풍요를 나타내는 대표적인 잣대가 된다. 어떤 대상이 되는 경제 변수(예컨대 소득이나 소비)가 일정기간(예컨대 1년) 변화분이 어느 정도인지(예컨대 소득이 얼마인지)를 나타내는 개념을 '플로우(flow)'라 한다. 국가경제 전체를 가늠하는 거시경제에서 소득이나 소비는 플로우 변수의 대표적인 예라 할 수 있다. 한국이 일본을 앞섰다고 하는 것은 소득이나 임금수준과 같은 플로우 면에서 앞섰다는 의미이다. 자산축적과 같은 스톡 면에서는 한국은 일본보다 여전히 크게 뒤지고 있다.

전후 소득수준이 매우 낮아 극빈 상태에 있었던 한국은 높은 경제성장을 이루어냈고 1996년 경제협력개발기구(OECD) 회원국이 되면서 선진국에 진입했다. 2018년부터는 구매력으로 나타낸 일인당 국내총생산(GDP) 수준에서 한국이 일본을 앞지르기에 이르렀다. 이는 한국의 소득 증가 속도가 일본보다 빨랐음을 말해준다. 일본 따라잡기(catch up)를 해 온 한국으로서 일인당 소득수준이 일본보다 높아졌다고 하는 것은 상징적인 사건의 하나라 할 수 있으며 격세지감을 느끼게 한다.

세계은행(The World Bank)에서 발표하는 '세계발전지표'(World Development Indicators)의 달러 표시 일인당 명목 GDP 데이터에 기초하여 한국과 일본의 소득수준을 비교해 보자. 한일 간 소득수준의 차이가 가장 크게 벌어진 해는 일본의 고도성장이 끝나는 1973년이다. 1973년 소득수준(일인당 GDP)은 일본이 3,998달러로 한국의 407달러보다 10배 가까이(9.8배) 높았으나, 이후 양국 소득수준 차이는 축소되기 시작했다. 한국의 고도 경제성장 기간이 일본보다 길었기 때문이다. 1950년대 중반부터 73년까지가 일본의 고도 경제성장 기간인 반면, 한국의 고도 경제성장기는 1963년부터 97년까지로 일본에 비해 약 두 배의 기간에 이른다.

일본은 1960년대 이케다 하야토(池田勇人) 내각의 '소득 배증(倍增) 계획' 시기를 거쳐 제1차 오일쇼크가 발생한 1973년까지가 고도 경제성장이 가장 두드러진 시기였다. 그 후 중간성장기로 접어들었고 1980년대 후반의 거품경제가 1991년 꺼지면서 일본경제는 평균성장률이 1%에도 미치지 못하는 '성장상실기'가 계속되고 있다(1991년부터 2021년까지 30년간의 평균 경제성장률은 0.7%. 내각부 자료). 구매력 평가가 아닌 통상적인 일인당 명목 GDP로 나타낸 2021년 소득수준은 일본이 39,301 달러(세계 27위), 한국이 35,004달러(동 29위)로 아직 일본이 한국보다 높은 수준이나 그 차이는 1.1배에 불과하다(IMF 통계). 이 일인당 명목 GDP도 근년 내로 한국이 일본을 앞설 것으로 예상된다.

물가수준을 고려하여 같은 금액으로 얼마나 재화나 서비스를 구입할 수 있는지를 나타내는 지표가 구매력 평가(PPP: purchasing power parity)다. 보다 명확하게 말하면 구매력 평가라 함은 물가수준을 고려하였을 때의 재화·서비스 구입 능력을 나타내는 지표이며, 국가 간 소득이나 임금 수준을 비교할 때 많이 이용되고 있다. 그림 1-1에서는 1990년 이후 30년간에 걸친 구매력 평가로 본 한국과 일본의 일인당 국내총생산 (GDP)의 소득수준 추이를 비교하여 보이고 있다.

/ 그림 1-1 / **한국과 일본의 소득수준 비교**

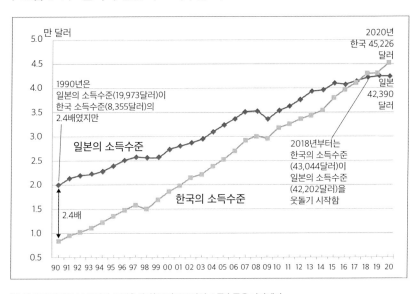

주: 구매력 평가로 본 일인당 국내총생산(GDP)으로서의 소득수준을 나타낸다.
자료: The World Bank, World Development Indicators(https://data.worldbank.org/indicator/NY.GDP.PCAP. PP.CD?locations=JP)를 이용하여 작성. 최종열람일 2022년 5월 27일.

그림 1-1로부터 구매력 평가로 본 달러 표시 일인당 GDP의 한일 간 소득수준 추이를 보면, 1990년에는 일본(19,973달러)이 한국(8,355달러)에 비해 2.4배나 높았던 것을 알 수 있다. 이후 한국이 일본을 따라잡아 2018년부터는 한국(43,044달러)이 일본(42,202달러)보다 더 높아지고 있다. 2020년에는 일본(42,390달러)이 한국(45,226달러)의 0.9배로 내려앉아 그 차이가 커지고 있다. 이는 2020년 시점에서 일본의 소득수준은 한국보다도 10% 낮다는 것을 나타낸다. 앞으로도 한국의 소득수준 증가 속도가 일본보다도 빨라 양국 간 소득수준 차이는 더욱 벌어질 것으로 보인다.

한일 간 소득수준이 비슷한 수준이 되었다고 하는 점이 한일관계에도 영향을 미치고 있다. 소득수준 면에서 볼 때 이전에는 일본의 소득수준이 한국보다 훨씬 높았다는 의미에서 '비대칭적인' 또는 '수직적인' 관계였다고 할 수 있다. 지금은 양국이 거의 비슷한 소득수준이라는 의미에서 '대칭적인' 또는 '수평적인' 관계가 되었다고 할 것이다. 소득수준에서 대칭적 또는 수평적 관계가 되었다고 하는 것이 과거의 비대칭적 또는 수직적 위상에서 이루어졌던 안건들에 대한 수정 압력으로 가해지고 있는 요인이기도 하다. 이것이 양국 간의 안건 교섭에 불협화음을 낳는 요인으로 작용하고 있다고 할 것이다. 제2장 집필자인 기미야 다다시(木宮正史)의 『한일관계사(日韓関係史)』(岩波新書, 2021)에서는 다양한 방면에서 한일관계가 '비대칭'에서 '대칭' 관계로 변용되었다는 점을 논의하고 있다.

본 장에서는 경제 관련 한일관계에 대해 다루고 있으나, 제2장부터는 경제 분야 이외를 주제로 하고 있다. 이하에서는 거품경제 붕괴 이후 일본경제의 위상 저하, 성장상실기 30년의 기간을 대상으로 한 정책 평가, 일본경제의 전망과 과제를 언급하고, 한일관계 개선은 양국 경제의 활성화로 이어지는 하나의 방책이라는 점을 피력한다.

2 일본경제의 위상 저하

1) 명목 GDP와 임금수준을 통한 검증

제3장 하코다 테츠야의 논의에도 일부 실려 있지만 일본 아사히(朝日) 신문은 2021년 10월 20일부터 26일까지 '일본경제의 현위치'라는 주제로 특집을 내보냈다. 그 특집에서는 1990년부터 2020년까지 30년간을 대상으로 주요국의 경제변수를 비교하며 일본의 경제 침체에 대해 경종을 울린다. 그 특집 자료에 더하여, 국제통화기금(IMF), 경제협력개발기구(OECD) 등의 국제기관의 데이터도 참조하면서 일본경제의 현주소를 밝혀보기로 한다.

/ 그림 1-2 / 주요국의 명목GDP 성장지수 비교

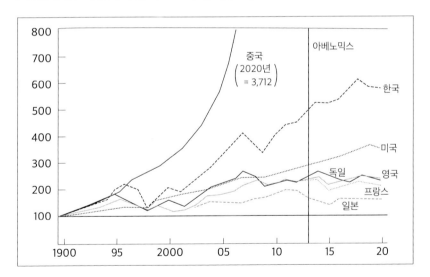

주: 1990년의 명목GDP를 100으로 하였을 때 각년의 지수(指數)를 나타낸다.
자료: 아사히신문 2021년 10월 20일자. 원 데이터는 IMF.

우선 명목 GDP(국내총생산)를 이용한 일본경제의 실적을 보기로 하자. 그림 1-2는 일본경제가 거품경제 붕괴 직전인 1990년의 명목 GDP 값을 100으로 하였을 때, 한국과 일본을 포함한 주요국의 명목 GDP가 어떤 추이를 보이고 있는지를 비교하여 보인 것이다. 원자료로서는 국제통화기금(IMF) 데이터를 이용하고 있다. 그림 1-2에 비추어 보면 주요국의 명목 GDP 성장지수 추이를 일목요연하게 파악할 수 있다.

그림 1-2의 1990년부터 2020년까지 30년간 명목 GDP 추이를 보면 1990년 수준에 비해 중국은 약 37배, 한국은 약 6배, 미국은 약 4배나 증가하였는데 비해 일본은 약 1.5배 증가에 그치고 있다. 이 명목 GDP의 실적으로부터 다른 주요국에 비해 일본경제의 정체가 극히 심했음을 알 수 있다. 일본 내각부 자료에 따르면, 이 기간 동안의 평균 경제성장률은 0.7%에 불과한데, 이러한 실태를 반영하여 1991년 거품 붕괴 이후 지금까지 약 30년의 기간을 '성장상실기'로 부를 수 있을 것이다. 일본이 다른 주요국에 비해 부가가치가 높은 디지털 분야에 크게 뒤져 있다는 점에서 볼 때 일본경제의 상대적 위상 저하는 앞으로도 한동안 계속될 가능성도 크다고 할 것이다.

그림을 통해 보이고 있지는 않으나, 일본 이외의 다른 주요국에서는 평균임금이 상당 수준 증가하였는데 일본의 임금수준은 최근 30년 동안 거의 변화가 없다. 경제협력개발기구(OECD)의 데이터에 따르면 1990년 평균임금을 100으로 하였을 때 1990년부터 2020년까지 30년간 평균임금은 한국이 2배 가까이(1.9배) 증가하고 미국이 약 1.5배(47.7%) 증가하였다. 반면에 일본은 같은 30년 기간 동안 4.4% 증가에 그쳐 제자리걸음을 하고 있는 실정이다.

보다 구체적으로 한일 간 평균임금(연수입) 수준을 살펴보면 2015년부터 한국이 일본을 추월하고 있다. OECD의 임금 데이터에 근거하였을 때 일본의 구매력 평가 2020년 평균 임금수준은 4,456만원이다

(2020년 평균 환율 1엔=10.51원 적용 계산). 반면 한국은 일본보다도 400만원이 더 많은 4,856만원을 기록한다. 앞으로도 평균임금은 한국이 일본보다 높은 수준을 이어갈 것으로 예상된다. 참고로 미국의 평균임금은 8,019만원으로 일본의 1.8배에 달한다. 한국의 임금수준이 일본을 추월하였다는 것은 한국 가계의 평균 생활수준이 일본보다도 높아졌음을 의미한다.

한국의 소득이나 임금수준이 일본보다 높아졌다고 하는 것이 곧바로 한국이 일본보다 생활 만족도가 높다는 것을 뜻하지는 않는다. 한국이 일본보다 소득불평등도가 높아 양극화가 심하고 자산 축적의 정도도 낮기 때문이다. 소득수준이 같다고 할 때 소득불평등도가 높은 사회가 그것이 낮은 사회보다 생활 만족도는 낮게 된다. 동일한 소득수준이라 하여도 부(富)나 소득이 소수의 고소득층에 집중되게 되면, 달리 말해 소득양극화가 심하게 진전되면 상대적 박탈감에 빠지기 쉽고 만족도도 떨어지게 된다. 사회 구성원의 만족도(행복감 또는 후생수준)는 소득수준뿐만 아니라 자산이나 부의 축적 정도, 소득불평등도, 나아가 문화적 요인에도 의존한다. 이러한 요인까지 감안하면 한국이 일본보다 소득수준이 높아졌다고 하더라도 생활 만족도는 일본보다 오히려 낮을 수 있다는 점을 인식할 필요가 있다.

한국의 소득불평등도는 일본보다 심하고 부의 축적(스톡)도 적은 실정이다. 더욱이 사회 전반의 전문 분야 지식이나 아날로그 전통 산업의 기술 축적에서도 일본이 한국보다 훨씬 많이 쌓여 있다. 주의해야 할 것은 갖가지 기술이나 엄청난 자산을 축적하고 있다는 점과 그것이 유효하게 활용되고 있는지의 여부는 별개라는 점이다. 일본에는 활용되지 않고 창고에서 잠자고 있는 지식이나 기술이 측정하기 어려울 정도로 여기저기 산재하나 그 활용이 활발하게 이루어지지 않고 있는 특징을 보인다.

2) 제조업 생산성 약화

서두에서 언급하였듯이 1973년에는 일본의 소득수준이 한국보다 10배 가까이(9.8배) 높은 수준이었으나 2018년 한국에 추월당했다. 어째서 일본은 한국에 추월당하게 되었을까? 그 이유는 양국의 산업구조와 밀접하게 관련되어 있다. 일본은 소재·부품·기계·장비 분야나 손으로 직접 그리는 애니메이션과 같은 아날로그성이 짙은 산업에 강점을 지닌다. 일본에 비해 한국은 디지털 분야에 강점이 있고 디지털화 진전과 함께 그 부가가치가 커졌으며 소득도 더불어 증가했다. 디지털화 하나만으로 모든 것을 설명할 수는 없다 하더라도 디지털화의 진전은 한국이 일본을 따라잡고 추월하게 한 주요 요인이었다고 할 수 있다.

한국이 일본보다 디지털 분야에서 많이 앞서 있다고는 하나, 아날로그성 전통 및 기술 축적은 일본이 한국보다 비교가 되지 않을 정도로 이루어져 있다. 실태를 보다 정확히 짚어보면 일본의 아날로그 산업의 가치가 떨어졌다고 하기보다는 디지털화의 급속한 진전과 함께 아날로그 분야의 가치가 상대적으로 축소되면서 반도체와 정보통신기술(ICT)을 비롯한 디지털 산업의 부가가치가 크게 높아졌다고 할 수 있다. 예를 들어 NEC(일본전기), 도시바 등으로부터 많은 기술을 도입하며 성장한 한국의 삼성전자 매출은 이제 일본 전자 기업의 전체 매출보다도 많아졌다. 한국 디지털 기업의 실적이 일본을 훨씬 뛰어넘게 되었다는 상징이기도 하다.

디지털 산업에서 일본보다 강점을 발휘해 온 데에는 한국과 일본의 사고방식 차이와도 깊이 관련된다. 제7장에서는 한일 사고방식의 특징 차이를 나타내는 하나의 축으로서 '디지털의 한국 vs. 아날로그의 일본'을 들고 있다. 우려되는 것은 근년 들어 일본 기업의 아날로그 기술을 포함한 전체적인 생산성도 약화되고 있다는 점이다. 강점을 자랑하던 일본 제조업 생산성조차도 순위 저하가 눈에 띄게 나타난다.

　　일본 노동생산성본부 데이터에 따르면 일본 기업의 제조업 생산성
(취업자 일인당 부가가치액) 순위는 1990년에는 주요 37개국 중 1위를 차
지하고 있었으나 2018년에는 16위까지 낮아졌다. 나아가 일인당 노동
생산성은 2019년 37개국 중 26위를 차지하며 선진 주요 7개국(G7) 중
1993년 이후 최하위를 기록한다. 이와 같은 노동생산성 침체도 일본
경제의 성장을 더디게 하는 요인이 되고 있다.

　　코로나19 사태도 더해지며 미국과 일본 기업의 희비가 엇갈렸다.
정보기술(IT: information technology)을 구사한 미국 기업은 그 실적을 늘려
기업가치를 대폭 증대시켜 왔지만, 일본 기업의 가치는 상대적으로 크
게 하락했다. 여기서 '상대적으로'라고 표현한 것은 비록 일본 기업의
실적이 떨어지지는 않았다 하더라도 세계의 다른 대기업이 일본 기업
의 실적을 훨씬 뛰어넘는 신장을 이루어냈다는 의미가 담겨 있다. 표
1-1은 11위까지 세계 주요 기업의 시가총액 순위와 함께 삼성전자와
도요타자동차의 시가총액과 그 순위를 보인 것이다.

표 1-1 세계 주요기업의 시가총액 순위

순위	기업	국가	시가총액 (조 달러)	순위	기업	국가	시가총액 (조 달러)
1	애플	미국	2.8	8	버크셔 해서웨이	미국	0.7
2	마이크로 소프트	미국	2.3	9	엔비디아	미국	0.6
3	사우디 알람코	사우디 아라비아	1.8	10	TSMC	대만	0.5
4	알파벳(구글)	미국	1.8	11	텐센트	중국	0.5
5	아마존	미국	1.6		...		
6	테슬러	미국	1.0	16	삼성전자	한국	0.4
7	메타 (구, 페이스북)	미국	0.9	29	도요타 자동차	일본	0.3

주: '시가총액 = 발행 총 주식수×주가'로, 2022년 1월 7일 시점의 값이다.
자료: 朝日新聞(2022년 1월 11일자)를 기초로 필자 작성.

표 1-1에서 보듯이 시가총액(=발행 총 주식수×주가)으로 가늠한 기업 가치로 보았을 때 세계 상위 10대 기업(톱10)에 일본 기업은 하나도 들어 있지 않다. 그에 반해 2022년 1월 시점에서 세계 톱10에는 미국의 정보기술(IT) 기업은 6개사나 포함되고 있다. 그 6개사는, 1위 애플, 2위 마이크로소프트, 4위 알파벳(구글의 모회사), 5위 아마존, 7위 메타(옛 페이스북), 9위 엔비디아(반도체 대기업)이다. 여기에 미국 기업으로 전기자동차(EV) 대기업 테슬라가 6위, 투자회사인 버크셔해서웨이가 8위로 들어가 있다. 이로부터 미국과 일본의 기업가치 차이가 역력히 드러나 있음은 명백하다.

표 1-1 오른쪽 하단에는 삼성전자와 도요타자동차도 싣고 있다. 일본 기업 중 가장 많은 시가총액을 보이는 도요타자동차의 순위는 29위로 밀려나 있다. 애플(2.8조 달러)의 시가총액은 도요타자동차(0.3조 달러)의 약10배(9.3배)에 달한다. 도요타자동차의 시가총액은 대만 기업인 TSMC(반도체 제조업체)의 10위, 중국 기업인 텐센트의 11위, 한국 삼성전자의 16위보다도 하위권에 위치한다. 향후 EV에 디지털 또는 IT 기술이 빠른 속도로 도입되고 머지 않아 EV가 자동차의 대세가 되는 시대가 도래할 것으로 예상된다. 디지털 대응이 느린 일본의 실정을 감안하면 도요타자동차의 EV진전이 테슬라를 비롯한 다른 나라 EV 기업보다 뒤지게 되고 도요타자동차의 시가총액 순위는 더욱 하락할 수도 있다.

3 정책평가로 본 일본경제 침체 요인

일본이 1960~70년대 높은 경제성장을 거쳐 1980년대 후반 거품경제기에 이르렀을 때는, '일본을 배우자'는 말이 회자되며 세계가 일본을 주목하고 있었다. 예를 들면, 1979년 에즈라 보겔(Ezra F. Vogel)의 『일등으로서의 일본』(Japan as Number one: Lessons for America)에서는 일본의 고도 성장의 요인으로서 일본적 경영, 일본인의 높은 학습 의욕, 일본 특유의 사회·경제 제도에 주목하고 있었다. 그렇게 각광을 받던 고도 경제성장기 및 거품경제기가 지나고 1991년 거품경제가 붕괴되자 경제실적은 볼썽없는 침체를 맞이했다.

거품 붕괴 이후 지금까지 일본경제 실태는 '잃어버린 30년' 또는 '성장상실기 30년'이라고 할 정도로 실추됐다. 일본경제 실추의 요인으로서 디지털화가 뒤졌다는 점도 있지만 정책 실패에 기인하는 점도 간과할 수 없다. 경제정책이 주효하지 못해 앞으로 나아가지 못하는 폐색감(閉塞感)에 빠져 제자리걸음을 하는 느낌이다. 이하에서는, ① 금융정책, ② 재정정책, ③ 산업정책 면으로 나누어 정책평가로 본 일본경제 침체의 요인을 짚어본다. 본 절의 말미에서는 한일관계 개선이 폐색감과 경기침체로부터의 탈출 및 한일 경제활성화에 도움이 되는 하나의 방법이라는 점도 덧붙이고 있다.

표 1-2에서는 이들 정책평가와 관련하여 2012년과 2022년의 주요 경제지표를 비교하여 보인 최근 10년간의 실적표를 보이고 있다. 참고로 2012년은 아베노믹스가 실시되기 직전이고 그 정책기조는 현재까지도 이어지고 있기 때문에 표 1-2는 아베노믹스에 대한 실적 평가표이기도 하다. 이하에서는 각각의 정책평가에 관해 논의하면서 이 실적 평가표에 기초한 언급도 가미하기로 한다.

표 1-2 대담한 금융완화 10년의 경제실적 평가

주요 경제지표	2012(금융완화 실시 직전)	2022
달러당 엔화 환율	86엔(연말)	131엔(12월 30일)
일본은행 국채보유비율	11.5%(연말)	50.3%(9월말)
닛케이(日經) 평균주가	10,395엔(연말)	26,163엔(12월 30일)
일본은행 ETF[1] 보유액	1조엔(연말)	37조엔(12월, 장부가액)
완전실업률	4.3%(12월)	2.5%(12월)
유효구인배율	0.83(12월)	1.35(12월)
소비자물가[2] 상승률	-0.2%(12월)	4.0%(12월)
명목 국내총생산(GDP)	500.5조엔(IMF)	552.3조엔(IMF 10월 추계)
국가채무잔액의 GDP비율[3]	226.1%	263.9%(IMF 10월 추계)
실질임금(2020년=100)	105.9(2012년 평균)	100.6(2021년 평균)
엔화 표시 일인당 GDP	392.4만엔	441.2만엔(IMF 10월 추계)
달러 표시 일인당 GDP	49,175달러	34,358달러 (IMF 10월 추계)

주: 1)ETF는 Exchange Traded Fund의 약자로 일본어로는 '상장투자신탁(上場投資信託)'이라 한다.
2)전년 동월(同月) 대비 수치이며 생선식품을 제외한 값이다.
3)일반정부(중앙정부, 지방정부, 사회보장기금을 합한 것) 베이스의 값이다.
자료: 日本銀行. 財務省. 內閣府. 總務省統計局. 厚生勞働省. IMF. 朝日신문 2022년 10월 7일자.

1) 산업정책

우선, 산업정책에 드러난 폐쇄성을 들 수 있다. 일본 기업은 집단 (또는 조직) 내 정해진 규칙하에서 협업하는 산업, 예를 들어 자동차 제조를 비롯한 소재·부품·장비 산업에서 강점을 발휘해 왔다. 일본 정책당국도 기술 유출을 우려한 나머지 폐쇄적인 산업정책을 펼쳤고 기업 행태도 그에 부응했다. 그 전형적인 예로, 일찍이 액정 텔레비전으로 세계를 석권하고 있던 샤프를 들 수 있다. 샤프는 미에현(三重県) 가메야마시(龜山市)에 공장을 세우고 기술유출을 우려한 나머지 폐쇄적인 발상으로 '메이드 인 가메야마'라는 제품으로 승부하려 했다. 반면에 한국, 대만, 중국 등의 전자기업은 세계에서 앞서가는 기술을 채용하는 전략을 취했다. 내향적인 폐쇄성으로 자기 기술 방어에만 주력하던 샤프는 세계를 겨냥한 전략에 밀려 쇠퇴했고 결국 대만 기업에 흡수되었다.

일본의 다른 디지털 기업들도 한국·대만·중국 기업에 뒤처져 격차가 더욱 벌어졌다. 디지털 기업의 지반 침하는 일본의 내향적 폐쇄 모델에 비해 외부와의 의사소통을 도모한 개방 모델이 월등한 성과를 창출해 왔음을 말해준다. 경제산업성을 비롯한 정책당국도 신속하게 디지털화 조류를 따라잡거나 리드하지 못하였고 그 대응에 실패했다. 세계시장을 시야에 둔 개방적인 정책으로 전환하기보다는 1970년대 석유위기를 극복하였다는 당시의 정책 성공 마인드에서 벗어나지 못했고, 일본 기술이 유출되지 않도록 하는 데 역점이 놓여 있었다. 일본이 내부 굳히기에 급급해 현상 유지를 담보하는 사이 한국·대만·중국 기업에 선두를 내주고 말았다.

정부 입장에서의 산업정책만이 아니라 일본 기업이나 가계의 수동적 태도나 강한 위험회피 성향도 경제를 담보시킨 요인이라 할 수 있다. 일본 기업은 2021년도 시점에서 GDP에 필적하는 516.5조엔 규모의 내부유보를 쌓아두고 있다(재무성 '법인기업 통계'). 내부유보라 함은 법인세나 배당을 지급한 후의 이익을 가리킨다. 기업들이 내부유보를 많이 떠안고 있다고 하는 것은 고수익을 가져다 주는 투자처를 찾지 못하고 있다는 증표이기도 하다. 자금 공급이 풍부하지만 자금 수요(즉 투자)가 적으면 금리(이자율)가 떨어지게 된다. 실제로 일본의 금리는 0%에 가까울 정도로 낮은 수준이다. 거시경제학의 기초이론에서는 금리가 낮으면 투자활동이 활발해져 경제상황이 좋아질 것으로 보는 것이 정설이다. 그럼에도 불구하고 일본 기업의 모험적인 투자는 정체되어 있고 방어적 기업 경영이 두드러지고 있다.

기업뿐만이 아니라 가계의 위험회피 성향도 강하게 나타난다. 2022년 9월 말 가계 금융자산은 2,005조엔에 이르며 그중 현금예금이 1,100조엔으로 과반(54.8%)을 차지한다(일본은행통계국 '자금순환 통계'). 같은 시점에서 일본 가계의 금융자산 중 주식·투자신탁이 차지하는 비중은 14.1%에 불과하다. 가계 금융자산에서 미국은 주식·투자신탁이 51%, 유로지역(유럽)은 28%를 차지하고 있다는 점에 비하면 일본 가계의 위험회피 성향이 매우 강하다는 것을 알 수 있다. 일본 기업은 내부유보가 많고 가계는 현금·예금 보유 비중이 높다는 것은 기업이나 개인이 도전적 또는 적극적인 투자를 꺼린다는 것을 보여주고 있다.

글로벌화와 디지털화의 진행, 강대국 간 외교 갈등이 표면화되면서 세계의 흐름도 급속히 바뀌고 있다. 미중 갈등과 러시아의 우크라이나 침공은 기업 보유의 기술과 국가안보를 관련시켜 경제안보를 전면에 내세우는 데 박차를 가하게 했다. 민주주의·시장경제를 내세우는 국가들이 중국과 러시아를 견제하는 움직임이 가속화되는 가운데 어떤 방식으로 국익 추구를 하며 기업전략을 세울 것인지가 복잡해지고 있다. 중국과 러시아를 포함한 글로벌화의 추진에 제동이 걸리며 일본은 대만기업 TSMC의 반도체 공장 건설을 구마모토(熊本) 지역에 유치하고 미국의 IBM과도 손잡으며 경제안보의 위협에 대응하려 하고 있다. 향후 세계의 정치경제가 어떻게 전개될지 예측하기는 어렵지만 민주주의·시장경제 국가들 간에는 경제안보 명목으로 상품·서비스의 거래 활동을 제약하는 것은 바람직하지 않을 것이다.

한일 간의 경제·사회·문화 교류도 더욱 활발히 진행되어야 마땅하다. 아베 신조 정권은 대법원의 징용공 판결에 대한 사실상의 보복 조치로 한국을 대상으로 수출규제 강화 조치를 취한 바 있다(제3장 참조). 정치나 역사문제를 경제영역에까지 끌어들인 결과, 한일관계는 더욱 경직되었고 일본경제에도 결코 바람직하지 못한 결과를 가져왔다. 대한(對韓) 수출규제 강화 조치는 폐쇄적인 산업정책의 일예이기도 하다. 개인과 기업 간의 보다 자유로운 교류 및 상대를 존중하는 정책 노선이 한일 경제를 보다 활성화시킨다. 한일관계 개선은 엄청난 규모의 일본 가계 현금예금 및 기업 내 내부유보를 활용할 기회도 많아지게 하고 양국 경제주체(개인·기업)의 협업도 늘어나게 할 것이기 때문이다. 열린 인식과 합리적 사고에 기초한 실천이 요구된다.

2) 재정정책

다음으로, 재정정책의 대응 실패도 성장의 발목을 잡았다. '복지 원년'으로 불리는 1973년, 일본에서는 선진적인 사회보장제도가 도입되었다. 당시에는 저출산 고령화가 급속하게 진행되리라고는 그다지 의식하고 있지 않았고, 경제성장률도 상당 정도 높게 유지해 갈 것으로 상정하고 있었다. 그런 상정하에 일본 정부는 후한 급부를 시야에 둔 사회보장제도를 설계했으나, 공교롭게도 '복지 원년' 직후에 고도성장은 막을 내렸다. 사회보장 또는 복지지출 증대에 박차를 가한 것이 거품 붕괴 이후 본격화된 저출산 고령화의 진행이었다. 저출산 고령화의 진행으로 방대한 사회보장 재원이 요구되었고 경제성장률은 낮아졌다.

연금이나 의료보험 등의 운용에 사용되는 사회보장 재원은 보험료나 조세수입으로 충당하는 것이 보통이다. 일본에서는 조세수입만으로는 사회보장 재원을 마련할 수 없는 사태가 벌어졌고, 그 적자를 다액의 국채를 발행해 충당해야 하는 사태가 벌어졌다. 이 적자 국채의 발행이 국가채무를 누증시킨 가장 큰 요인으로 작용했다. 국가채무가 누증된 배경에는 위에서 언급한 사회보장제도 설계 시에 상당 정도 높은 성장률을 전망하여 사회보장 급부 수준을 두텁게 하는 제도로 정착시켰다는 정책 실패가 있었다. 이로 인해 세대 간 수익·부담상의 불공평 및 성장 동력의 저해를 가져왔다. 세대 간의 불공평 시정(또는 동학적인 최적화 도모)도 정부의 중요한 역할인데, 현재의 일본은 세대 간 불공평 및 성장 동력 저하라는 문제를 안고 있다.

일본에서 국가채무를 누증시킨 것은 저출산 고령화의 영향만은 아니다. 1990년대 초 거품경제가 붕괴되자 막대한 국채 발행을 통한 '긴급경제대책'이나 '종합경제정책'이라는 명목하에 대형 재정지출·감세 정책이 이루어졌다. 이러한 정책은 정부지출 증대액이나 감세액보다 소득증대액이 클 때 정당화될 수 있는데 이들 정책으로 인한 실제의 소득증대 효과는 빈약했다. 부가가치가 높은 정보통신기술(ICT) 산업으로의 구조전환을 수반하는 개혁 추진이 아니라, 이용도가 낮은 도로, 전시장, 회의장, 휴양시설 건립 등 낭비적인 공공지출이 늘어났기 때문이다. 다량 국채 발행으로 마련한 재원을 효율성이 낮은 부문에 임시방편식으로 퍼붓는 정책으로는 경기침체에서 벗어날 수 없다는 것을 보여준 예라 할 것이다. 이와 같은 재정정책의 대응 실패도 성장 상실 및 국가채무 증대를 가져왔다.

정부지출이 증가할 때 국민소득이 얼마나 늘어나는지를 가늠하는 척도로 '정부지출 승수(乘數)'라는 개념이 있다. 정부지출 승수는 국민소득 증가분을 정부지출 증가분으로 나눈 것으로 그 값이 클수록 승수효과가 커지게 된다. 반대로 승수효과가 낮게 되면 정부지출의 경제성장 기여도가 낮고 세수도 크게 늘지 않게 된다. 위에서 언급한 낭비적인 공공지출은 정부지출에 의한 소득증가 효과가 작았다는 것, 즉 승수효과가 낮은 비효율적인 곳에 재정자금이 많이 들어갔다는 것을 뜻한다. 그러한 낭비적인 재정지출도 국가채무(나랏빚)를 늘리는 데 한몫하였고 경제성장을 낮추는 요인으로 작용했다.

3) 금융정책

마지막으로, '대담한 금융완화'라고 하는 금융정책의 부작용이다. 중앙은행이 국채시장에서 국채를 매입하거나 매각하여 통화량을 조절하는 정책은 거의 모든 나라에서 취하는 정책이다. 아베노믹스에서 취해진 정책의 특징은 중앙은행(일본은행)의 다량의 국채 매입을 통한 통화량 증대였다. 일본에서는 이를 '대담한 금융완화'라 이름하거나 아베노믹스 이전과는 차원이 다르다는 뜻에서 '이차원(異次元)적 금융완화'라는 용어도 사용하며 통화량 증대정책을 운용하여 왔다. 현재 일본은행은 국채의 최대 보유자이다. 2022년 9월 말 시점에서 국채규모(1,066조엔)의 절반 이상(50.3%)을 일본은행이 보유하고 있다(표1-2 참조).

일본은행은 다량의 국채보유에 더하여 주가 하락을 막고 자금을 공급하기 위한 정책으로 주식시장에도 개입하고 있다. 현재 일본은행은 일본 증권시장에서 최대주주로서 ETF(상장투자신탁) 매입을 통한 자금 공급과 엔화 약세를 유지하는 정책을 견지하고 있다. 표1-2에도 보이고 있듯이 아베노믹스 실시 이전인 2012년 1조엔에 불과했던 일본은행의 ETF 보유는 2022년 시점에서 37조엔으로 불어났다. 일본은행의 입김이 커지면 주식시장이 실물경제의 실태를 제대로 반영하지 못하는 폐해를 가져온다. 실제로 일본은행의 이례적인 주식시장 개입은 '관제주가(官製株価)'라는 비판도 불러 일으켰다.

재정정책이나 금융정책은 소득수준, 고용, 물가 등 다방면에 걸쳐 영향을 미치기 때문에 정책효과를 간략히 정리하기는 어려우나, 거시경제에서는 결국 소득수준에 어떤 효과를 가져오느냐로 귀착된다. 2013년 3월부터 실시된 아베노믹스가 소득수준에 미친 효과는 "국제적인 관점에서 보았을 때 일본경제의 위상 저하"로 집약할 수 있을 것이다. 달러 표시로 환산한 소득수준으로 보면 아베노믹스 시기의 일본의 국제적인 위상 저하라는 진면목이 확연히 드러난다.

아베노믹스의 실적으로 높은 구인(求人) 배율을 들 수 있다. 표 1-2에서 보듯이 유효구인배율은 2012년 12월 시점의 0.83에서 10년이 지난 2022년 12월 1.35로 높아지고 있다. 주의할 것은, 구인배율이 높아졌다고 하여 소득수준이 높아진 것은 아니라는 점이다. 달러 표시 일인당 GDP를 보면 제2차 아베 정권 출범 직전인 2012년 49,175달러를 기록하고 있었다. 그러던 것이 2022년에는 34,358달러로 아베노믹스 실시 10년 사이에 1만 4,817달러나 떨어졌다. 이와 같은 달러화 표시 일본의 소득수준 저하는 양적완화에 따른 엔화 약세 요인에 기인하고 있다. 1달러당 엔화 가치는 2012년 86엔에서 2022년 131엔으로 하락하고 있다. 엔화 표시 일인당 GDP가 같은 10년 동안 약간의 증가에 그치는 데 비해(2012년 392.4만엔에서 2022년 441.2만엔으로 48.8만엔 증가), 달러 표시 일인당 GDP가 1만 4,817 달러나 줄어들었다고 하는 것은 국제비교 관점에서 일본경제의 위상이 그만큼 크게 낮아졌음을 의미한다.

대담한 금융완화에 따른 엔화 약세가 수출기업의 실적을 일시적으로 개선시키기는 하였지만, 산업구조 전환에는 이르지 못해 튼튼한 체질 전환이 되었다는 징후는 포착되지 않고 있다. 부가가치가 높은 산업으로의 구조개혁이 뒤따르지 않았다는 점이 그 배경에 자리잡고 있다. 이대로 간다면 일본경제의 성장엔진이 계속하여 제대로 가동되지 않는 상황이 이어질 수 있다.

4) 세 정책의 상호 관련

위에서 언급한 산업·재정·금융정책은 정책 간의 상호 관련이 깊다. 예를 들어 일본의 농어촌 지역 '산업' 및 복지정책을 들어 그 관련성을 언급해 보자. 자민당 정권은 농어촌 지역을 지지 기반으로 하는 면이 강하기 때문에 지역 기업에 대한 '재정' 지원도 인색하지 않은 편이다. 또한 농어촌 지역의 고령화가 급속히 진행되면서 일인당 복지 재정 지출도 많아졌으며 그 재원의 상당 부분은 국채 발행으로 충당되어 왔다. 지역 산업이나 복지에 대한 대개의 재정지원은 국채 발행을 통한 재원(즉, '재정'자금)으로 충당되었고, 국채 발행의 소화는 일본은행이 실질적으로 발행 국채의 많은 부분을 인수하고 있다는 점을 감안하면 '금융'정책이 지탱하고 있는 형국이다.

일본은 국채발행 누적으로 인한 막대한 국가채무를 안고 있어 국채 이자 지불비용으로 인한 재정경직성을 줄이려 안간힘을 쓰고 있다. 국제통화기금(IMF) 통계에 따르면 GDP 대비 일본 국가채무 잔액 비중은 2022년 시점에서 천정부지의 263.9%에 이르고 있다(표 1-2). 방대한 규모의 국채 관련 이자지불 비용을 낮게 억제하는 방법 중의하나가 일본은행이 국채를 매입해 금융완화를 실시하는 것이기도 했다. 현재는 금융완화라는 금융정책과 국채발행이라는 재정정책과는 뗄레야 뗄 수 없는 상황에 직면하고 있다. 이자지불 비용이 늘어나면 교육, 공공투자, 사회보장과 같은 정책적 경비에 대한 지출을 압박하기 때문에 재량적인 재정정책을 수행하기 어렵다고 하는 '재정경직성'이 더욱 심화된다.

횡적 연결이 약하고 종적 통제 속성이 강한 일본에서는 조직의 정점에 있는 국가의 정책 결정에 대해 국민이 강하게 저항하지 못하고 (혹은 저항하지 않고) 따르려 하는 경향을 보인다. 그 때문에 실패한 정부 정책에 대한 국민 견제의 힘은 아주 미약한 채 끝나버리곤 한다. 그 전형적인 예로 이른바 '아베노마스크' 배포 정책을 들 수 있다. 아베노마스크라 함은 아베 정권에서 코로나19 유행에 대처한다는 명목으로 260억엔의 정부 예산을 들여 제작하여 2020년 4월부터 배포한 마스크를 말한다. 아베노마스크는 작고 볼품없는 헝겊 마스크였고 일반인들

의 수요가 적어 정부가 제작, 배포, 보관 등에 예산 낭비 및 비효율성
이 곳곳에 나타났으나 그 정책 집행에 대한 책임 추궁은 이루어지지
못한 채 흐지부지 막을 내렸다.

　이상의 일본의 정책 운용은, "폐쇄적인 정책 실시가 이루어질 때
비판적인 견제력이 작용하지 않으면 경제는 정체한다"는 것을 여실히
보여주고 있다. 개방적 사고방식과 함께 잘못된 정책 운용에 대한 비
판적인 견제가 건실한 사회를 만들어낸다. 열린 관점에서 다른 나라
의 좋은 점을 받아들이고 활용하여 자국의 부족한 점을 보완하는 것
이 현명한 방법이다. 나쁜 선례에 발이 묶여 앞으로 나아가지 못하는
감각이 폐색감(閉塞感)이다. 축적(스톡)의 특성이 강한 일본에서는 과거
의 선례에 얽매여 폐색감에 빠질 가능성이 한국보다 강하게 나타나곤
한다. 폐색감이 감돌 때 그 폐색감을 타파하고 진정한 발전으로 이루
어가려면 옆에서 새로운 바람을 넣어주는 방식이 유효하다.

　요컨대 일본의 성장상실기 30년은 "정책 오류와 민간 부문의 위축
이 가져온 합작이었다"고 총괄할 수 있을 것이다. 그렇다고는 하나 일
본은 다양한 분야에서 활용되지 않고(또는 못하고) 있는 엄청난 축적이
있다. 한일관계 개선을 통해 일본으로서는 한국의 역동성을 옆바람으
로 받아들이고, 한국으로서는 일본의 축적된 지식·자본·기술을 활용
하게 되면 한국경제에도 득이 되고 일본경제 활성화에도 도움이 된다.

4　일본경제의 과제와 전망

　일본경제가 답보 상태 또는 정체로부터 벗어날지의 여부에 대해,
국가 경제 전체와 관련되는 거시적 관점 및 기업 차원의 미시적 관점
에서 짚어보기로 하자. 그 개략을 미리 밝히면 거시적 관점에서는 '출
구전략'에 성공할지의 여부이며, 미시적 관점에서는 일본 기업이 '디

지털화' 진행에 원활히 대응하고 적응할 수 있을지의 여부이다. 이들 거시적 및 미시적 관점에 대해 보다 구체적으로 살펴보면서 일본경제의 과제와 전망을 진단하기로 한다.

1) 출구전략에 성공할 것인가의 여부

우선 거시적 관점의 경제정책에서 출구전략에 성공할 것인지의 여부가 일본경제에 중요한 전환점이 될 것으로 보인다. 출구전략이라함은, 대담한 금융완화에서 벗어나 정상적인 금융정책으로 되돌리는 것을 의미한다. 언젠가는 파탄날지도 모르는 현재의 비정상적인 금융완화를 영구적으로 지속해 갈 수는 없다. 대담한 금융완화의 지속이라는 자국 통화(즉 엔화)의 무제한적 증대는 결국 자국 통화에 대한 국제적 신용 실추를 초래할 것이기 때문이다.

엔화의 신용 실추를 가져오기 전에 대담한 금융완화를 통한 엔화 약세를 이용하여 수출기업의 실적을 높여 경제를 활성화시킨 다음 출구전략으로 가겠다는 것이 일본 정책당국의 시나리오였다. 그렇지만 올해(2023년)로 10년이나 지속된 대담한 금융완화가 일본 기업의 체질을 개선시켰다고는 보기 어려운 것이 이제까지의 실정이다. 이러한 실정에서 일본은행이 국채나 주식을 지속적으로 매입하는 금융완화를 과연 앞으로도 장기적으로 지속하여 일본경제의 건전한 발전을 가져올지는 미지수인 상황이다. 이렇게 보면 그 반대의 정책인 일본은행의 국채매각을 통한 국채 보유 축소와 금융긴축이라는 출구전략, 그리고 경제구조개혁이 향후 일본경제를 건전한 방향으로 향하게 하는 관건이라 할 수 있다.

대담한 금융완화는 주로 국채 매입이라는 형태로 이루어져 왔다는 점에서 국가 재정과 밀접한 관계를 갖고 있다. 출구전략은 역으로 통화긴축이기 때문에 국채보유 잔액을 어떻게 줄여나가느냐와 직결된다. 통화긴축을 하면 통용되는 화폐량이 적어지면서 금리(이자율)를 올리는 쪽으로 작용한다. 이자율이 오르게 되면 방대한 국채 잔액을 떠안고 있는 일본 정부로서 국채의 이자 지불비용이 크게 늘어나게 되므로 다른 재정지출에 대한 압박을 가하게 된다. 통상 세출총액에는 한도가 있기 때문에 국채 이자지불 비용이 늘어난다고 함은 그만큼 교육이나 공공사업 지출 등 재량적 지출에 여유가 없어진다는 것을 의미한다. 즉 출구전략의 시행이 있게 되면 '재정경직화'를 초래할 위험성이 높아진다.

정상적인 경제정책 운영으로 되돌리려면 이자율 기능이 제대로 작동(또는 정책변수로서 이자율이 기능)해야 한다. 일본은 이자율이 영(0) 퍼센트에 가까워 투자를 위한 차입 비용이 거의 들지 않는 상황이 이어져왔다. 그럼에도 불구하고 일본 기업들은 위험회피 성향이 아주 커 소극적인 투자에 머물러 있었다. 이자율이 0%에 가까운데도 투자를 주저하는 상황인데 이자율이 오른다고 하면 투자를 더욱 꺼릴 것이라는 점을 정책당국은 두려워하고 있다. 정부의 비정상적 금융완화 정책과 맞물려 이와 같은 일본 기업의 내향적이고 투자에 소극적인 위험회피 성향도 향후 경제성장에 대한 기대를 어렵게 하고 있다.

구로다 하루히코(黑田東彦) 전(前) 일본은행 총재는 아베노믹스 실시를 계기로 2013년 3월부터 대담한 금융완화 정책을 뒷받침해 왔다. 구로다의 임기는 2023년 4월 8일에 끝났고 금융완화 정책 기조도 그의 임기 중에 유지되어 왔다. 구로다 총재의 후임인 우에다 카즈오(植田和夫) 총재 체제에서 출구전략 대처에 직면할 것으로 보이지만, 그 전략의 방향타가 제대로 작동되지 못한다면 일본경제는 더욱 어려운 국면을 맞을 수 있다. 실제로 구로다 전임 총재가 임기말이 가까워오며 10년물 장기국채 이자가 상승하는 현상도 나타났었다.

2022년 5월 31일 기시다 후미오 정부의 '새로운 자본주의 실현회

의'가 마련한 실행계획안에서는 '대담한 금융정책' 등 아베노믹스의 틀
견지를 강조하고 있었다. 기시다 정권은 '분배와 성장의 선순환'을 내
세우고 있는데 그 실현은 지난(至難)한 일이기도 하다. 경제이론상 분
배를(또는 성장을) 중시하면 성장이(또는 분배가) 둔화된다고 하는 상반관
계(trade-off)를 가져오는 것이 보통이기 때문이다.

기시다 정권에서는 '새로운 자본주의'를 내걸고 소득수준이 낮은
가계를 대상으로 지원을 늘린다고 하는 분배 정책을 강조하고 있었으
나, 위에서 언급한 실행계획안에서는 분배보다 성장을 재촉하는 색채
가 강해졌다(실제로 성장으로 이어질지는 미지수이지만). 거품경제 붕괴 후
국채발행을 통한 정책 효과가 낮았었는데, 이제 와서 갑자기 성장도
가져오고 소득불평등도 낮아지는 '분배와 성장의 선순환'이 이루어진
다는 것을 기대하기는 어려울 것으로 보인다. 분배정책이든 성장전략
이든 일본은 현재 정책 수행에 필요한 재원을 국채에 의존할 수밖에
없는 어려움에 직면해 있다.

일본 정부는 한국에서는 사용하고 있지 않은 '기초적 재정수지(PB:
primary balance)'라는 용어를 이용해 국가채무 잔액의 증감 여하를 파악
해 왔다. 국채 이외의 수입(즉, 국세수입 및 세외수입)과 국채비용 이외의
지출(즉, 국채상환비용과 이자비용을 제외한 재정지출)을 비교하여 후자(지출)
가 전자(수입)보다 크면 기초적 재정수지는 마이너스(즉, 적자)가 되고,
국가채무는 증가하게 된다. 일본에서는 거품경제 붕괴 이후 이 기초
적 재정수지가 큰 폭으로 적자를 기록하여 왔고 국가채무도 증대되
어 왔다.

요컨대 기초적 재정수지가 적자이면 재정적자의 누적으로 국가채
무가 늘어나게 된다. 아베노믹스 초기에는 2020년까지 기초적 재정
수지를 플러스(즉, 흑자)로 하겠다는 목표를 내세웠으나 달성하지 못하
였고, 이를 다시 2025년까지 흑자로 하겠다고 뒤로 미루었다가 현재

는 그 언급마저도 피하려 하고 있다. 실제로 위 실행계획안과 같은 날 (2022년 5월 31일) 일본 정부가 발표한 '경제재정 운영과 개혁의 기본방침'에서는 2025년도에 기초적 재정수지(PB)를 흑자로 하겠다는 목표 언급을 하지 않고 있다. 현실적으로 2025년도까지 PB의 흑자 달성이 어렵다는 인정한 것이라 할 수 있다.

일본의 재정은 현재도 지출 경직성이 충분히 높은 상황이다. 머지않은 장래 출구전략이 요구될 것임을 일본 정책당국도 인식하고 있으나, 앞서 언급하였듯이 그 출구전략이 '재정경직성'을 더욱 심화시켜 경기침체가 한층 가속화되지 않을까 우려하고 있다. 어쨌든 작금의 정책 기조대로 가게 된다면 일본경제 전망은 밝지 않다. 2023년 4월 금융정책의 사령탑이라 할 수 있는 일본은행 총재가 바뀌어 그 동안의 대담한 금융정책 기조가 바뀔 가능성은 있으나 방대한 국가채무가 초래할 후유증 극복문제에 직면해 있다. 경제성장을 높여 조세수입을 늘리는 길을 모색하고는 있으나 성장 동력이 원활히 가동되고 있지 못하다는 데 문제의 심각성이 있다.

출구전략에는 고난도의 정책운용 기술이 요구된다. 출구전략을 추진할 때 일본경제에 강한 충격을 주는 경착륙(하드 랜딩)으로 경기(景氣)의 급작스러운 실속이 있게 될 것인지, 경제에 미치는 충격을 완화하면서 출구전략을 성공시키는 완만한 착륙(소프트 랜딩)으로 정상적인 경제정책을 운용할 수 있게 될 것인지가 중요 국면으로 대두될 것이기 때문이다.

2) 디지털화 대응 여부

다음으로, 디지털화 대응 지연을 어떻게 극복할 것인지의 여부이다. 1990년대 초반까지 세계를 이끌었던 일본 전자산업은 그 후 세계 경쟁에서 밀렸다. 반도체와 정보통신기술(ICT)을 위주로 하는 디지털 분야에서는 주요 선진국에 한참 뒤져 있으며 디지털 경쟁력 순위에서도 순위가 계속 떨어지고 있다. 2022년 9월 말에 스위스의 비즈니스 스쿨 IMD가 발표한 디지털 경쟁력 순위를 보면 63개 국가·지역 중 일본은 29위로 내려 앉아 8위를 차지한 한국에 비해 크게 뒤지고 있다(참고로 덴마크가 1위, 미국 2위, 대만 11위, 중국 17위).

거시경제학 기초이론에서는 소비는 소득에 의존하여 결정된다고 (즉, 소비는 소득의 함수라고) 상정한다. 제2절에서 보였듯이, 일본은 1990년대 초 거품경제 붕괴 이후 소득이 거의 증가하지 않은 성장상실기가 이어졌는데, 이는 소비액도 그리 늘지 않았다는 뜻이기도 하다. 파이(국민소득)가 커지지 않았다는 것은 기업들 간에 주어진 파이를 놓고 서로 차지하겠다는 '제로섬(zero-sum) 게임'에 빠지기 쉽다. 전체 국민소득이 일정할 때 어느 기업의 매출이 늘어난다고 하는 것은 그만큼 다른 기업의 매출이 줄어드는 것을 의미하기 때문이다. 디지털화 대응으로 파이를 키우는 일이 매우 중요한 과제임에도 불구하고 일본 기업은 그에 대한 적극적인 대처에 미흡했다. 그보다는 기존의 아날로그적인 사고방식 하에서 주어진 파이를 두고 서로 쟁탈하는 경쟁을 펼쳐왔다는 인상이다.

2020년 초부터 시작된 코로나19 영향으로 온라인 공간을 이용한 가정(家庭) 내 소비가 크게 증가했다. 실제 점포를 꾸린 물리적 시장으로부터 점포를 꾸리지 않은 인터넷 가상공간 거래 쪽으로 구매 방식이 옮겨갔다는 신호이기도 하다. 이러한 상황의 출현은 가정 내 소비 품목의 선택지를 늘려가며 대응하는 것이 기업실적 향상에 보다 효과적임을 시사한다. 나아가 인터넷 또는 디지털 온라인상의 상품 주문은 통상 국가나 장소를 불문한다. 세계의 소비자를 대상으로 국경을 넘어 직접적으로 자신의 상품 매출을 늘려가려는 시장개척의 추진력은 일본 기업이 상대적으로 약한 편이다.

디지털화 진행의 기회를 놓치지 않고, 세계에서의 플랫폼(가상 공간에서의 거래 사이트) 구축을 강화해 온 것이 미국 기업이다. 대표적으로 미국의 아마존과 같은 기업은 대형 디지털 기업으로 자리를 잡고 그 힘을 한껏 발휘해 실적을 늘려 왔다. 세계 주요 기업의 시가총액을 나타내는 표 1-1에도 보이고 있듯이 가상거래 공간 및 디지털화 추진에 있어 미국 기업의 강세를 여실히 나타나고 있다. 일본이 내향적으로 아날로그 산업에 집착하는 한 다른 선진국 디지털 기업과 일본 기업 사이의 격차는 더욱 벌어질 것으로 보인다.

기시다 정부도 디지털화 대응이 성장을 높여줄 것이라는 인식은 갖고 있다. 앞서 언급한 2022년 5월 31일 '새로운 자본주의 실현회의' 실행계획안에는 네 가지 핵심 정책이 담겨 있다. ① 사람에 대한 투자, ② 과학기술, ③ 탈탄소화를 위한 GX(그린 트랜스포메이션), 그리고 ④ DX(디지털 트랜스포메이션) 추진과 스타트업 육성이라는 네 가지다. 이들 핵심 정책의 하나인 'DX 추진과 스타트업 육성'으로부터 디지털화 추진에 대한 의욕은 느껴지지만, 아날로그 지향이 강한 일본에서 디지털화 촉진에 발빠른 속도를 낼 수 있을지는 의문이다.

일본인들의 아날로그 성향을 감안하면 일본의 디지털화 대응은 한국에 비해 훨씬 늦어질 것으로 보인다. 2021년 9월부터 일본에서 '디지털청'이 해당 업무를 시작했으나 디지털화를 관(官) 주도로 이끌어가는 데는 한계가 크다. 민간의 자유로운 발상이 존중되고 그 발상을 키울 환경이 조성되지 않으면 진정한 디지털화가 이루어지기 어렵기 때문이다. 전통적으로 일본의 경제정책 추진은 "관(官)이 마련하고 주도하며 국민들이 그에 따른다"는 '관제민추(官製民追)' 방식이 취해져 왔다. 앞으로는 그와 반대로 관이 국민을 지원하는 데 철저하고 국제적으로도 실적을 가져오는 쪽으로 하면서 민간이 활약할 수 있는 무대가 확산될 수 있도록 하는 것이 중요하다.

디지털 산업은 실패도 많고 리스크도 크지만, 성공하면 아날로그 산업보다 부가가치가 월등히 많다는 특징이 있다. 위험회피 성향이 강한 일본 기업들은 디지털화에 적극적으로 대처하여 왔다기 보다는 기존의 아날로그 산업에 머무르는 경향을 보여왔다. 향후에도 디지털화 대응에 뒤쳐지게 된다면 파이(국민소득)를 키우는 힘이 약해져 일본경제의 위상은 더욱 낮아질 것이다. 이를 의식한 일본 정부와 기업은 2022년 이후 반도체 및 관련 소재·부품·기계·장비 투자를 크게 늘리고 있다.

5 일본의 특징과 한일협업의 모색

1) 장인 기술이 뛰어난 일본

일본은 장인(匠人)이 자기 영역에 전념하여 익힌 기술을 살려가는 아날로그 부문에 능하다. 특히 축적 기술이 활용되는 소재·부품·기계·장비 등의 '물건 제작(모노즈쿠리)'의 아날로그 산업에서 비교 우위를 발휘한다. 예컨대, 세라믹 소재·부품을 제조하는 니혼가이시, 자동차 제조의 토요타, 기계장비 제작의 고마츠 등 수 많은 일본 기업들이 포진하며 세계를 선도해 왔다. 반면 가격 및 시장 변동이 심한 반도체와 정보통신기술(ICT) 경쟁에서 일본 기업은 한국·미국·대만·중국 기업에 뒤지고 있다. 그렇다고는 하나 반도체 제조를 위한 기계 장치에 강점을 보이는 도쿄 일렉트론, 이미지 센서(영상 탐지 부품)에서 독보적인 기술을 발휘하는 소니와 같은 일본 기업의 존재감은 건재하다.

나아가 일본인은 구체적인 이미지를 떠올리는 시각적 표현에 뛰어나다. 일본이 자랑하는 애니메이션은 시각적 표현의 대표격이다. 애니메이션뿐만이 아니다. 공공 공간에서 흔히 볼 수 있는 녹색 비상구를 나타내는 표지판이나 휠체어마크와 같은 시각 기호는 '픽토그램

(pictogram)'이라 불리운다. 픽토그램은 1964년 도쿄올림픽을 개최할 때 언어 문제로 의사소통이 어려운 상황을 상정하여 언어를 몰라도 그 의미를 전달할 수 있도록 하는 차원에서 일본인이 아날로그 표현의 동작을 그림 이미지로 나타내 개발한 것이 그 시초가 된다. 디지털 공간에서도 일본인은 시각적인 호소감을 선호한다. 스마트폰에서 한국은 카카오톡을 많이 이용하지만 일본에서는 라인(LINE)을 주로 이용한다. 이 LINE에서 메시지 주고받기를 하는 데 곧잘 이용되는 얼굴 표정 등의 작은 이모티콘도 일본인이 처음으로 고안해낸 것이다.

일본은 장인(프로페셔널) 정신을 소중히 여기는 나라이다(에이 로쿠스케(永六輔) 『職人』[장인] 岩波新書, 1996). 장인(匠人)이라 함은 "자신의 분야에 자부심을 갖고 스스로의 가치를 높이는 사람"을 뜻한다. 카리스마성이 강한 리더(지도자)보다는 각자가 자신에게 주어진 일을 다하며 전체 부가가치를 높여가는 방식이 일본 정서에 어울린다. 장인 혼(魂)의 정서에 부합하는 것으로 암묵지(暗黙知)를 들 수 있다. 일본의 기술은 섬세한 감각과 경험으로 길러진 암묵지를 통해 갈고 닦은 요인이 크다. 노나카 이쿠지로는 '암묵지'를, "말로는 설명할 수 없는 경험치나 몸으로 기억하고 갈고 닦은 지식"이라고 정의한다(노나카 이쿠지로(野中郁次郎) 『知識創造の経営』(지식 창조의 경영) 日本経済新聞社, 1990).

암묵지는 '장인 정신'이나 오랜 전통을 잇는 회사나 조직에 내재하는 경우가 많다. 한국인의 디지털적 사고와는 달리 일본인은 조직 내 사람들과 연계하여 이제까지의 방식을 조금씩 '개선'해 나가는 아날로그적 사고에 익숙하다. 도요타의 '가이젠(改善)' 방식이 그 대표라 할 수 있다. 장기간에 걸친 '가이젠' 방식과 같은 사고의 형성이 기술이나 전통의 축적형 분야에서 일본이 강점을 발휘해온 원동력이라 할 수 있다. 시대의 변화와 함께 디지털화가 진행되면서 아날로그 기술이 만들어내는 부가가치는 상대적으로 줄어들었다.

제7장에 구체적으로 제시하고 있듯이 아날로그 변화의 속도는 디지털의 변화 속도를 따를 수 없다. 디지털과 아날로그의 이와 같은 특징 차이는 한국과 일본 간의 강점을 지닌 기업이나 산업과의 관계에서도 잘 나타난다. 1970년대를 거쳐 90년대 초까지만 해도 도시바, NEC, 샤프, 파나소닉, 히타치 등 일본의 전자기업들이 세계의 주목을 받았었다. 그러던 일본의 전자기업이나 디지털산업이 어째서 한국에 뒤지게 되었을까? 그 중요한 이유 중 하나가 속도감이다.

일본에서는 어떤 일을 진행할 때 1, 2, 3, 4, 5, 6, 7, …… 이라는 자연수적 진전의 변화와 같이 하나하나 단계를 밟아가며 규칙이나 매뉴얼에 따라 진행하는 방식을 취한다. 이와는 달리 디지털 산업의 전개는 성큼성큼 비약적으로 진행하는 특성을 지닌다. 그럼에도 불구하고 일본은 여전히 그 동안 해오던 아날로그적 사고방식으로 접근해왔다. 일본과는 달리 한국은 단계를 건너뛰는 '빨리빨리'가 몸에 배어 있어 일본인의 속도감각은 민첩성이 몸에 밴 한국인을 따라가지 못한다. 그 배경에는 여기저기 왔다갔다 하는 반도국가로서의 한국과 아시아 대륙의 한쪽 끝에 섬나라로 위치하여 정주성(定住性)이 강한 일본이라는 지정학적 요인의 차이와도 관련되어 있다(한국과 일본의 사고방식 비교에 대하여는 제7장을 참조 바람).

2) 한일협업에 대한 모색

표 1-1에 실린 GAFAM(구글(알파벳), 애플, 페이스북(메타), 아마존, 마이크로소프트)과 같이 세계를 석권하는 디지털 기업보다 일본은 아날로그 속성을 갖는 지역 산업에 강점을 지닌다. 지역 산업 중에는 대기업도 있지만 대대로 이어져와 지역에 터전을 잡은 중견 기업이나 음식점 등이 아직도 즐비하다.

최근에는 많은 장수 기업에서 후계자를 찾지 못하고 장인(匠人)이

붙박이로 있는 기업이 점점 줄어들고 있으나, 아직도 일본에는 100년 이상 계속되고 있는 기업이 수두룩하다. 100년 이상 된 일본 기업 수는 3만 3,076개에 이르고 있어 세계에서 가장 많으며, 창업 100년 이상 된 세계의 기업 수 가운데 일본은 41.3%나 차지한다(닛케이 BP 컨설팅, 2020년 3월 발표). 역사가 긴 기업이 많다는 것은 여전히 장기 고용이나 장시간 쌓은 아날로그 기술 축적이 일본의 기업 풍토에 어울린다고 하는 증좌이기도 하다.

일본의 제조업 또는 제조상품은 세계적으로 높은 신뢰성을 자랑한다. 신뢰성이 높다는 장점이 있는 반면, 일본의 경기침체가 드러나면서 '갈라파고스화'라고 하는 표현이 곧잘 등장하곤 했다. 이는 내향적인 사고방식에 갇혀 급속한 변화에 발빠르게 대응하지 못하고 침체에서 좀처럼 벗어나지 못하는 자조(自嘲)적인 표현이기도 하다. 앞서 언급하였듯이 처음에는 일본 기업이 반도체나 ICT 분야에서 세계를 리드하고 있었지만, 이제는 한국·대만·중국 기업에 추월당하고 말았다. 축적된 전통 기술에 지나치게 집착하다가 시대 변화에 뒤쳐져 왔고, 아직도 적지 않은 기업이 아날로그 사고에서 벗어나지 못하고 있다. 전통 산업에 대한 수요 감소가 진행되는 가운데 일본의 대응 능력에 의문이 제기되고 있다.

일본에서 코로나19(신종 코로나바이러스 감염증) 유행기에도 비교적 급여 상승이 높았던 업종은 정보통신, 운수·우편, 건설 분야였고, 숙박·음식서비스, 도소매, 의료·복지 업종에서 급여 하락 폭이 컸다. 코로나19 사태가 진정되면서 이들 업종의 급여 수준이 회복되고 고용 증가가 있었지만, 코로나19 유행기에 급여 상승이 있었던 업종 임금이 코로나19 진정 후 다시 하락하지는 않았다. 코로나19 여파로 디지털화가 진행되어 정보통신기술(ICT) 이용이 가속화된 점과 여행·출장 등이 상당 정도 회복되었다는 점을 그 이유로 들 수 있다. 그렇다고 하나 일본의 디지털 대응속도가 한국을 비롯한 다른 선진국에 비해 빨라진 것은 아니며 여전히 뒤지고 있다.

일본보다 디지털화가 진전되어 있는 한국과의 협업을 모색하는 것은 한국에도 득이 됨은 물론 일본경제 활성화에 기여할 여지를 높여준다. 한일 간에는 더 잘하는 사업 분야가 서로 다르며, 지역 전통을 대하는 방식에서도 큰 차이를 보인다. 더 잘하는 분야를 살린 높은 가치의 제품 및 서비스를 창출하고 그것들을 서로 교역하는 것이 보다 풍요로우며 문화적인 삶의 질 향상을 가져온다. 한국의 청년 일자리 해소 문제에 대처하고 일본경제를 답보상태로부터 벗어나도록 하는 데에는 한일관계 개선 및 교류 활성화가 큰 도움을 준다. 역사문제나 경제안보라는 구실이 사회·문화 교류 및 상호무역에 방해가 되어서는 안될 것이다.

한 나라가 모든 분야를 떠맡아 자급자족주의로 나아간다고 하는 폐쇄적 대응은 비효율적이다. 한국과 일본이 서로 보완해 나아가기 위해서는 일본에 부족한 재능을 한국이 지니고 있고, 반대로 한국에 부족한 재능을 일본이 발휘하고 있다는 점을 인식하고 서로 간의 비교우위를 활용하는 방식이 현명한 전략이다. 한국은 일본의 안정성을 배우고 아날로그 기술의 축적을 디지털에 활용하여 접목하는 전략, 반대로 일본은 한국의 역동감을 살리고 디지털적 빠른 대응을 배워가는 전략이라 하겠다.

기미야 다다시(도쿄대학)

제2장

제20대 대통령선거,
윤석열 정권과 한국외교,
그리고 한일관계

제2장

제20대 대통령선거, 윤석열 정권과 한국외교, 그리고 한일관계

기미야 다다시(도쿄대학)

1 제20대 대통령선거 개요

2022년 3월 9일 제20대 대통령선거가 실시되어 전 검찰총장이자 보수야당 '국민의힘' 윤석열 후보가 48.6%의 득표율로 진보 여당인 '더불어민주당'의 이재명 후보를 불과 0.7%포인트(p) 25만 명 남짓한 표 차이로 누르고 당선되어 5년 1기만에 진보정권에서 보수정권으로 정권교체가 이루어졌다. 출구조사에서는 방송 3사(KBS, MBC, SBS)의 조사가 1%p 이내의 근소한 차이로 윤 후보가 우위이고, 반대로 다른 방송사 JTBC의 조사가 같은 1%p 이내에서 근소한 차이로 이 후보가 우위라며 각기 다른 결과를 발표했었다. 이 때문에 출구조사를 근거로 당선 확실을 예상할 수 없어 실제 개표작업을 지켜볼 수밖에 없었다. 개표에서는 당초 이재명 후보가 앞섰지만 개표율이 50%를 넘어가면서 역전되어 윤 후보가 앞섰고 결국 10일 오전 4시 개표율 98%에 이른 단계에서야 윤 후보의 당선이 확정되었다. 한국의 역대 선거 중에서도 보기 드문 접전이었다.

과거 대통령선거(대선)와 비교해도 제20대 대선의 대접전은 두드러진다. 과거 대접전이었던 대선으로는 1997년 제15대 선거에서 김대중 40.3%와 이회창 38.7%라는 1.6%p의 득표율 차이, 2002년 제16대 선거에서 노무현 48.9%와 이회창 46.6%라는 2.3%p의 득표율 차이, 그리고 2012년 18대 선거에서의 박근혜 51.6%와 문재인 48.0%라는 3.6%p의 득표율 차이를 들 수 있다. 이들 선거와 비교해 보아도 제20대 대선이 극도의 대접전이었음을 알 수 있다.[1]

처음에는 윤석열·이재명 두 후보 모두 본인이나 가족의 스캔들이 폭로되기도 하여 "어느 후보한테도 투표하고 싶지 않아 호감이 가지 않는 선거다"라는 말도 나와 그리 고조되지 않는 듯했다. 그러다가 대격전으로 예상되기도 하면서 뚜껑을 열어보니 전체적으로 77.1%라는 투표율을 기록하여 높은 관심을 보인 것으로 나타났다. 다만 박근혜 대통령의 탄핵소추·파면으로 인해 치러졌던 2017년 5월의 대통령 선거 투표율이 77.2%였음을 상기하면 월등히 높은 투표율이었던 것은 아니었다. 사전투표율이 36.9%로 역대 최고였던 점을 고려하면 1997년 제15대 선거 이후 오랜만에 투표율이 80%를 넘어서는 것 아니냐는 예측도 있었다. 그런 예측으로 볼 때 당일 투표율은 크게 늘지 않았다고 할 수도 있다.

2 한일 간 정치 및 선거 비교

대통령제와 내각제라는 차이가 있다고는 하나 2021년 10월 일본의 총선 투표율이 55.9%였다는 점과 비교하면 한국에서 정치적 관심

---

1 대통령선거에 관해서는 한국중앙선거관리위원회의 홈페이지 선거통계시스템 항목을 참조 바람. http://info.nec.go.kr/(2022년 5월 10일 최종 열람).

이 얼마나 높은지 알 수 있다. 참고로 일본의 정권선택 선거라 할 수 있는 중의원(衆議院: 일본 국회는 중의원과 참의원(參議院)의 양원제로 되어 있음) 선거 투표율은 1990년 73.3%, 1993년 67.3%, 1996년 59.7%, 2000년 62.5%, 2003년 59.9%, 2005년 67.5%, 2009년 69.3%, 2012년 59.3%, 2014년 52.7%, 2017년 53.7%이다.[2] 2000년대 들어서는 고이즈미 준이치로 총리의 '우정(郵政)개혁 해산'으로 관심이 높았던 2005년 선거에서 67.5%, 그 후 민주당으로의 정권교체에 대한 기대감이 높았던 2009년 선거에서 69.3%라는 높은 투표율을 기록했으나, 그 이후에는 정권교체에 대한 기대가 낮아지기도 하면서 투표율은 50%대의 저공비행이 이어지고 있다. 한국의 높은 투표율과는 사뭇 대조적이다.

한국에서는 자신들의 삶과 정치가 직결되고 생활도 바꾸어 준다고 하는 생각에 정치에 대해 상대적으로 높은 기대를 한다. 더구나 스스로의 투표 여하에 따라 선거를 통해 정치가 달라질 수 있다는 의미에서 투표에 대한 유효감각도 높다. 이러한 기대와 감각이 높은 투표율을 유지하게 한다. 과거 민주화 이후의 대선 투표율을 보더라도 1987년 제13대 선거 89.2%, 1992년 제14대 선거 81.9%, 1997년 제15대 선거 80.7%, 2002년 제16대 선거 70.8%, 2007년 제17대 선거 62.9%, 2012년 제18대 선거 75.8%, 2017년 제19대 선거 77.2%로 일본 총선과 비교가 되지 않을 정도로 높은 투표율을 기록한다(그림 2-1).[3]

---

2 일본의 중의원선거 투표율 등의 수치는 일본 정부 총무성 선거관련 자료를 참조 바람. https://www.soumu.go.jp/senkyo/senkyo_s/data/shugiin49/index.html(2022년 5월 10일 최종 열람).

3 한국 중앙선거관리위원회의 홈페이지 선거통계시스템. http://info.nec.go.kr/(2022년 5월 10일 최종 열람).

/ 그림 2-1 / 과거 8회에 걸친 한일 정권선택 선거의 투표율 추이(%)

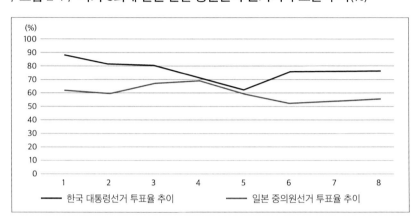

자료: 한국의 대통령선거 투표율은 한국중앙선거관리위원회 '선거통계시스템' http://info.nec.go.kr/, 일본의 중의원
　　　선거 투표율은 총무성 선거관련 자료 https://www.soumu.go.jp/senkyo/senkyo_s/data/shugiin49/index.html.

　　한국에서는 현 정부에 대한 업적평가 여하가 그 다음 대선 결과와 직결되어 선거에 따른 정권교체 여부로 연결된다. 그런 한편, 한국의 대통령은 재선 기회가 막혀 있기 때문에 정권 말기가 되면 레임덕이 되기 쉽다. 다른 한편으로 정권의 업적 평가가 다음 대선 결과를 좌우하게 되기 때문에 정권 운영에는 늘 긴장감이 감돌게 된다. 더구나 민주화 이후 당초 네 개 정당으로 구성되었던 다당제가 결선투표가 없는 상대다수제의 대선제도, 그리고 소선거구제를 중심으로 하는 국회의원 선거제도로 바뀌면서 점차 양대 정당제로 수렴하게 됨으로써 선거에 의한 정권교체가 일어나기 쉽다.

　　반면 일본의 경우는 야당이 분열되어 있어 현재로서는 정권의 업적평가 여하에 따라 여야 정권교체가 일어날 것으로 기대할 수 없다. 당연히 정권 운영에도 긴장감이 결여되고 유권자의 투표에 대한 유효감각도 낮은 까닭에 투표율도 떨어지는 경향을 보인다. 이러한 일본 정치의 현실을 감안하면 한국의 정치 상황은 '부럽다'고 할 정도이다.

　그렇지만 한국에서 '정치에 대한 높은 기대'가 정말로 보답 받고 있는지는 의문이다. 촛불시위로 이어진 박근혜 정권에 대한 저항운동으로 힘을 얻은 국회는 박근혜 대통령을 탄핵소추했고 헌법재판소도 대통령 파면을 결정했다. 박 정권 대신으로 등장한 것이 진보 리버럴의 문재인 정권이었고 문 정권은 정권 말기에도 40% 안팎의 높은 지지율을 유지했었다. 그랬음에도 당시 여당의 '정권재창출'보다는 야당으로의 '정권교체'를 원하는 유권자가 상대적 다수를 차지했다. 달리 말하면 '정치에 대한 기대'는 그다지 보답은 받지 못하고 기대에 어긋난 채 끝났다고 할 수 있겠다. 이처럼 한국에서는 정치에 대한 기대는 높으나, 정치가 그러한 높은 기대에 부응하지 못하고 기대를 벗어나는 일도 종종 일어난다.

　일본에서는 애초부터 정치에 그다지 기대하지 않는다. 정치는 바뀌지도 않고 바꿀 수도 없고 바뀐다고 하여도 자신들의 삶에는 별반 영향을 주지 않을 것이라는 체념이 일본 사회에 상당 정도 공유되고 있는 듯하다. 정치에 높은 기대를 갖는다 하여도 그것이 보답 받을 일이 거의 없다고 하면 애초부터 정치에 기대하지 않는 쪽이 좋을 거라는 생각은 바람직하지 않다고 단정할 수도 없다. 정치에 대해 높은 기대를 걸지 않고 정치의 좋고 나쁨에 상관없이 자신의 생활을 이어가는 데 전념하는 쪽이 '현명하다'고도 볼 수 있다. 경우에 따라서는 일본처럼 "정치에 그다지 기대하지 않는다"는 사회가 오히려 건전하다는 견해도 있을 수 있다.[4]

　최근 한일관계에 긴장이 있어온 근저에는 한일 양국사회에서의 정치관 차이가 가로놓여 있다고 여겨진다. 예를 들어 한일 간의 쟁점이

4　이러한 한일 간 정치문화 차이에 관해서는 木宮正史『韓国民主化と経済発展のダイナミズム』(한국 민주화와 경제발전의 다이나미즘)(筑摩書房, 2002年, pp. 178-182)를 참조 바람.

되고 있는 역사 문제에 대해 한국에서는 정부에 대해 "무엇을 해준
다", "무엇을 해주어야 한다"는 사고가 강하기 때문에 재판에 호소하
고 나아가 행정부에 대해서도 '피해자 중심주의'에 따라 어떤 행동을
취할 것을 요구한다. 본래 정부는 그러한 요구에 응할 의무가 있다고
생각하는 것이다.

반면 일본에서는 이러한 문제는 정부 차원의 문제가 아니라 개인 차
원에서 해결되어야 할 문제라고 생각하는 경향이 강하다. 때문에 "정
부가 무엇인가를 해줄 것이다"라는 기대는 별로 없다. 이러한 일본사
회의 견지에서 보면 왜 역사문제에 관해 한국의 사법 혹은 행정이 국
가 간 관계에서의 약속이나 약정을 뒤집는 결정을 하는 것인지 이해
할 수 없게 된다.[5]

3 문재인 정권의 업적 투표로 본 제20대 대선

제20대 대선에서 가장 중요한 쟁점은 문재인 정권에 대한 업적 투
표였다. 한편으로 문 정권은 임기 말임에도 불구하고 40% 안팎의 높
은 지지율을 유지했다.[6] 이런 현상은 과거 어느 정권에서도 찾아볼 수
없었던 것이다. 과거의 역대 대통령은 정권 말기가 되면 거의 예외 없
이 레임덕에 걸려 아무리 높아도 20%대의 정권 지지율이었다. 이에

---

5 역사문제를 둘러싼 한일 화해가 왜 곤란하게 되는지에 관해서는 木宮正史「第8章 現代日
韓関係における和解と正義—日韓関係の事例をふまえて—」(제8장 현대 한일관계에서의 화
해와 정의 - 한일관계의 사례를 바탕으로 -), 浅野豊美編『〈和解学叢書1=原理・方法〉
和解学の試み：記憶・感情・価値』(〈화해학총서1=원리・방법〉 화해학의 시도: 기억・감
정・가치), (明石書店, 2021年, pp.286-314)를 참조 바람.

6 한국 리얼미터「문재인 대통령 국정수행 평가」http://www.realmeter.net/wp-content/
uploads/2022/02/%EC%A3%BC%EC%A4%911-%EB%AC%B8-%EA%B5%AD%EC%A
0%95%EC%88%98%ED%96%89-1024x583@2x.png.(최종열람일 2022년 5월 10일)

비하면 문 정권 말기의 40% 지지율은 높은 수준이었다.

문 정권 말기의 지지율은 조사 시점에 따라 변동이 있기는 하나 대개는 국정수행에 대한 부정적 평가나 정권 지지 반대 비율이 긍정적 평가나 지지 비율보다 대략 5%p~10%p 웃돌았던 것도 사실이다. 문 정권이 상대적으로 높은 지지율 수준을 유지한 것은 틀림없지만 임기 종료 전 1년간을 따로 떼어서 보면 지지 반대 비율이 지지 비율을 약간 웃도는 수준을 유지했다. 그만큼 정치적으로 보수와 진보 진영 사이의 균열이 현저해졌다는 것을 엿볼 수 있다.

제20대 대선에서는 여당의 '정권재창출'보다 야당으로의 '정권교체'를 원하는 유권자가 과반수를 차지하고 있었다. 그러한 상황이었던지라 당시 여당 이재명 후보도 '정권교체'에 맞서기 위해 당초에 내세웠던 '정권재창출'보다는 그에 대신하여 '정치교체'라는 약간 생소한 말을 꺼내들 수밖에 없었다. 보수세력과 진보세력과의 대립구도와는 거리를 두고 어느 쪽의 정치세력도 모두 구(舊)세력이며, 그 정치세력을 담당하는 정치도 '구 시대적 정치'라고 비판하고 그것을 대신하는 '새로운 정치'가 필요하다고 주장했다.

다만 그러한 주장은 그야말로 '고육지책'이었다. 이재명 후보는 문 정권의 부동산 정책은 완전히 실패였다고 비판하는 등 문 정권의 업적에 기대기보다는 '탈(脫) 문재인'을 지향할 수밖에 없었다. '정치교체'를 내세운 이유는 대통령선거 쟁점이 문 정권의 업적 투표가 되어버리면 불리하다고 생각했기 때문이었다. "문재인 정부가 'K방역'이라 부르는 코로나 대책 등 그 나름대로 잘했을지는 몰라도 앞으로 5년 더 같은 정권이 이어지는 것은 싫다"고 생각하는 국민이 상대적으로 다수였다고 보고 이재명 후보가 펼친 전략이었다고 할 것이다. 그런 가운데 대선에서 이 후보가 47.9%의 득표율을 보였다는 것은 '대선방'이었다고 평가해야 할지도 모르겠다.

4 보수와 진보 진영 간의 정치적 균열

1) 일본에서는 왜 한국의 '진보'를 '혁신'이라 부르는가?

우선 한국 정치에서 나타나는 보수와 진보 진영 간의 정치적 균열에 대해 살펴보기로 하자. 일본 정치에서는 자민당과 사회당이 대립한 1955년 체제가 보수와 혁신의 대립구도였던 적이 있다. 그런 까닭에 일본 미디어(언론)는 한국 정치에도 '보수'와 '혁신'이라는 용어를 사용하는 경우가 많다. 한국의 보수는 일본에서도 '보수' 그대로이지만, 진보는 '혁신'이라고 부른다. '국민의힘'이 '보수'이고, '더불어민주당'이 '혁신'인 셈이다. 필자는 이렇게 부르는 데에 대해서는 이의가 있다. 한국 정치를 일본에 소개할 때 현재의 '더불어민주당'을 '혁신정당'으로 보는 것에 대해 위화감을 갖고 있기 때문이다.

'혁신'은 확실히 '보수'의 반대말 중 하나이지만, 어디까지나 그 하나에 지나지 않는다. 미국을 예로 들면 공화당이 '보수'인데 반해 민주당은 '리버럴(liberal)'이라고 표현한다. 결코 민주당을 '혁신' 정당이라고 부르지 않는다. 한국에서는 '보수'와 '진보'라는 용어를 사용한다. 한국에서도 혁신이란 말이 있고 역사상 '혁신정당'은 존재했다. 1960년 4·19 혁명 후 1961년 5·16군사 쿠데타까지의 제2공화국 시기라는 짧은 시기가 거기에 해당한다. 그 먼저 있었던 제1공화국에서의 여당 자유당도 야당 민주당도 반공보수라는 점에서는 변함이 없었다. 그러나 제2공화국에서 펼쳐진 새로운 정치공간하에서 북한과의 적극적인 교류와 사회민주주의 등과 같은 기존에 허용되지 않았던 새로운 주장을 전개하는 정당이 등장하였고, 이들을 총칭하여 '혁신정당'이라고 불렀던 것이다.

제2공화국 이후 한국 정치에서 '혁신정당'은 본격적으로 등장하지 않았다. 아니, 그렇다기 보다는 공고한 반공체제하에서 그 존재를 허용하지 않았다. 그러다가 1987년 민주화 이후 다시 새로운 정치 공간이 열리게 되었는데, 처음에는 그다지 정치 이념에서 뚜렷한 차이가 없는 어느 특정 지역 및 지역 출신에 주된 지지 기반을 두는 네 개의 정당으로 구성되는 다당제였다. 그러다가 정치 지도자의 세대 교체나 결선 투표가 없는 대통령제, 소선거구제를 중심으로 한 국회의원 선거 제도 등이 작용하면서 주로 경상도를 지지 기반으로 하는 보수 정당과 전라도를 지지 기반으로 하는 진보 정당이라는 양대 정당제로 수렴하게 되었다.

그렇다면 왜 '혁신정당'이 아니라 '진보정당'이라는 명칭이 쓰이게 되었을까? '혁신'이라는 말은 한국 정치에서는 역시 '좌익'이나 '사회주의'를 연상시킨다. 한국은 현재도 북한과 유사한 주장을 하는 것을 국가 범죄로 다루어 단속하는 '국가보안법'이라는 법률이 있다. 나아가 2014년에 '통합진보당'이라는 극좌파 정당이 북한의 주장과 유사한 주장을 내세웠고 더욱이 폭력적 수단을 통한 혁명을 지향했다는 이유로 헌법재판소에 의해 해산 명령을 받은 적이 있다. 정치 공간을 확보하기 위해서도 한국에서는 '혁신'이 아니라 '진보'라고 자칭한 것이다. 보수에 맞서는 진보라 일컫는 만큼 지향하는 이념적 차이는 있지만 그렇다고 하여 반드시 사회주의를 지향하는 것과 같은 그런 정당은 아니다.

하지만 일본에서 1955년 체제에 있어 보수와 혁신이라 할 경우 혁신을 보여주는 정당은 사회당이나 공산당이었다. 적어도 어느 시점까지는 당 강령으로서 사회주의를 지향할 것임을 명확히 했다. '혁신'이라 할 경우 그런 이미지가 일본 사회에는 여전히 남아 있다. 이러한 연유도 있어 일본에서는 현 제1야당인 입헌민주당을 '혁신'이라고는 부르지 않는다. 기껏해야 '리버럴'이다. 그럼에도 불구하고 어째서 한국의 정당을 일본에 소개하는 경우 굳이 '혁신'이라는 용어를 사용하는 것인지 필자로서는 솔직히 말해 이해하기 어렵다.

일본의 일부 미디어는 한국의 '더불어민주당'을 '좌파 혁신'으로 표현하기도 하고 극단적인 경우에는 그에 더해 '반미·반일·친중·친북'이라 하여 실태와는 상당히 동떨어진 꼬리표를 붙이는 경향이 있다. 일본에 소개될 경우 '좌파 혁신'이라 표현하게 되면 일본인들은 어떤 정당을 연상시키겠는가? 실태와는 크게 동떨어진 이미지로 보게 될 것이다. 예를 들어 한국의 '진보' 정당을 영어로 번역할 경우 가장 많이 사용되는 번역어는 '리버럴(liberal)'이지 '프로그레시브(progressive)'는 아니다. 이러한 입장에서 필자가 한국의 양대 정당 구도를 일본어판으로 집필한 서적에서는 '보수' 대(對) '혁신'이 아니라 '보수' 대 '진보 리버럴'로 표현해야 한다고 보아 '진보 리버럴'이란 표현을 사용했다. 본 한국어판에서는 한국에서 쓰이는 대로 '보수' 대 '진보'로 표기하기로 한다.

그렇다면 한국 정치에서 '보수'와 '진보'의 정치적 균열은 무엇을 의미하는가?

2) 대북정책을 둘러싼 '보수'와 '진보'

첫째, 가장 현저한 차이는 북한에 대한 인식과 정책을 둘러싼 균열이다. 보수 진영이 대북 강경이고 진보 진영이 북한에 유화적이며 저자세라고 인식되고 있는 듯하다. 하지만 이와 같은 이해는 일면적일 뿐 아니라 때로는 오해를 불러일으킨다. 중요한 것은 이러한 표면적인 결과가 아니다. 진보 진영은 북한에 대한 한국의 우위를 남북관계 개선에 최대한 이용하는 성향을 갖는다. 북한은 기본적으로는 남한에 의한 흡수통일을 우려해 남북 협상에는 소극적이며, 남북관계보다도 북미관계를 중시하기 때문에 남한의 상당한 공들이기나 양보가 없으면 남북협상의 무대로 나오려하지 않는다.

따라서 진보 진영은 남한 우위의 힘을 이용해 양보를 하는 것으로

북한을 남북 협상의 무대로 끌어들이려 한다. 진보 진영에서 보수정
권에 의한 남북관계를 볼 때는 남한이 주도권을 잡고 관계 개선에 나
서지 않았기 때문에 아무런 성과도 올리지 못했을 뿐만 아니라, 진보
정권이 쌓아 올린 남북관계 개선의 성과도 망쳐버렸다고 비판한다. 진
보 진영의 대북 유화정책의 배후에는 북한에 대한 남한 체제 우위의
'자신감'이 있다. 다만, 이 '자신감'이 경우에 따라서는 근거 없는 '과
신'이 되어 버리는 위험성을 내포한다.

반면 보수 진영은 북한에 대한 불신이나 경계감이 강하며 설사 남
한에 체제 우위가 있다고 하더라도 북한에 안이하게 양보하는 것은 위
험하다고 본다. 아울러 북한에 대해서는 불필요하게 관대한 대응을 할
것이 아니라 엄격한 상호주의 원칙에 입각하여 대응해야 한다고 주장
한다. 그러면서 진보 정권의 대북정책으로는 남북관계 개선 성과를 기
대할 수 없음에도 불구하고 관계 개선으로 "미리 앞서 나아간다"고 비
판한다. 이처럼 보수 진영의 대북 강경정책의 배후에는 '북한보다 남
한 체제가 우위에 있다는 것'에 대한 '신중한 자세'가 자리하고 있다.

3) 경제정책을 둘러싼 '보수'와 '진보'

둘째, 경제정책을 둘러싼 균열이다. 경제성장을 중시하고 한국을
경제대국으로 만들겠다는 목표에 관해서는 보수 진영이나 진보 진영
간에 다를 바 없다. 하지만 그 방법에 있어서는 서로 간에 차이를 보
인다. 보수 진영은 기본적으로 정부의 관여를 최소화하고 시장 기구
(mechanism)나 민간기업의 자율성에 맡기는 것이 낫다는 입장이다. 반
면 진보 진영은 시장 메커니즘이나 민간기업의 자율성은 중요하나 거
기에 맡기는 것만으로는 고용, 복지, 공정성을 확보하기 어렵기 때문
에 정부가 적절히 개입할 필요가 있다고 본다.

여기서 유보할 점이 있다. 한국 보수세력의 대표격인 박정희 정권

의 경제정책은 위에서 언급한 보수적인 경제정책이 아니라 정부 주도의 개발주의였다는 점이다.[7] 보수 세력의 사고(思考)에서는 그러한 개발주의에 의한 경제발전을 달성하고 나서 경제발전을 지속하기 위해서는 개발주의로부터 벗어나 시장 메커니즘을 활성화하는 정책 선택을 할 필요가 있다는 점을 중시한다. 진보 진영과 보수 진영 간에는 위에서 언급한 바와 같은 차이가 있다고 하더라도, 실제로 정권을 장악했을 경우의 경제정책과 관련하여서는 그리 정책 선택의 폭이 넓은 것은 아니며 집권 여당으로서의 정책은 수렴하는 경향이 있다.

4) 역사관을 둘러싼 '보수'와 '진보'

셋째, 역사관을 둘러싼 균열이다. 보수 진영의 역사관은 1948년 건국 이래의 대한민국 역사가 여러가지 문제를 안고 있다고는 하나 전체적으로는 긍정적으로 평가한다. 반면 진보 진영의 역사관에서는 1987년 이전, 특히 독재체제 정치에 대한 평가는 냉엄하다. "독재는 불필요한 것이었다"라 하며 부정적으로 평가한다.

더욱이 문재인 정권에서 또 하나의 쟁점이 부상하였는데, 그것은 대한민국의 역사적 기원을 언제, 무엇에서 찾느냐 하는 문제였다. 종래에는 1948년 8월 15일 대한민국 정부 수립을 건국 기원으로 보는 시각이 지배적이었다. 문재인 정권 당시 1919년 3·1 독립운동 직후 상하이에 세워진 망명정부였던 대한민국 임시정부를 기원으로 보아야 한다는 주장이 진보 진영 세력으로부터 제기되었다. 1948년 대한민국은 분단 국가로서의 정부 수립이라는 불완전한 형태이다. 이와는 달리 1919년 대한민국 임시정부야말로 한반도 전체를 대표하는 '본연의 국가'이며 현재 한국의 원형이라 할 수 있는 '민주공화국', 즉 군주제

---

7 박정희 대통령의 경제정책에 관해서는 기미야 다다시『박정희 정부의 선택: 1960년대 수출지향형 공업화와 냉전체제』(후마니타스, 2008년)을 참조 바람.

가 아닌 '공화제'를 선언했다는 점도 중시되고 있다.[8] 실제로 문재인 진
보 정권에서는 2019년에 대한민국 임시정부의 건국 100주년으로 하여
대대적인 축하 행사를 열기도 했다.

　이상과 같은 역사관 차이의 근저에는 일본의 식민지 지배에 적극
협조하였거나 별다른 저항도 하지 않았던 '친일파' 문제가 관련되어
있다. 진보 진영 세력은 보수 세력을 친일파의 계보로 위치시켜 비판
한다. 그 비판에 따르면 본래라면 한국 건국에 주요 역할을 할 자격
이 없었음에도 불구하고 이승만 정권이나 박정희 정권이 통치를 담당
한 것으로 간주한다.

5) 법질서관·민주주의관을 둘러싼 '보수'와 '진보'

　넷째, 법질서관 혹은 민주주의관을 둘러싼 균열이다. 보수 세력은
체제로서의 자유민주주의가 안정되는 것을 중시하는 반면, 진보 세력
은 그러한 체제의 안정만이 중요한 것이 아니라 직접민주주의를 통해
기존 체제를 더욱 민주화시키는 것이 중요하다며 운동으로서의 민주
주의를 중시한다. 보수 세력의 입장에서 보면 이러한 직접민주주의에
입각한 운동은 기존 체제의 안정을 위협하는 위험한 것으로 여기게 되
나, 진보 세력의 입장에서 직접민주주의는 기존 민주주의 체제를 가일
층 민주화하기 위해 필요한 것이라고 간주한다.

　이명박 집권 초기 광우병 파동으로 촉발된 '촛불시위'나 박근혜 정
권을 사실상 탄핵소추와 파면으로 몰고 가는 데 지대한 역할을 한 '촛
불시위'는 보수 세력으로부터 보게 되면 기존 자유민주주의 체제 안정
을 위협하는 위험한 것으로 간주된다. 반면 진보 세력의 입장에서는

8　이와 관련한 논쟁에 대해서는 다음 문헌을 참조 바람. 小野容照 『韓国「建国」の起源を探
　る: 三・一独立運動とナショナリズムの変遷』(한국 '건국'의 기원을 찾는다: 3·1 독립운
　동과 내셔널리즘의 변천), 慶應義塾大学出版会, 2021年.

기존 민주주의 체제에 중대한 결함이 있는 경우에는 운동으로서의 민주주의는 기존 체제의 결함 시정을 지향하게 된다. 문재인 정권하에서는 보수 세력에 의한 풀뿌리 시민운동이 전개된 경향도 있어 그러한 직접민주주의가 진보 세력만을 이롭게 한 것은 아니었다.

6) 미중갈등·한미동맹을 둘러싼 '보수'와 '진보' [9]

또 다른 쟁점이 보수와 진보 진영 간 균열 축으로 대두되고 있다. 이에 대한 상세한 내용은 뒤에서 살펴보겠지만 미중갈등 격화와 함께 한국으로서는 "한미동맹의 의의를 어떻게 자리매김하고 미중갈등의 틈바구니에서 어떻게 대응할 것인가?" 하는 문제에 직면하고 있다. 그동안 한국 정부는 보수 및 진보 진영 모두 '안보는 미국, 경제는 중국, 북한 문제는 미중'에 상당 정도 의존해야 한다는 것을 전제로 미중갈등 속에서 양자택일로 내몰리는 것을 어떻게든 피하겠다는 입장으로서 '전략적 모호성'을 중시했다. 한미동맹 관계에 있어서도 한반도 유사시에 대응하여 대북을 염두에 두는 데에 한정하려 했다.

하지만 이제는 미중갈등 심화로 '전략적 모호성'이 한계에 직면하는 듯한 상황이 되고 있다. 진보 세력은 '안보는 미국, 경제는 중국, 북한 문제는 미중'에 상당 정도 의존해야 하기 때문에 어떻게든 미중갈등에 관한 '전략적 모호성'을 유지하고, 한미동맹도 강화는 필요하나 대중(對中)동맹으로서의 성격이 강해지는 것은 피해야 한다고 주장한다. 즉, 현상 유지이다. 그러나 보수 세력은 '전략적 모호성'은 포기할 수밖에 없고 외교의 축을 좀 더 한미동맹 강화 쪽으로 내딛을 필요

---

9 미중 관계에 대한 한국의 기존 대응에 관해서는 다음 논문을 참조 바람. 木宮正史「韓国から見た米中関係―対米外交と対中外交との両立模索」(한국으로부터 본 미중 관계 – 대미외교와 대중 외교와의 양립 모색), 川島真・森聡編『アフターコロナ時代の米中関係と世界秩序』(코로나 이후 시대의 미중관계와 세계질서), 東京大学出版会, 2020年, pp. 231–243.

가 있으며 이를 위해서는 한미동맹도 대중(對中)동맹으로서의 성격을 가질 수밖에 없다고 주장한다. 중국과의 관계는 경제관계를 중시하면서도 지금까지보다는 거리를 둘 수밖에 없는 셈이다.

이상은 보수와 진보 정당 간의 균열에 관한 언급이었다. 유권자의 경우 자기 인식에 있어서의 보수와 진보 사이의 균열은 이와 겹치는 부분도 있고 어긋나는 부분도 있다. 유권자의 보수 진영 지지, 진보 진영 지지가 위에서 언급한 네 가지 혹은 다섯 가지 균열축으로 말끔하게 갈리는 것은 아니다. 내정(內政)과 외교에서의 역점이 다르고 각 쟁점에 있어서도 그 역점이 달리 나타나기 때문이다. 대체로 보수 세력은 60대 이상을 중심으로 유권자의 40%를 조금 밑도는 반면, 진보 세력은 40대와 50대를 중심으로 하여 유권자의 30%를 약간 넘게 차지한다. 그리고 나머지 30% 정도의 분포가 중도가 된다.[10]

5 한국 정치에서의 사회적 균열: 지역·세대·젠더

1) 한국에서의 지역주의

다음으로 1987년 민주화 이후의 한국 정치를 규정해 온 지역주의에 대해 보기로 하자. 경상도에 지지 기반을 둔 보수 진영과 전라도에 지지 기반을 둔 진보 진영이 여타 지역에서의 득표를 다투는 구도가 다소 약화되고 있다고는 하나 지역 기반은 여전히 한국 정치를 설명하는 데 가장 중요한 요인이다. 제20대 대선에서도 표 2-1에서 보듯이 진보 진영의 이재명 후보가 전라도에서는 80% 이상의 득표를, 반대로 보수 진영인 윤석열 후보가 경상도에서 60% 내지 70% 득표를 하고 있다.

---

10 한국사회여론연구소 『KSOI-TBS 정례조사결과보고 2022년 2월』.

표 2-1 제20대 대통령선거(2022년 3월 9일) 지역별 득표율(%)

지역		선거인 구성비	윤석열 (국민의힘)	이재명 (더불어민주당)
서울 및 수도권	서울	18.9	50.6	45.7
	경기도	26.0	45.6	**50.9**
	인천	5.7	47.1	48.9
경상도	부산	6.5	58.3	38.2
	대구	4.6	**75.1**	21.6
	울산	2.1	**54.4**	40.8
	경상북도	5.1	**72.8**	23.8
	경상남도	6.4	**58.2**	37.4
전라도	광주	2.7	12.7	**84.8**
	전라북도	3.5	14.4	**83.0**
	전라남도	3.6	11.4	**86.1**
기타	대전	2.8	49.6	46.4
	세종	0.6	44.1	51.9
	강원도	3.0	54.2	41.7
	충청북도	3.1	50.7	45.1
	충청남도	4.1	51.1	45.0
	제주도	1.3	42.7	52.6
전국		100	48.56	47.83

자료: 한국중앙선거관리위원회(http://info.nec.go.kr/).

어느 특정 지역이 정당의 지지 기반이 되는 현상은 일본에서는 꽤 드물지만 세계적으로 보면 그리 이상한 일은 아니다. 한국의 경우는 그러한 지역 기반이 보수와 진보 진영의 정치적 균열과 상당히 중첩되고 있는 것이 특징이다.

한국의 지역주의는 1960~70년대 박정희 정권기와 80년대 초 전두환 정권기에 그 원인을 찾아야 한다고 본다. 박정희는 자신이 경남 구미 출신이기도 했으며 특히 경제개발 정책이나 관료나 군부 등의 인사에서도 경상도를 우대했다. 전라도가 풍부한 곡창지대였던 반면 경상도는 평야가 적어 농업지대로는 적합하지 않은 면도 있으나, 박정희 정권은 울산, 포항, 창원 등 경상도를 중심으로 한 공업화로 경제개발을 추진했다. 그와 더불어 경부고속도로 건설 등 사회 인프라 정비에서도 경상도를 우선시했다. 그 후 뒤늦게 전라도에도 공장 유치 등을 하였다고는 하나 우선순위로 보면 경상도가 먼저였다.

그 이상으로 문제였던 것은 관료나 군부 승진 인사 등에서 경상도 출신이 우대되었다는 점이다. 경상도 인구가 전라도 인구의 두 배 이상이라는 점에서 보면 어쩔 수 없는 측면도 있었으나 이러한 인사 정책은 경상도의 우월의식을 형성했다고 해도 과언은 아니다.

무엇보다도 결정적이었던 것이 1980년 5·18 광주 민주항쟁이 전두환 정권에 의해 200명 이상의 희생자를 내고 폭력적으로 진압되었다는 점이다. 전두환 정권도 박정희 정권을 계승하여 경상도 출신이 주류를 형성했다. 그러한 정권이 전라도 중심 지역인 광주에서 발생한 민주화 항쟁을 적나라한 폭력으로 진압한 사건은 이후 전라도의 집단적 기억으로서 각인되었다. 더욱이 그와 관련하여 누명으로 사형판결까지 받은 김대중이 전라도에 지지 기반을 둔 정당, 더구나 상대적으로 진보 성격의 정당을 결성하여 지지를 구했기 때문에 전라도 지역으로서도 김대중 및 김대중이 이끄는 정당을 지지하게 된 것이다.

김대중이 사망한 지 이미 15년 정도가 지났고 이제는 진보 정당 지도자, 대통령 후보가 꼭 호남 출신인 것은 아니다. 다수파를 형성하기 위해서는 상대적으로 인구가 많은 경상도 출신이 유리하다는 측면도 있다. 실제로 노무현, 문재인 두 전 대통령 모두 경상도 부산 출신이다. 그럼에도 불구하고 전라도는 여전히 진보 정당의 아성으로 남아 있다. 박정희 정권이나 전두환 정권이라는 '경상도 정권' 아래서 학대를 받고 나아가 민주화 항쟁이 군사적으로 탄압되어 많은 희생자를

냈다는 역사적 경험이 갖는 의미는 크다. 또한 지역적인 소수파로서 다수파에 대한 저항을 계속해 왔다는 측면도 있다. 이러한 역사적 경험이 전라도로 하여금 진보 정당을 지지케 한다.

그렇다면 경상도는 어떠한가? 경상도는 전라도에 비하면 그러한 지역의식이 약한 것은 분명하지만, 그렇더라도 과거 보수정권을 지탱해 왔다는 자부심, 그리고 전라도가 진보 정당을 압도적으로 지지하는 데에 대한 반작용이 있다. 따라서 예견할 수 있는 장래에 걸친 기간을 상정한다면 경상도가 보수정당을 지지한다고 하는 구도가 이어질 거라 보아야 할 것이다.

예전에는 한국 정치에서 지역주의가 존재하는 것은 '병리'이고 나쁜 것이며 시정해야 한다는 당위론이 있었으나 반드시 그렇지만은 않다고 여겨진다. 보수 정당이든 진보 정당이든 두터운 지지 기반이 있기에 어떠한 상황하의 선거에서도 일정 정도 확실한 득표를 확보할 수 있다. 그렇기 때문에 대통령 선거이든 국회의원 선거이든 어느 쪽의 정당도 존망의 위기가 될 정도의 소수파 정당으로 전락해 버리지 않게 된다. 대선으로 본다면 30~40% 정도의 지지율을, 국회의원선거로 본다면 100석 정도의 의석을 확보하게 함으로 양대 정당의 일익을 계속 맡을 수 있다.

일본에서는 2009년 9월 민주당으로 정권교체가 있었음에도 불구하고 3년 3개월이 지난 2012년 12월 선거에서 양대 정당의 지위로부터 전락했다. 그 후 더욱 분열을 거듭함으로써 정권을 노릴 만한 정당이 아니게 되어 버렸다. 이 점을 염두에 두고 떠올려 보면 한국과 일본의 정당 구성의 차이가 이해가 되지 않을까 싶다.[11]

---

11 기미야 다다시 칼럼, [글로벌 In&Out] 「일본도 주목해야 할 '정치 한류'」 『서울신문』 2021년 9월 8일자.

　한국에서 경상도와 전라도 이외의 지역은 양대 정당이 거의 대등하게 경쟁하게 되는데, 역시 최대 격전지는 수도권인 서울 및 인천과 경기도 지역이다. 수도권은 인구 및 의석의 절반을 차지하기 때문이다. 과거 선거를 보면 수도권에서는 상대적으로 진보 진영이 우위를 점하는 경우가 많았다. 다만 평준화된 분포로 진보 진영의 우위가 분포되어 있는 것은 아니다. 서울에서는 부유층이 많은 한강 이남의 강남에서 보수정당 지지가 압도적으로 많은 반면, 강북에서는 진보 정당 지지가 많다. 경기도는 반대로 군사분계선 부근의 북부는 보수 정당 지지가 많지만, 남부 지역은 상대적으로 진보 정당에 대한 지지가 많다.

　제20대 대선에서는 수도권에서 전 경기도 지사였던 이재명 후보가 경기도에서 우위를 차지하였다는 것은 당연하다고 볼 수 있겠으나, 서울에서는 5% 가량 차이로 윤석열 후보가 우위를 점했다. 과거 대선을 보면 서울에서 보수 진영 후보가 우위를 차지한 것은 드문 현상이었다. 1997년 이후 대선에서는 서울에서 최다 득표를 한 후보가 거의 당선되었으나, 유일하게 2012년 선거에서 당선된 보수 진영 박근혜 후보가 서울에서 48.2%의 득표율로 51.4%의 득표율을 보인 진보 진영 문재인 후보보다 득표율이 낮았다.

　그렇다면 왜 서울에서 보수 진영의 윤석열 후보가 50.6%의 득표율을 얻어 45.7%의 득표율이었던 이재명 후보를 눌렀을까? 그 배경에는 문재인 정권의 부동산 정책이 완전히 실패했다는 평가가 작용했다. 정부 규제를 중심으로 한 정책이 공급 부족에 따른 부동산 가격 급등, 부동산 관련 세금 증세를 가져왔다. 부동산 가격 급등으로 인해 자가주택이 없는 사람은 내집마련이 더욱 어려워졌다. 또한 집세도 올랐기 때문에 임대주택에 사는 사람에게도 경제적 부담이 커졌다. 다주택 소유자를 포함하여 기존에 자가주택을 갖고 있던 사람도 부동산 가격 상승으로 인해 부동산 관련 세금이 급등하면서 이들 또한 경제적 부담이 증대했다.

문재인 정권에서의 부동산 가격 급등은 서울 유권자들한테 정치적 입장 차이를 넘어 경제적 부담을 무겁게 했다. 이에 더해 2021년 한국 토지주택공사(LH) 직원들이 도시개발에 관한 내부자 정보를 이용하여 토지를 사전에 매점함으로써 막대한 이익을 챙긴 사건도 드러났다. 이 사건은 문 정권의 부도덕함을 드러나게 했고 부동산 문제에 관한 문 정권에 최후의 일격이 되었다.

2) 한국에서 세대 균열과 젠더 균열

더욱 중요한 것은 한국 정치에서의 새로운 세대 균열이라 할 수 있는 젠더(gender) 균열의 영향이었다. 한국 정치에서는 민주화와 같은 정치적 격동을 경험하였던 지라 세대에 따른 정치적 성향 차이가 크다. 특히 2000년대에 들어 그 차이가 두드러졌다. 대체로 60대 이상의 고령층이 보수 지지, 민주화를 주도한 그 이하의 40대, 50대가 진보 진영 지지로 명확히 갈렸다(표 2-2).

표 2-2 성별·연령별 득표율(%)   (방송3사 출구조사)

	20대 이하		30대		40대		50대		60대 이상	
	남	여	남	여	남	여	남	여	남	여
윤석열	58.7	33.8	52.8	43.8	35.2	35.6	41.8	45.8	67.4	66.8
이재명	36.3	58.0	42.6	49.7	61.0	60.0	55.0	50.1	30.2	31.3

자료: https://imnews.imbc.com/replay/2022/nwdesk/article/6349044_35744.html.

왜 이처럼 세대에 따라 정치적 성향이 극명하게 갈리는 것일까? 두 가지 설명이 가능하다. 하나는, 사람은 나이가 들어감에 따라 정치적으로 보수적 경향이 된다고 하는 요인으로부터의 설명이다(가령(加齡) 효과). 그러한 경향이 확실히 있다는 점을 부정할 수 없다. 그러나 그 이상으로 역사에 대한 세대 간의 관여 차이가 서로 다른 정치적 성향을 가져온다고 하는 견해이다(세대(世代) 효과). 한국 현대사는 6·25 한국전쟁, 4·19혁명, 5·16군사쿠데타, 유신체제, 광주 5·18민주항쟁, 1987년 민주화 등 격동의 역사를 겪어왔다. 이들 역사적 사건에 각각의 세대가 어떻게 관여하였는가에 따라 각 세대의 정치적 성향의 공유도가 높아진다.

한국의 40대와 50대는 1987년 민주화를 학생이었을 때 경험한 이들이 많았고 오랜 세월의 고난을 이겨내고 쟁취한 민주주의는 자신들이 이루어냈고 유지해 왔다고 하는 자부심이 있다. 이들을 '민주화 세대'라고 할 수 있다. 따라서 이들 세대는 민주화와 함께 생겨난 진보정당에 대한 지지나 일체감이 높다. 반면 60대 이상 세대는 북한과 군사적으로 대치한 상황에서 북한과의 체제경쟁을 하며 경제발전을 성공시킴으로써 북한을 따라잡고 추월했다는 자부심이 있다. '산업화 세대'라고 할 수 있다. 따라서 이들 세대는 반공의식이 강하고 한국의 경제발전을 이끈 보수정당에 대한 지지나 일체감이 높다.

한국의 40대 및 50대의 진보 정당 지지와 60대 이상의 보수 정당 지지라는 현저한 대조는 '가령(加齡) 효과'와 '세대(世代) 효과'의 복합 작용으로 설명할 수 있을 것이다. 현재 진보 진영 지지가 많은 40대 및 50대 유권자들이 향후 나이가 들어감에 따라 그 정치적 성향에 변화를 보일 것인지의 여부에 주목할 필요가 있다. 만약 가령(나이가 들어감)에 따른 변화를 보이지 않는다고 한다면 예견할 수 있는 미래에 걸친 기간 중에는 진보 진영 지지가 상대적 다수파를 형성할 가능성이 높을 것으로 생각된다. 과연 어떻게 식으로 전개될 것인가?

그렇다면 위에서 언급한 세대보다 더 젊은 세대 유권자의 정치적 성향은 어떠하며, 이들의 성향을 어떻게 설명할 수 있을 것인가? 20대 및 30대 유권자들은 과거의 선거에서는 기본적으로 진보 진영 지지가 많았다. 2017년 제19대 대선에서는 당선된 진보 진영의 문재인 후보가 보수 후보를 포함한 다른 후보들에 비해 큰 차이를 보이며 20대의 40%, 30대의 50% 득표를 하고 있다. 2012년 제18대 대선에서도 보수 진영의 박근혜 후보가 50대의 60% 이상, 60대 이상의 70% 이상 득표를 하여 당선되었지만, 20대와 30대의 득표는 30%를 약간 넘는데 그쳐 진보 진영의 문재인 후보에 큰 차이로 뒤졌었다. 전체 세대에서 보수 진영의 이명박 후보가 상대적으로 다수의 지지를 받은 2007년 대선은 예외적이었지만, 그 전인 2002년 대선에서도 진보 진영의 노무현 후보가 20대와 30대의 60% 이상을 차지함으로써 당선되었다.[12]

그러나 제20대 대선에서는 20대와 30대의 득표율은 두 후보 모두 팽팽히 맞선 것으로 나타났다. 과거의 대선처럼 진보 진영 후보에 대한 지지가 상대적으로 반드시 많지도 않았다. 보수 야당이 당시 37세의 젊은 당 대표 이준석을 앞세워 취업이나 결혼 등의 문제로 고민하는 젊은 층에 다가간 정책을 호소(appeal)함으로써 20대와 30대의 지지를 일정 정도 얻는 데 성공했기 때문이다. 그중에서도 병역의무가 있어 여성에 비해 취직 등에서 불리하다고 보는 자의식을 갖는 남성층으로 타겟을 좁혀, 예컨대 여성가족부의 폐지를 공약으로 내걸며 주로 20대와 30대의 남성 유권자에게 다가서는 태도를 보였다.

그러자 이번에는 반대로 같은 젊은 세대 여성의 비판을 받게 되었다. 표 2-2의 출구조사 결과에도 보이고 있듯이 20대 이하 남성의 60%가량이 윤석열 후보를 지지한 것과는 반대로, 20대 여성의 60%가량은 이재명 후보를 지지한 것으로 나타났다. 이처럼 제20대 대선에

---

12 한국의 역대 대통령선거에서 각 후보의 연령별 득표율에 관해서는 한국 갤럽의 사후 조사를 참조 바람. 한국갤럽 『제16대~제19대 대통령선거 투표행태』 2003년, 2008년, 2013년, 2017년.

서는 20대 남성은 보수 진영 지지, 20대 여성은 진보 진영 지지라는 젠더 간 균열이 노정되었다. 보수 야당이 같은 세대의 남성 유권자만을 겨냥한 정책을 펴면서 여성 유권자를 무시한 모양새가 되었기 때문에 여성 유권자들이 진보 진영 지지로 회귀하였다고 생각된다.

6 윤 정권의 내정(內政) 과제

2022년 5월 10일 윤석열 정부가 출범했다. 윤 대통령은 검찰총장직을 사퇴한 지 불과 14개월만에 대통령이 된 급조 정치인이었기에 여권 내 지지기반은 반석이 아니다. 현 여권에서 이전에 격렬히 경쟁 대립하던 '친이'(이명박)파나 '친박'(박근혜)파 같은 계파는 없어졌으나 그 대신 당의 중심이 어디에 있느냐 하는 점이 불명확하다.

당 대표였던 이준석은 국회 의석을 갖고 있지 않다. 그는 대선에서 20대와 30대 남성 유권자의 지지를 얻는 데 기여했다는 '공(功)'은 있지만 반대로 같은 세대 여성 유권자의 지지를 이반시켰다는 '죄(罪)'도 있어 대통령선거 당선을 거쳐오며 당내 기반이 강화되지 못했다. 원래 당내 기반이 취약했지만 당 대표 선거에서 일반 당원을 비롯한 여론의 압도적 지지를 등에 업고 불리함을 극복한 만큼 당에서 중심으로서의 자기 위상을 확립했다고 보기는 어렵다. 이어 2022년 7월 8일 개인적인 스캔들로 당내 윤리위원회로부터 당원자격 정지 6개월의 처분을 받아 당 대표로서 활동도 하지 못했다.

국회의원 대표인 권성동 원내대표는 윤 대통령의 측근임을 등에 업고 원내대표 경선에서 압승했다. 그러나 후술하는 검수완박(검찰 수사권의 완전 박탈)에 관해서는 일단 국회의장의 중재안에 여당이었던 더불어민주당 원내대표와 함께 합의했음에도 불구하고 당내나 검찰의 반대에 부딪혀 그 합의를 파기했다. 한편으로 차기 대선 출마를 염두에 두고 대통령 선거 막판에 후보직을 사퇴하고 윤석열 후보 지지 쪽으로 돌아선 안철수(대통령직인수위원장 역임)가 당내 기반 확보를 목표로 당내 권력투쟁에 동참할 것으로 예상된다. 그 첫 걸음으로 6월 1일 국회의원 보궐선거에 입후보해 국회 의석을 획득하는데 성공했다.

이처럼 여당 국민의힘의 구심력이 흔들리고 있는 상황이다. 당의 구심력을 확실하게 하고 당과 대통령과의 관계를 어떻게 구축할 것인가가 윤 정권의 우선적인 중요 과제가 된다.

국회나 야당과의 관계를 어떻게 할 것인가도 과제이다. 2020년 4월 총선에서 더불어민주당이 180석이라는 국회 의석의 60%를 차지하는 안정 과반수를 획득했다. 반면 국민의힘은 103석에 그쳤다. 이후 약간의 변동이 있어 현재는 여당 국민의힘이 115석, 야당인 더불어민주당이 170석으로 보수 여당의 의석이 약간 늘어났다. 향후 보궐선거에서 다소 의석 증감이 있겠지만 보수 여당이 소수당인 데에는 변함이 없다. 따라서 윤 대통령은 야당과의 통치 협력, 즉 '협치(協治)'가 필요하다.

문재인 정권 말기의 한국 정치는 '검수완박', 즉 기존의 검찰이 광범위하게 갖고 있던 수사권한을 경찰이나 신설되는 '중수청(중대범죄수사청)'으로 옮겨 검찰은 기소권만 갖게 하기 위한 검찰청법과 형사소송법 개정을 당시 야당이었던 국민의힘과 검찰의 반대에도 불구하고 여당이었던 더불어민주당은 문 정권 임기 말기의 혼란스러움을 틈타 강행 돌파로 성립시켰다. 당시 문 대통령도 이에 거부권을 행사하지 않았다. 또 야당이 된 더불어민주당은 윤 정권의 국무총리 인사를 순순히 인정하지 않으려 했다. 다만 막판에 국무총리 인사를 인정하는 쪽으로 급선회했다. 어쨌든 윤 정권은 전도다난하게 출발했다.

적어도 외부에서 보면 한국 정치는 보수 진영과 진보 진영 사이에 그리 큰 이념이나 정책 차이가 없음에도 불구하고 정치 주도권을 둘러싸고 자주 격렬하게 대립하여 왔다. 정권 출범 직후부터 이러한 여야 대결 자세에 직면하게 되면 대결법안 심의 등에 있어서는 곤란을 겪을 수밖에 없다.

자치단체 대표를 선출하는 지방선거에서 17 자리의 광역자치단체장 가운데 2018년 선거에서는 고작 2명의 단체장만을 당선시켰던 여당 국민의힘은, 2022년 6월 1일 지방선거에서 12명의 단체장을 당선시키는 압승을 거두었다. 하지만 국회의원의 구성은 2024년의 총선까지는 '여소야대'의 지속이 확실시된다. 제20대 대선에서 불과 0.73%p의 득표율 차이로 당선이 결정된 것처럼 국민도 과거의 진영 싸움을 멈추고 윤석열 정권의 출범을 전적으로 응원한다는 분위기는 아니었다. 윤 정권에 대한 기대 정도나 지지율은 50% 안팎으로 역대 선거와 비교해도 높지 않았다. 양대 정당제가 거의 견고하게 되어 있기 때문에 정계개편을 통해 극복할 수도 없는 상황이다. 윤 정권이 압도적인 국민의 지지를 얻어 그 힘을 등에 업고 '여소야대'의 국회를 과연 헤쳐 나갈 수 있을지의 여부는 예단하기 어렵다.

7 윤석열 정권의 외교: 무엇이 어디까지 바뀔 것인가?

어쩌면 윤 정권에서는 내정 이상으로 외교 면에서 변화가 두드러질 가능성이 높다. 대선에서는 외교안보가 주요 쟁점이 되었다고 말하기는 어렵다. 불과 0.73%p 차이로 당선된 만큼, 그 결과를 갖고 탄생한 윤 정권이 외교안보 정책을 과감하게 전환하는 것을 인정해도 될 것인가의 여부에는 의문이 뒤따른다.

1) 대북정책

첫째, 가장 크게 바뀔 것은 대북정책이다. 문재인 정권에서 대북유화정책을 폈다고 하더라도 대북정책이 순조롭게 진행된 것은 2018

년까지였다. 문 정권에서는 두 차례의 남북정상회담 개최와 싱가포르 북미 정상회담 개최를 통해 한국이 북미를 중개해 북한의 비핵화를 유도하고 북미관계 개선에 관한 미국의 적극적인 자세를 이끌어낸다고 하는 한반도 평화프로세스가 진행될 것으로 기대했었다. 문 정권은 비핵화를 둘러싼 북미 협상이 어느 정도 순조롭게 진행될 것을 전제로 개성공업단지나 금강산 관광사업으로 대표되는 남북협력사업 재개 등을 시야에 넣고 있었다.

하지만 2019년 2월 하노이 북미정상회담 결렬 이후 북미관계의 진전은 보이지 않았고 남북관계 역시 정체되었다. 바이든 정권에 들어서도 코로나19 사태로 북한이 쇄국 상황에 놓인 점도 있어 아무런 가시적인 움직임도 보이지 않았다. 2022년 들어 북한은 그 동안 모라토리엄(핵실험 정지)으로서 자제해 온 장거리 탄도미사일 발사를 포함하여 여러가지 다른 유형의 미사일 발사를 2022년 5월 말 시점에서 17차례나 반복했다.

윤석열 후보는 선거전 내내 문 정권의 한반도 평화프로세스는 완전한 실패였다고 단정하고 문 정부의 정책은 북한에 유화적이며 북한을 키웠을 뿐이라고 비판했다. 윤 정권은 무엇보다도 북한의 비핵화가 전제되고 그것이 해소되지 않는 한 남북관계 개선에 나서서는 안 된다는 입장이다. 문 정권이 남북관계 개선을 통해 비핵화를 이끌어내려고 한 것과는 그 방법이 대조적이다. 북한과는 엄격한 상호주의 원칙에 입각한 대응을 해야 하며 그것이 남북관계의 '정상화'라고 주장한다.

그러기 위해서는 한국만의 힘으로 대응한다는 것은 곤란하기 때문에 무엇보다도 한미, 나아가 한미일 안보협력을 충실히 함으로써 북한의 군사도발에 꿈쩍도 하지 않는 태세를 마련하는 것이 중요하다고 본다. 문 정권에서는 한미 안보협력은 차치하고, 과거 일본에 의한 침략의 역사나 현 중국과의 관계를 염두에 두고 한미일 안보협력에 관해서는 신중한 자세를 견지했었다. 윤석열 정권에서는 문 정권에 비하면 좀 더 적극적으로 나설 것으로 예상된다. 한미일을 중심으로 한 국제압력을 강화함으로써 북한의 비핵화 지향을 남북관계 개선보다 우선하겠다는 뜻으로 풀이된다. 이와 같은 자세로 보면 윤 정권의 대북정책은 문 정권 이상으로 미일에 접근할 가능성을 내포하고 있다.

윤 정권의 그런 자세에 북한이 어떻게 반응할 것인가? 북한은 2022년 이후 미사일 발사를 빈번히 반복해 왔다. 나아가 2017년 9월 이후 자제해 온 핵실험을 재개할 태세를 보이고 있는데 그 강도가 더욱 강해질 듯하다. 기존에는 대륙 간 탄도미사일을 개발하고 거기에 탑재 가능한 전략핵을 개발하는 데 주안점을 두어 대미(對美) 억지력을 완성하는 것을 우선시했다. 최근에는 한국과 일본 및 양국에 위치한 미군 기지를 표적으로 한 전술핵 탑재가 가능하고 요격이 매우 곤란한 여러 유형의 미사일 개발에 힘을 쏟고 있어 북한의 핵미사일 개발이 새로운 단계에 접어들고 있다.

북한은 문 정권에 비해 대북 강경정책을 취하는 윤 정권을 동요시키기 위해서라도 군사도발을 거세게 할 것으로 예상된다. 하지만 그런 와중에 북한은 2022년 5월 12일 이전까지 제로라고 밝혔던 코로나 상황과 관련해 폭발적인 확진자가 발생했다고 발표했다.[13] 이것이 군사 도발에 어떤 영향을 미칠지 주목된다.

한국의 국방장관은 "(북한의 남한을 겨냥한) 미사일 발사 징후가 명백한 경우 발사점과 지휘·지원시설을 정밀하게 타격할 수 있는 능력과 태세도 갖추고 있다"고 발언했다. 이러한 발언에 대해 2022년 4월 3일

---

13 2022년 4월부터 전국 규모로 약 35만명 이상의 발열환자가 발생했고 그중 16만 2200명 정도가 완치되었다. 5월 12일 하루 동안 전국에서 18,000명 이상의 발열환자가 새로 발생했으며 이 시점에서 187,800명 정도가 격리 치료를 받았고 6명이 사망했다. 북한 중앙통신 2022년 5월 13일. http://kcna.kp/kp/article/q/8b0b3b2eb5e99dd2a58672fe8594f043.kcmsf.

과 5일 김정은 북한 노동당 국방위원장의 여동생 김여정 당 부(副)부장의 강경·유연을 담은 메시지는 시사적이다. 김여정은 한편으로 남한 국방장관의 발언을 맹렬히 비판하며 한국에 대한 핵전력 행사 가능성을 내비치면서도, 다른 한편으로 "한국을 무력(공격) 상대로 보지 않겠다", "남조선을 겨냥해 총포탄 한 방도 쏘지 않겠다"고도 발언했다.[14]

2) 미중갈등에 대한 대응

둘째, 윤석열 정권은 미중갈등에 대한 대응 자세, 나아가 그와 관련하여 한미동맹의 대상 범위를 어떻게 정해갈 것인지에 있어 문재인 정권과 차이를 보인다. 한국은 미국의 동맹국이면서도 중국을 최대 무역 상대국으로 두고 있다. 또 핵미사일 개발에 매진하는 북한에 대해 비핵화를 둘러싼 북미 교섭에 전향적으로 임하라고 압박하고, 남한 주도의 남북 평화공존의 틀을 잡아가는 과제에 대처하려 북한에 큰 영향력을 갖는 중국과의 관계를 중요시 한다. '안보는 미국, 경제는 중국, 북한 문제는 미중'에 상당 정도 의존할 수밖에 없는 셈이다.

집권 전반기의 당시 박근혜 대통령은 시진핑 중국 국가주석과 빈번하게 한중 정상회담을 하고, 2015년 9월 중국의 항일전 승리기념식 군사 퍼레이드에 이른바 구 서방국 지도자로는 유일하게 참석해 한중관계를 강화함으로써 북한의 군사적 도발을 억제하는 중국의 영향력 행사를 기대했었다. 그러나 2016년 1월 북한이 4차 핵실험을 실시하기에 이르자 박근혜 정권은 북한의 군사적 도발을 억제하지 못하는 중국에 '실망'했고, 그 동안 중국을 배려해 배치하지 않았던 사드(THAAD: 종말 단계 고고도지역방어) 미사일을 주한미군 기지에 배치하

---

14 북한 중앙통신 2022년 4월 4일과 6일. http://kcna.kp/kp/article/q/fc509ed36fcc7016fe5f52a0f8c92cbc.kcmsf, http://kcna.kp/kp/article/q/55b4200677ac335514dedaac2e2bf564.kcmsf.

기로 결단했다. 이에 격분한 중국은 한국으로의 단체관광 제한, 한국의 대중문화 금지 조치 등의 보복조치를 취함으로써 한중관계의 긴장이 고조됐다.

이에 문 정부는 중국에 대해, ① 사드 미사일 추가 배치는 하지 않는다. ② 미국 주도의 대중 미사일 방어 시스템에 참가하지 않는다. ③ 한미일 3국 군사동맹은 맺지 않는다라는 '삼불(三不)정책'을 약속함으로써 미중 관계에서의 '전략적 모호성'이라는 입장에 입각하여 미중 간 양자택일로 압박을 받는 상황을 회피하는 방식으로 한중관계 타개를 시도했다. 그 방식은 어느 정도 주효하여 한중관계의 추가 악화는 막을 수 있었다.

그 후 홍콩에서의 인권문제에 대한 대중(對中) 비판이 높아지면서 베이징 동계올림픽 개막식에서 한복 입은 조선족을 중국의 소수민족으로 제시한 데 대한 반발도 있었고, 한국이 중국에 거의 전적으로 의존해 온 요소수의 대한(對韓) 수출이 격감하는 사태도 벌어져 한국에서의 중국 이미지는 악화됐다. 한국에서 중국 이미지 악화나 문 정권의 낙관적 예상을 넘은 미중 갈등의 심화를 배경으로 윤 대통령은 후보 시절의 선거전에서 문 정권이 '삼불정책'을 중국과 약속한 것은 부적절하다고 비판했다.

윤 정권은 중국 포위망 형성도 어느 정도는 염두에 두고 형성된 미일호인(미국, 일본, 호주, 인도) 4개국으로 구성된 QUAD(미일호인 전략 대화)에 대해서도 한국의 가입을 전향적으로 고려해야 한다는 태도를 보였다. 문 정권은 QUAD와 관련해 군사 영역 이외의 환경이나 보건 등 비전통적인 안보 분야에서의 관여를 고려하는 정도에 그쳐야 한다는 의견이었다. 이에 비해 윤 정권은 군사적인 안보 분야도 포함해 좀 더 적극적인 가맹도 고려해야 한다는 태도를 보이고 있다. 이처럼 미중 사이에서의 '전략적 모호성'을 포기하고 한미동맹 쪽으로 그 축을 더

욱 옮겨가는 '전략적 명확성'을 지향할 것으로 보인다.[15]

윤 정권은 북한의 군사적 도발에 대한 대응 등 한반도 유사시에 국한됐던 한미동맹을 중국의 군사적 위협 증대에도 대응하여 강화하는 방향을 지향하고 있다. 그렇다고 윤 정권이 스스로 주도적으로 그런 방향을 지향한다는 것은 아니다. 그보다는 미중 갈등의 심각도가 높아지면서 한국의 '전략적 모호성'에 대한 미국의 불신감이 높아지는 것을 방지하기 위해서라도 대중 정책에 있어 미국의 요망에 상당 정도 부응할 수밖에 없는 '고육지책'이라는 측면이 강하다.

더욱이 러시아의 우크라이나 침공을 둘러싼 중국 나아가 북한의 친러 자세는 미중 갈등의 심각도를 가일층 각인시켜 한국의 '전략적 모호성'을 허용하지 않는 쪽으로 향하게 할 것으로 예상된다. 또한 그동안 유엔 안보리 상임이사국으로서 북한의 핵미사일 개발에는 적어도 형식상으로는 엄중한 자세를 보였던 중국이나 러시아도 북한의 핵미사일 개발 제재 강화에 대해서는 보다 신중한 자세로 변용되고 있다. 실제로 2022년 5월 말에는 대북 제재강화 결의에서 중러가 모두 거부권을 행사했다.

미중갈등의 심화, 러시아의 우크라이나 침공에 따른 미국과 중러 간의 긴장 고조와 함께 중요한 쟁점으로 떠오르고 있는 것이 대만해협 문제이다. 2021년 5월 문재인·바이든의 정상회담 후의 한미 공동성명에서도 중국을 명기한 것은 아니었지만 공통 관심사로 '대만해협 평화와 안정의 중요성'이 담겨 있다. 이는 그 직전의 바이든·기시다의 정상회담 후의 미일 공동성명과 똑같은 내용이었다. 그것과 동일한 내용

---

15 이 점에 대해서는 미국의 민간 싱크탱크 CSIS(Center for Strategic and International Studies)의 The Capital Cable이라는 인터넷 프로그램(2022년 2월 11일)에서, 윤 정권의 최고 중요 외교브레인이라고 평가 받고 있는 김성한(국가안보실장, 당시 고려대학교 교수)을 초청하여 이루어진 토론에서 논의되었다. https://youtu.be/_CqMRV85NXg.

이 2022년 5월 바이든 대통령의 방한 및 방일 당시의 한미공동성명 및 미일공동성명에서도 재확인되었다. 대만해협 유사시에 주한미군의 관여 가능성도 현실성을 띠어가는 모양새다. 이러한 미중 관계의 틈바구니에서 한국 정부는 과연 어떻게 대응하게 될 것인가?

제20대 대통령선거에서는 이상 언급한 외교안보 문제가 거의 쟁점화 되지 않았으나 정권교체가 이루어진 상황에서 한국 외교의 방향성은 중대한 변화를 보일 가능성이 있다. 다만 최대 무역 상대국으로서 경제적 유대가 강하고 북한에도 영향력을 갖는 중국과의 관계는 여전히 중요하기 때문에 윤 정권이 이런 제약 속에서 어떤 선택을 해 나아갈 것인지 주시할 필요가 있다.

8 한일관계에 변화를 가져올 것인가?

2015년 12월에 있었던 위안부 문제에 관한 한일 정부 간 합의, 징용공을 둘러싸고 일본 기업에 손해배상을 명령한 2018년 10월의 한국 대법원의 사법 판단, 그리고 이것들에 대한 문재인 정권의 "정부 간 합의로는 문제 해결이 되지 않는다", "사법 판단을 존중하지 않을 수 없다"는 대응, 나아가 그에 대한 보복적 의미를 담은 일본의 대한(對韓) 수출관리 조치 등으로 인하여 최근 몇 년 동안 한일관계는 정부 간 관계는 물론 민간 관계에서도 일찍이 없었던 긴장 상태가 계속되어 왔다.

"역사문제에서 지금까지 일본은 한국의 비판에 대해 수세(守勢)였지만 이제부터는 일본도 반격해야 한다"며 일본으로부터 '역사전(戰)'이라는 말이 사용되기도 했다. 이러한 일본의 반응에 대해 문 정권은 너무 방책이 없었고 대일관계를 악화되는 대로 내버려두며 '방치'했다. 필자는 일본의 일부 미디어에서 보도되고 있었듯이 문 정권이 '반일'이라고는 생각하지는 않으나 "대일관계를 경시했다"는 것만은 부정할 수 없다.

2018년의 한국 외교는 남북 정상회담이나 한미 정상회담 등을 통해 북미 협상의 중개 역할을 하기에 빠듯했기 때문에 대일 관계에 신경을 쓸 여유가 없었을지도 모른다. 다만 문 정권 일각에서는 북미 중개외교만 잘 이루어지면 일본은 그런 변화를 놓치지 않으려고 한일관계 타개를 위해 일본 쪽으로부터 다가올 수밖에 없다는 '낙관론'이 있었다. 또 한반도 평화프로세스에 있어 일본이 해낼 역할이 별로 없다고 하는 일본에 대한 '낮은 평가'도 있었다. 문 정권이 그렇게 상정했던 것과는 달리 2019년 이후에는 북미 협상은 좌절되었고 한반도 평화프로세스도 막혀버렸다. 문 정권은 그렇게 막혀버린 배경에 '북한의 비핵화 의사에 대해 강한 불신감을 갖는' 일본 아베 신조 정권의 입김이 미국 트럼프 정권에 영향을 준 것이 아닌가 하는 의구심을 가졌던 것으로 보인다.[16]

한국의 한반도 평화프로세스에 대한 일본의 불신이 드러나면서 문 정권의 대일 불신은 높아졌다. 한편으로 한반도 평화프로세스를 재활성화시키기 위해서는 대일관계 개선이 시급하다는 인식을 새삼 갖게 되었고 2021년 도쿄올림픽 개막식에 문 대통령의 참석 가능성을 모색하면서 한일관계 개선을 위한 타개를 시도했다. 그러나 일본측의 문 정권에 대한 불신도 뿌리 깊었고, 문 정권도 징용공을 둘러싼 한국의 사법 판단에 관해 일본 정부를 납득시킬 만한 대응을 취하기 어려웠다는 점도 있어 한일관계 개선은 진전되지 못한 채 문 대통령의 임기

---

16 하노이 북미 수뇌회담에서 트럼프 대통령에 동행한 볼튼 국가안전보장 담당 대통령비서관의 회고록에는 일본의 움직임이 있었다고 명기하고 있다. John Bolton, *The Room Where It Happened: A White House Memoir*, Simon & Schuster, 2020.

는 종료를 맞이했다.

2022년 3월 제20대 대통령 선거에서 반드시 한일관계가 쟁점이 된 것은 아니었다. 그럼에도 불구하고 두 유력후보의 일본 관련 언동에는 차이를 보였다. 윤석열 후보는 한일관계를 악화시킨 문 정권의 정책을 비판하며 한일관계를 1998년 한일 파트너십 선언 수준까지 회복하겠다고 주장했다. 이에 반해 이재명 후보는 한일관계의 중요성은 인식하면서도 역사문제에 관해서는 일본측에 책임이 있고 일본측의 전향적인 자세야말로 필요하다며 원칙적인 입장을 되풀이하는 데 그쳤다. 따라서 일본 정부나 사회에서도 '윤 정권 대망론'의 분위기가 있었음은 확실하다.

더구나 대북정책이나 미중 갈등에 대한 대응에 있어 일본과의 차이가 두드러졌던 문 전 정권과는 달리 윤 정권은 상대적으로 일본의 입장에 접근할 것으로 예상하고 있었다. 윤 정권은 한미동맹뿐만 아니라 한미일 안보협력의 중요성도 강조한다. 따라서 대북정책이나 대중정책을 둘러싼 한일 간 정책 공조가 문 정권보다는 진행될 가능성이 높다고 보고 있다.

그렇지만 한일 간 현안으로 걸려 있는 역사문제와 관련된 한국의 사법 판단 문제, 특히 대법원에서 확정 판결이 내려진 일본기업의 재한(在韓) 자산에 대한 압류 및 현금화 조치가 진행될 것으로 예정되는 문제에 대해 윤 정권이 여태까지의 관계 경색을 극복할 수 있는 어떤 획기적인 해법을 제시할 수 있을 것인가가 주목되고 있었다. 한국의 사법 판단도 존중하면서 1965년 한일청구권협정에 있어서 '완전하고 최종적인 해결'이라는 한일 정부 간의 기존 약속도 지킬 수 있는 해결책이 요구되고 있었다.

그러한 해법은 윤 정권만의 힘으로는 할 수 없을 것이다. 일본 기시다 정권의 협력도 필요하다. 일본 정부는 종래 "이는 한국 국내 문제이므로 한국 내에서 처리해야 하며 일본은 아무것도 할 필요는 없다"는 입장이었다. 이런 자세를 고집하는 것만으로는 윤 정권으로 바뀌었다고 해서 문제 해결의 실마리조차 잡을 수 없다. 윤 정권의 적극적인 대처가 필요함은 말할 것도 없겠으나 그에 대응하는 일본 정부의 자세에도 유연함이 있어야 할 것이다.

공유되어야 할 원칙은 한국의 사법 판단을 존중하면서도 1965년 한일청구권협정에서의 '완전하고 최종적인 해결', 2015년 위안부 문제에 관한 한일 정부 간 합의 등 양국 정부 사이에 신뢰의 기초가 되는 약속도 존중되어야 한다는 점이다. 이에 대해 필자의 견해를 피력하면 다음과 같다.

확정판결에 대한 대응에 관해서는 한국 정부가 무엇인가의 이유를 짜내어 대위변제를 함으로써 판결에 대한 일단의 결착을 도모한다. 현상 변경 움직임이 한국 국내에서 생긴 것이므로 우선 한국 정부가 그에 대한 대응을 고민해야 할 것이다. 이후 한국 정부는 해당 일본 기업에 대해 변제분을 청구하나 일본 기업은 1965년 한일청구권협정에 근거하여 그것에 대한 지불 의무는 없다는 입장을 취한다. 그러나 한국 대법원의 확정판결이 나왔다는 점에 비추어, 향후 한국에서 일본 기업의 정상적인 경제활동에 미치는 영향 등을 고려할 때 해당 일본 기업이 아무것도 하지 않는 입장을 취하는 것은 역시 어려울 것이다.

해당 일본 기업으로서는 우선 한국 정부나 기업이 주도하여 창설한 기금에 자발적으로 갹출함으로써 징용공 문제, 나아가 널리 한일 역사 문제에 임하는 사업을 실시한다. 이에 더해 해당 일본 기업은 피해 당사자에 대해 사죄를 한다. 이러한 선에서의 일본 기업의 행동이 한국의 사법판단을 존중하면서도 한일청구권협정을 존중한다는 방책이 되겠다 싶다.

만약 그래도 안 된다는 것이라면 한일청구권협정에 관한 한일 양국 정부의 해석이 당초에는 일치했으나 시간이 지남에 따라 달라져 왔다는 것이므로 한일청구권협정의 제3조 제2항 이하의 중재 절차를 진행해 갈 수밖에 없다. 다만 그러한 절차로 나아가기 전에 외교를 통해 해결하는 것이 바람직함은 물론이다.

더구나 한국 국회는 야당이 과반수를 지배하고 있고, 나아가 한국 내에는 역사문제에 관한 한 일본에 대한 따가운 여론도 자리한다. 반면 일본 사회에서도 한국의 요구에 굴복해서는 안 된다는 강경론이 대두하곤 한다. 그러한 양국의 강경 국내 여론을 안고 있으면서 한일 양국 정부가 어떠한 타개책을 공유할 수 있을지의 궁금증을 풀어야 할 것이다. 2023년 3월 6일 윤석열 대통령은 패소한 일본 기업의 배상분을 한국 정부 산하의 재단이 대신 변제하도록 한다는 징용공 문제에 대한 해결책을 발표했고 3월 16일에는 한일정상회담도 이루어졌다.

윤 정권은 한일관계의 중요성을 적극적으로 국내외에 알리고 있고, 새로운 주일대사에도 일본 유학 경험이 있으며, 한일관계에도 북한문제에 정통한 윤덕민 전 국립외교원 원장을 임명했다. 한일관계 타개의 의욕은 충분히 있다. 일본 기시다 정권도 이에 따라 미중 갈등 심화, 러시아의 우크라이나 침공, 북한 핵미사일 개발 재개라는 상황에서 한국과 긴밀한 의사소통을 취하여 정책 협조를 해 나아가는 것이 중요하다는 인식을 갖고 있다. 한일 간의 현안을 양국이 협력하고 관리하여 해결해 감으로써 두 나라가 공유하는 어려운 과제를 경쟁하면서도 협력하며 대처해 간다고 하는 선순환이 나타날 가능성은 있다.

9 한일관계의 재고

한국과 일본 간의 관계는 한국의 민주화·선진국화, 냉전의 종식을 거쳐 지금까지의 비대칭 관계로부터 대칭 관계로 크게 변모했다.

그에 수반하여 상호 보완적인 관계로부터 상호 경쟁적인 관계로 바꾸고 있다.[17] 그러한 구조적인 변화에 한일 정부나 사회가 현명하게 대응하지 못하는 상황이 이어졌다. 한일 간에는 과거사를 둘러싼 인식의 괴리가 있지만 그것이 한일관계 전체를 뒤덮고 있어 타협을 곤란하게 하는 것은 아닐 터이다. 그에 더해 북한 문제나 미중갈등에 어떻게 대응할 것인지를 둘러싼 입장 차이도 있다. 그러한 문제에 대응함에 있어 한일 간의 대응은 특별히 다르지는 않다. 오히려 목표는 상당 정도 공유하면서도 거기에 이르는 방법상의 차이가 있다고 하는 점에서 양국이 다른 방식으로 경쟁하면서도 협력하며 목표를 향해 나아간다고 하는 것이 중요하겠다 싶다.

한일 간에는 그 차이보다도 훨씬 큰 '공통이익'이 존재한다. 양국의 공통이익은 상호 간에 경쟁하면서도 협력함으로써 비로소 얻어질 수 있다. 공통이익이라 함은, 미중이라는 강대국 간 관계의 틈바구니에서 나아가 질서를 교란하려는 북한에 대해 질서를 구성하는 일원이 되도록 설득하면서 이 곤란하고도 불투명한 상황 가운데 한국과 일본이 명예로운 형태로 생존을 확보하는 일이다. 이를 위해 한일이 서로 어떠한 선택을 하는 것이 가장 합리적이겠는가? 각각의 국민, 나아가 서로의 국민을 위해, 또한 한일 이외의 관계하는 사람들에게 제공하는 국제공공재로서 어떠한 선택을 하는 것이 가장 합리적일 것인지를 다시 한번 생각해 보아야 하지 않겠는가?

(국중호 번역)

---

17 기미야 다다시(이원덕 옮김)『한일관계사: 한일대립은 언제 끝날 것인가, 과연 관계개선은 가능할까』(에이케이커뮤니케이션즈, 2022년)를 참조 바람.

하코다 테츠야(아사히신문사)

제3장

오늘날 한일관계에서 우리가 배워야 할 것 -구조적 변화와 인재(人災)로 드러난 근린외교-

제3장
오늘날 한일관계에서 우리가 배워야 할 것
-구조적 변화와 인재(人災)로 드러난 근린외교-

하코다 테츠야(아사히신문사)

1 정치지도자가 부른 '인재(人災)'

'최악'이라는 표현을 쓸 것인가의 여부를 떠나 한국과 일본의 정치 관계가 장기 갈등 국면으로 접어들어 좀처럼 벗어나지 못하고 있었음은 분명했다 할 것이다. 2011년 12월 17일 당시 이명박 대통령은 다음 달에 있을 노다 요시히코(野田佳彦) 총리와의 회담을 위해 일본을 방문했었다. 두 정상은 그날 아침 공교롭게도 북한 김정일 총서기가 사망했다는 것은 알지도 못한 채 일정을 추진했었고, 이 때의 방문 이후 한일 정상이 단독으로 서로 간에 상대국을 방문하는 일은 오랫동안 끊겼었다. 그러한 정나미 없는 기록은 2023년 3월 16일 윤석열 대통령이 일본 방문을 할 때까지 이어졌다.

특별히 협의할 현안의 유무에 관계없이 거리적으로 가장 가까운 이웃 나라 정상 간에 부담 없이 상대국을 방문하여 대화를 나누자는 '한일 셔틀외교'가 시작된 것은 2004년 7월 고이즈미 준이치로(小泉純一郎) 총리와 노무현 대통령의 회담부터이다. 자유와 민주주의라고 하는 기본적 가치를 공유하고 있는 한일 정상이 서로 왕래하며 갖던 양 자회담이 10년 이상이나 단절되고 있었던 상황은 비정상적이라 하지 않을 수 없다.

어째서 한일 정치는 이 정도까지 냉각되어 버렸던 것이었을까? 과 거를 돌이켜볼 뿐만 아니라 향후를 위해서도 냉정한 검증과 분석을 진행할 필요가 있다. 한일 정치를 돌이켜 생각해 보면 '끼리끼리 비슷 한' 한일 간 관계성의 구조적인 변화가 크게 영향을 미치고 있다는 점 은 이제까지도 여러 번 지적되어 왔다.

상품 제조나 기술 면에서 선두를 달렸던 일본을 대하며 한국은 후 발적으로 일본으로부터 많은 것을 배우고 발전해 왔다. 단순히 기업 수준만이 아니라 국력 면에서도 한국은 상대적으로 상승해 온 한편, 장기적인 경제 침체로 성장 저력이 꺾여버린 일본은 국제사회에서의 위상이 상대적으로 저하되어 왔다. 그런 시계열적 전개는 자연스럽게 한일 간의 차이를 좁혀왔고, 과거의 이른바 수직적이었던 양국의 관계 성은 어느덧 '수평적'인 관계성으로 바뀌어갔고, 분야에 따라서는 한 국이 일본보다 더 앞서는 분야도 드물지 않게 나타나고 있다.

그렇지 않아도 위에서 언급한 구조적 변화에 직면하여 마찰이 일 어나기 쉬운 상황인데, 본래대로라면 이러한 구조적 변화에 따른 갈 등을 억제해야 할 정치가 제대로 작동하지 않고 있었다. 억제는커녕 아베 신조 정권과 문재인 정권에서 불에 기름을 붓는 격으로 대립을 부추기는 듯한 언동을 반복해 온 것도 한일관계를 악화시킨 큰 요인 이라 하지 않을 수 없다. 특히 양국 시민 차원에서의 감정적 대립, 내 셔널리즘 충돌이라는 사태를 초래하였던 것은 오히려 정치 지도자의 그릇된 판단으로 야기된 요인이 컸다고 할 수 있겠다.

7년 8개월(2012년 12월 26일~2020년 9월 16일)이라는 일본 헌정 사상 최 장기로 집권한 이가 아베 신조(安倍晋三) 총리이다. 또한 박근혜 전 대통령의 탄핵·파면이라는 이례적인 사태를 맞아 '촛불혁명'으로 불리는 사회 순풍에 편승하여 정권을 잡은 사람이 문재인 전 대통령이다. 두 지도자는 정치지향은 전혀 달랐으나 두 사람 모두 독특한 역사관에 완강한 고집을 갖고 있었다. 이데올로기를 전면에 내건 정책을 추진한다는 의미에서 서로 닮아 있었고 그런 까닭에 접점을 찾기가 매우 어려웠다. 이 두 사람이 내린 판단과 정책은 들추어 낸 것들마다 엉뚱한 결과를 낳았다. 그런 의미에서 이들이 빚어냈던 한일 갈등은 '인재(人災)'였다는 색채가 매우 강하다고 하겠다.

정치가 만들어낸 대립은 정치가 책임지고 해소하여야 한다. 하지만 문재인 정권과 아베 신조 정권 당시에는 작금의 한일 쌍방 간의 갈등을 책임지고 해소하려는 체력도 의욕도, 나아가 묘안을 짜내려는 지혜도 찾기 어려웠다고 하는 답답한 상황이 이어졌다. 2022년 3월 9일 한국 대선에서 보수계 윤석열 후보가 대통령으로 당선됐다. 윤 대통령은 일본과의 관계 개선에 의욕을 보인다. 한일 양쪽 모두에 타협을 허용치 않으려는 세력이 자리하는 가운데 기시다 후미오(岸田文雄) 총리와 윤석열 대통령이 양국 관계를 어떻게 관리할 수 있을 것인지가 중요해지고 있다.

2 한일 간 구조적 변용

한국으로서 일본은 오랫동안 식민지 지배를 하여 민족의 존엄성에 크게 상처를 입힌 가해자인 한편, 당당하고 확고한 경제대국으로 국제사회에서 일본의 존재감도 눈부셨던 터라 일종의 동경을 품은 대상이었다. 그러다가 일본의 국력 및 경제력이 저하하여 감에 따라 한국인한테 비치는 일본의 모습은 바뀌었다. 전자(前者)의 식민지 지배라는 '과거'에 대한 시각은 그대로인데, 경제대국이나 동경의 대상이라고 하는 후자(後者)에서의 지향해야 할 목표라는 부분은 서서히 옅어졌다. 그 경향은 2010년 중국이 GDP(국내총생산) 규모에서 일본을 제치고 세계 제2위의 지위를 차지하고 난 시기부터 한층 현저해져 갔다.

다른 한편, 일본측으로부터 한국을 보는 시점(視点)도 변용되어 갔다. 일본 정계의 재편이나 냉전 종식이 있었던 1990년대에는 국제사회에서의 민주화 흐름을 수용하며 '과거'에 대해 겸허하게 마주하면서 사과와 반성을 표명하는 움직임이 잇따랐다. 그와 같은 움직임은 국내적으로는 식민지 지배나 침략에 대한 반성, 나아가 일본 사회에서 영향력을 가진 세대가 과거 일본의 행위에 수반하는 속죄 의식을 많으나 적으나 품고 있었기 때문이기도 했다.

특히 한국은 그런 속죄의 대상인 동시에 냉전기에는 북한을 비롯하여 중국이나 소련(러시아)과 대치하는 일종의 방파제 역할을 담당하고 있어, 보수파 가운데에는 한국이 일본의 안전보장상 필수불가결한 존재라는 인식이 있었다. 1990년대까지는 일본 내에 그러한 인식도 자리하고 있었고 아낌없이 경제적 협력을 심화시킬 수 있었다. 그 후 한국이 괄목할 만한 경제발전을 이루어가면서 한일관계는 점차 협력에서 경쟁, 나아가 갈등으로 바뀌어갔다. 공존을 전제로 하는 파트너가 어느새 생존을 거는 경쟁자(라이벌)가 되어간 것이다.

일본의 입지가 계속 낮아지고 있다고 하는 현실을 일본 국내에 사는 사람들이 피부 감각으로는 받아들일 수 없다는 점도 한일 간 구조적 변용과 크게 관계되었다고 할 수 있을 것이다. 예를 들어 2021년 10월 20일자 아사히(朝日) 신문 조간 1면에 나온 연재기획 '일본경제의 현주소'를 보면 그 일단을 알 수 있다. 그 연재 기획 중 "30년간 늘지 않는 임금, 일본 22위, 그 상승률은 일본 4.4%, 미국 47%, 영국 44%"라는 첫 기사는 인터넷 등에서도 큰 파문을 일으켰다. 장기집권을 자랑한 아베 정권의 간판정책인 아베노믹스의 본모습을 보여주는 부분으로서 일본의 임금이 전혀 오르지 않고 '잃어버린 30년'이라고 할 정도로 침체되어 있음을 다른 국가와의 비교로 명백히 드러났기 때문이다. 이 가운데 영국이나 프랑스는 고사하고 한국에도 이미 2015년에 일본의 평균 임금은 추월당하고 있었음이 기사와 그래프(그림 3-1)로 제시되었다.

/ 그림 3-1 / 주요국의 평균임금(연수입) 추이

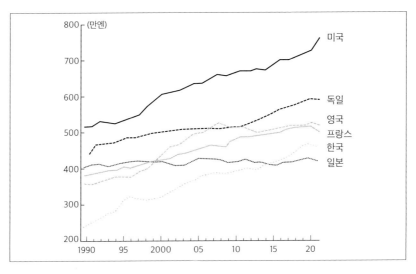

주: 원자료는 경제협력개발기구(OECD) 조사.
자료: 아사히(朝日)신문 2021년 10월 20일자.

　한일관계 전문가들 사이에서는 일본경제의 상대적 침체는 주지의 사실이었다. 게다가 그림 3-1에서 보듯이 그 데이터의 근거가 경제협력개발기구(OECD)의 조사임에도 불구하고 인터넷상에서는 한국의 평균임금이 일본을 웃도는 현실에 의문을 제기하거나 가짜뉴스로 다루거나 하는 언설이 난무했다. 나아가 작금의 한국에 대한 껄끄러운 감정을 드러내는 반응도 목격되었다. 예컨대 과거사 문제로 사과와 배상을 요구하는 한국에 대해 "이 정도로 부유해지고도 또 다시 일본에 그런 요구를 반복하는가?" 라는 비판도 일부에서 제기되었다.

한일관계의 수평화의 예는 일일이 열거할 수 없을 정도이지만 방위비(국방비)를 둘러싼 문제도 일본 내에서 갑자기 주목받기 시작했다. 2000년대 초반 집권한 노무현 정권 이후 한국의 국방비 신장이 두드러졌다. 그런 노무현 정권과 마찬가지로 '자주국방'의 중요성을 내세운 문재인 정권에서도 그 신장률이 가속되었다. 니혼게이자이 신문(日本經濟新聞, 2021년 9월 1일자 조간)에 따른 임기 중 국방비 신장률을 보면 보수 성향인 이명박 정권은 29%, 박근혜 정권은 17%(재임 4년차 탄핵)이었던 데 비해 문 정권은 37%에 이르렀다. 2021년도 1인당 국방예산은 일본의 2.4배가 되어 일본과 견줄 정도가 되었고 2023년 실제 금액으로 일본을 웃돌 가능성도 있다.

중국의 국방비 증액 문제와 그 동향을 보아온 일본은 그동안 국내총생산(GDP) 1% 이내를 지켜왔던 방위비 테두리 철폐를 요구하는 목소리가 높아졌다. 실제로 기시다 정권에서는 국방비(방위비) 예산을 대폭 증액한 2023년도 일반회계 예산 편성이 이루어졌고, 2023~27년도의 방위비 예산 총액은 약 43조엔(406조원)까지 확대될 전망이다.

3 무지와 악의로 채색되었던 한일 갈등

1) 국내용 정치에 이용한 두 정권

한일 간에 심각한 마찰과 갈등을 야기하고 쌍방의 이웃나라에 대한 시민감정을 크게 악화시킨 것이 구조 변화만에 의한 요인인가 하면 도저히 그렇다고 말하기는 어렵다. 곤란한 국면을 맞았을 때 감정적 대립을 격화시킨 것은 다름 아닌 정치, 즉 정치 지도자의 잘못된 결단의 결과라는 측면을 부정할 수 없다. 민주 정치에서 여론을 완전히 무시하고 중요한 외교 결단을 내리기는 매우 어렵다.

하지만 아베 신조 및 문재인 정권하에서 벌어졌던 정치적 충돌은 정치가 주도했고 이들의 결단이 여론을 부추기는 측면이 있었다. 그 잘못된 정책 판단은 한일 모두 때로는 이웃 나라에 대한 무지(無知)로 인해, 때로는 국내용 '정치 이용'이라는 유혹에 떠밀린 악의(惡意)에 의해 내려진 지극히 인위적인 결과라고도 할 수 있다. 그 상징적인 예로써 2015년에 한일 양국 정부가 처음으로 위안부 문제와 관련하여 도달한 정치 합의 후의 대응을 들 수 있다. 또한 다른 예로써 징용공을 둘러싼 대법원 판결에 대한 대응이나 그로 인해 수반된 일본 정부의 경제 보복 조치, 나아가 그 대항책으로 한국 정부가 일단 단행하였던 한일방위협정 파기 문제 등을 들 수 있다.

2) 유명무실화된 위안부합의

말할 것도 없이 한일 정치관계에는 위안부와 징용공이라는 두 가지 역사문제가 가로놓여 있다. 이들 일련의 문제는 다음과 같은 경위를 더듬어 왔다.

2015년 12월 28일, 일본에서 종무식이 있었던 이날 오후 한일 외무 장관인 윤병세와 기시다 후미오는 서울 시내에서의 회담 종료 후 위안부 문제에 대한 한일 정부 간 합의문을 읽어내려 갔다(사진 3-1). 양국 정부는 겉으로는 외교 당국의 국장급 협의에서 논의를 진행하고 있는 듯한 모습을 보여 미디어(언론)의 관심을 그쪽으로 몰리게 한 다음, 정치 지도자와 직결되는 다른 경로로 협의의 장(場)을 설정하고 그 쪽에서 속내를 부대끼며 합의문을 정리해 갔다.

/ 사진 3-1 / 한일 위안부합의에 관한 공동기자발표

주: 2015년 12월 28일, 한일 위안부합의에 관한 공동기자발표에 임하는 당시 한국 외교부 윤병세 장관(우측)과 기시다 후미오 일본 외무성 장관.
자료: 연합뉴스.

1990년대 일본측이 준비한 민간 주도의 이른바 '아시아여성기금'이 일제시대 위안부 할머니들을 지원하는 시민단체의 강한 반발을 사 성공하지 못한 경위가 있어, 2015년 합의를 두고는 조용한 환경 가운데 신중하게 협의했다. 당시 위안부 피해자 할머니들에게 지급되는 금액은 일본 정부가 국고로부터 전액 지급하는 점이나, 지원단체 등이 강하게 요구하는 일본 정부의 '법적 책임'이라는 말을 합의문에 포함시키지는 않더라도, 한없이 국가로서의 책임을 통감하고 있다는 점을 알 수 있도록 궁리하여 짜내고 있었다. 한국 정부측은 외교부 당국자가 거의 관여하지 않는 형식으로 진행되어 갔으나, 위안부 할머니들이나 지원단체에 대한 접촉은 외교 당국자가 맡아 합의 내용의 개략을 사전에 전달했다.

2015년 위안부합의는 한일 각각과 동맹관계를 맺는 미국의 오바마 정권으로로부터 강한 압력을 받았기 때문에 이루어졌다는 말들이 양국 연구자들로부터 지적되기도 했다. 그러한 지적은 박근혜 정권의 실적을 철저히 부인하고 싶은 문재인 정권 관계자 중 일부가 미국관여설과 결부시키기 위해 확산하였을 가능성이 있지만 사실관계로는 옳지 않다. 미국 정부가 관계 개선의 필요성을 한일 양국에 거듭하여 요청하기는 하였다 하더라도, 실제로는 합의문 작성을 위한 비공식 협의를 시작할 때의 동기부터 협상(교섭) 과정은 물론이거니와 합의문 내용에 이르기까지 미국은 구체적으로 개입하지는 않았다. 그런 의미에서 위안부 합의에 대한 내용 평가는 여러가지 있을 수 있다 하더라도 외압의 관여 없이 한국측과 일본측이 마주하여 만들어낸 귀중한 공동 작품이라고 할 수 있다.

하지만 그런 위안부합의는 2017년 5월 출범한 문재인 정권에 의해 그 알맹이가 빠져 버리게 되었다. 문 정권은 탄생 후 그리 시간적 간격을 두지도 않고 '한일 일본군위안부 피해자 문제 합의 검토 작업반(TF: task force)'을 설치하고 위안부합의의 경위와 내용 등을 검토하기 시작했다. 작업반은 같은 해 12월 협상 과정에서 위안부 할머니들의 목소리를 충분히 듣지 않았다는 점 등을 지적하였고 문제가 많은 합의라며 대체로 부정적인 견해를 정리해 발표했다. 그 견해를 감안한 문 대통령은 "이 합의로는 위안부 문제가 해결되지 않는다"는 성명을 내었고 위안부합의는 사실상 유명무실해져 버렸다.

이에 대해 일본 정부는 한국 정부를 상대로 국가 간 약속인 위안부 합의의 이행을 촉구하는 한편, 동시에 일제 당시의 징용공들이 일본 기업을 고소한 재판의 확정 판결이 나오기 전에 행정부 차원의 명확한 입장을 표명할 것을 거듭 촉구했다. 피고인 일본 기업에 배상을 명하는 판결이 확정되면 1965년 국교정상화 때 맺었던 한일청구권협정이 근간부터 흔들려 사태가 수습되지 않을 것을 우려했기 때문이다. 그러나 지원단체가 강력히 요구하는 위안부합의에 기초하여 만들어졌던 '화해·치유 재단'을 어떻게 해산시킬지에 부심하고 있던 문 정권에게는 일본 정부의 촉구는 그리 와 닿지 않았다. 징용공 문제의 심각성을 호소하는 목소리는 문 정권 내에도 있었으나 다수파일 수는 없었고 정권 내에서 민족문제를 가장 중시하던 그룹은 별반 심각한 문제로 받아들이지 않고 사법부의 판단을 기다려야 한다는 사고(思考)가 강했다.

2018년 10월 25일, 한국 외교부의 조현 제1차관이 도쿄 도내에서 아키바 타케오(秋葉剛男) 외무차관과 회담하고 위안부 할머니들의 지원용으로 설치되었던 '화해·치유 재단'을 해산한다는 의향을 전했다. 그로부터 5일 뒤에 한국 대법원이 일본 기업에 배상명령을 내린 항소심 판결을 지지해 판결이 확정되었고 양국 간의 긴장은 단숨에 고조되었다.

3) 최대 현안이 된 징용공 문제

징용공에 대한 한국 대법원의 판결이 나오자 일본 정부는 한일청구권협정에 기초한 중재 절차와 국제사법재판소(ICJ: International Court of Justice)에 제소할 것을 시야에 두고 시정을 압박하기에 이르렀다. 문 정권은 판결 이후 그저 밍기적거리며 한동안 시간을 보내다가 일본통으로 알려진 이낙연 당시 총리를 중심으로 대응책 협의에 착수했다. 그렇지만 징용공 문제는 청구권협정에 따라 법적으로 해결 완료되었으므로 한국 국내에서 징용공 문제를 모두 완결시키라는 일본측의 요구와 더불어 피고 일본 기업에 대한 배상명령 확정판결을 손에 넣은 원고측 주장 양쪽 모두를 충족시킬 묘안을 만들어 내는 작업은 극히 곤란한 일이었다.

대응책의 책임을 맡았던 이낙연 국무총리는 2019년 5월 한국 정부로서의 대응에 "한계가 있다"고 발언하였고, 그러한 발언을 접한 일본측에서는 정부·여당 내에서 엄중한 보복조치를 취해야 한다는 목소리가 돌연 높아졌다. 아베 관저(총리실)는 각 부처를 향해 한국에 대한 조치를 검토하라고 지시했다. 각 부처에 요구된 조건은, "국제법이나 규정(rule)에 반하지 않는다고 주장할 수 있을 것"이나 "일본 국내기업에 미치는 악영향이 최소한에 그칠 것"이 가능하고, 또한 한국측이 심한 타격을 입게 되어 사태 시정을 위해 행동하지 않을 수 없도록 하는 조치였다. 그러나 국교정상화 이후 반세기 이상에 걸쳐 호혜적인 경제협력을 심화시켜가며 함께 걸어온 한일 간에 그러한 조건들을 충족시킬 수 있는 조치는 찾아지지 않았다.

일찍이 자민당의 대한(對韓) 강경파로부터는 한국 경제를 견인하는 반도체 제조에 필요한 재료의 수출 제한 요구 목소리가 나오고 있었다. 하지만 소관 경제산업성의 실무 담당자조차 그러한 수출규제 강화에는 소극적이었다. 일본 정부는 수출규제 조치를 내리면서 이는 역사문제에 대한 보복 조치가 아니라 안전보장상의 우려 때문이라는 점을 그 이유로 내걸었다. 경제보복 조치로 하게 되면 국제사회로부터 이해를 얻을 수 있을지 알 수 없었기 때문이었다.

더욱이 한국에 대한 수출규제 조치는 일본 국내 기업에 대한 타격은 불가피하며 무엇보다도 역사문제와 전혀 상관이 없는 반도체 소재 업체들이 큰 손해를 입게 된다고 하면서 정부 자신이 고소당할지 모른다는 우려도 있었다. 그런 실무자들의 우려는 거들떠보지도 않고 아베 관저는 반도체 소재 수출규제 강화에 더해 수출절차를 간략화하는 '화이트(백색) 국가' 지정에서 한국을 제외시키는 방침을 굳혀버렸다.

당시 일본에서는 참의원선거 공시가 임박해 있었다. 한편으로 2019년 6월 말에는 오사카에서 개최되는 주요 20개 국가·지역 정상회의(G20 정상회의) 일정도 가까워지고 있었다. 아무리 세계무역기구(WTO) 규정에 위반하지 않는다고 항변하려 해도 자유무역체제의 존중을 내세우는 각국 정상들이 대거 참가하는 국제회의의 장(場)에서 수출규제 강화 조치를 발표하기는 어려웠다. 실제로 G20 정상회의에서는 의장국으로서의 일본이 "자유, 공평, 무차별하고 투명성 있는" 무역환경 실현을 담은 정상회의 선언 채택을 주도했다. 그 때문에 수출규제 조치 발표는 G20 정상회의 폐막 직후인 7월 초로 설정되었다.

다수의 일본 미디어에서도 한국에 대한 수출규제 강화를 두고, 징용공 문제에 대처하는 움직임을 보이지 않는 한국 정부에 대한 사실상의 대항조치라고 보도했으나 일본 정부 당국자들은 달리 받아들이고 있었다. 물론 한국에 대한 수출규제 강화는 징용공 문제 때문에 일부러 나중에 다른 이유를 갖다 대며 취해진 조치였음은 틀림없으며, 표면적 이유로 삼고 있는 안보 문제 때문인 것은 아니었다. 하지만 대항조치는 일본 피고 기업에 실제로 피해가 생겼을 경우, 즉 확정판결대로 자산의 강제 집행으로 이른바 현금화가 실현되었을 경우를 상정하여 별도로 준비하고 있던 조치였고, 반도체 소재 등의 수출규제 강화는 한국 정부에 대응을 촉구하기 위한 사전조치에 불과했다.

이들 일련의 공방(攻防)은 아베 신조 및 문재인 두 정권의 정치적 책임이 크다고 할 수 있다. 그런 공방 가운데 정치적 책임의 하나는 아무런 확실한 근거가 없음에도 불구하고 상대국측의 대응을 자국에 유리한 식으로 끌고 갈 수 있을 것이라 멋대로 망상하여 결과적으로 그것들이 모조리 빗나갔다는 점이라 할 것이다.

우선 일본측에 있어서는 자민당 일부에 '한국 때리기'가 수단이 아닌 목적으로 바뀐 듯한 혐한(嫌韓)적인 정치 이용 의도가 있었다는 점은 부인할 수 없다. 한편 총리 관저의 사무 담당이 강경책으로 기울어진 배경에는 문재인 정권을 향해 목소리를 높여 사태를 호전시킬 수 있을 것이라는 천박한 진단이 있었던 것도 사실이다. 이러한 판단은 이웃 나라 한국이 일본을 보는 시각이나 사고방식을 얼마나 이해하지 못하고 있는지를 드러냈다. 허를 찔려 당황하는 문재인 정권보다도 발빠르게 반응한 것은 한국의 여론이었다. 역사문제에 있어 가해측인 일본이 적반하장으로 경제 분야, 더구나 한국을 상징하는 반도체 제조에 갑자기 손을 대어 깊이 추궁하여 왔다고 받아들였고 일본 제품 불매운동으로 번졌으며 그 움직임은 급속히 확산되었다(사진 3-2).

/ 사진 3-2 / 일본 정부의 수출규제 강화조치 등에 반대하는 집회

주: 2019년 8월 15일. 서울 광화문광장에서 열린 일본 정부의 수출규제 강화조치 등에 반대하는 집회. 'NO 아베!'
　　라고 쓰인 플래카드를 들고 있다.
자료: 연합뉴스.

민주화가 진행되고 의견이 다양해진 현대의 한국에서는 정치가 안이하게 일본 비판을 이용하여 지지로 이어가려 해도 성공하기 어렵고 불매운동도 쉽게 확산되지 않는다. 그러나 일본측에 분명히 잘못이 있다고 뭇사람들이 인정하는 경우는 얘기가 달라진다. 일본 정부의 수출규제 강화 조치는 바로 그 전형이었으며 역사문제와는 무관한 일본 기업 제품불매로까지 불똥이 튀어 확산되었고 한국에서의 사업을 포

기하고 철수하는 사례도 나왔다.

당시만 해도 아직 코로나19 사태가 터지기 전이었다. 당시 아베 정권은 도쿄올림픽이 열릴 예정이었던 2020년 해외로부터 4천만 명의 관광객 유치를 목표로 내걸었다. 그렇지만, 이전까지 전년 대비 증가 추세였던 한국인 방일 관광객은 수출규제 강화조치 직후부터 감소세로 돌아섰고, 결국 2019년은 전년보다 25.9%나 감소했다(2020년 1월 18일자 아사히신문 조간). 한국 여론의 반발에 등을 떠밀리는 식으로 문재인 정권은 일본의 수출규제 강화조치의 부당성을 호소하며 세계무역기구(WTO) 제소를 위한 절차를 진행하겠다는 뜻을 표명했다. 일본 정부의 결정은 완전히 엉뚱한 결과로 나타났고 기대했던 사태의 타개는커녕 현안의 진전을 더욱 멀어지게 만들어 버렸다.

4) 외교의 전환점이 된 수출규제 강화조치

수출규제 강화조치는 일본의 동아시아 외교에서도 큰 전환점이 되었다고 할 수 있다. 아베 장기집권 이전의 일본 외교에서는 역사문제를 안고 있는 한국이나 중국에 대해 설사 과거의 문제가 있다 하더라도 경제나 문화교류 등 다른 분야로까지 확대시키지 않고 별도로 고려해야 한다고 주장해 왔다. 그러나 역사문제에서 적확한 대응을 하지 않은 문재인 정권에 대해 더 이상 참지 못하고 여태껏 해 오던 대응방식과는 달리 경제보복 조치를 취함으로써 향후 만약 일본 외교가 종래 취해 오던 주장을 편다고 하더라도 충분한 설득력을 갖지 못할 우려를 자아냈다.

한편으로, 2019년 당시 한국에 대한 강경조치가 일본 내에서 많은 지지를 얻은 것도 사실이었다. 그런 의미에서 참의원(參議院) 선거 공시 전의 대한(對韓) 강경조치 발표는 일정한 성과를 올렸다고 할 수 있을지도 모르겠다. 반도체 소재 수출규제 강화와는 별도로 또 하나의 조치로서 발표한 '화이트(수출절차 우대) 국가' 지정에서 한국을 제외하는 건에 대해 일본 정부는 널리 국내 목소리를 듣고자 정부령 개정 전에 의견 공모(퍼블릭 코멘트)를 실시했다. 경제산업성이 발표한 결과에 따르면 4만 건 이상의 의견이 접수되었는데 찬성이 95%로 압도적이었고 반대는 고작 1%에 불과했다. 의견 공모에 접수되는 것은 보통 수십 건 정도가 되는 경우가 많은데 위 건에서는 이례적으로 많은 의견이 접수되었다(2019년 8월 2일자 아사히신문 조간).

그러나 실제 여론이 의견 공모 결과만큼 극단적으로 일본 정부의 조치를 지지하였다고 보기는 어렵다. 예를 들어 공모기간 중인 7월 13~14일 이틀간 아사히신문이 실시한 여론조사를 보면 반도체 소재 수출규제 강화에 대한 질문에 56%가 타당하다고 답했고 타당하지 않다는 응답은 21%였다. 반도체 소재의 수출규제와 화이트 국가 지정 제외라는 차이는 있지만 양쪽 모두 한국을 대상으로 한 조치라는 점을 감안하면 찬성을 표한 사람이 많았다고 하더라도 90%를 넘을 정도는 아니었을 가능성이 있다.

수출규제 강화조치 후 2년 이상이 지나 일본 내 여론에 변화의 조짐으로 받아들여지는 움직임도 나타났다. 일본 언론 비영리기구(NPO)와 한국의 싱크탱크인 동아시아연구원이 2021년 8월부터 9월에 걸쳐 실시한 조사에 따르면 일본 정부의 한국 대응에 대해 일본에서는 '평가하지 않는다'가 27.3%였던 반면, '평가한다'는 2020년보다 9.8%포인트 줄어든 19.9%였다. 한편, 한국 정부의 일본 대응을 한국측에서 물었을 때는 '평가하지 않는다'가 34.5%, '평가한다'가 30.2%로 팽팽히 맞섰다.

일본 정부의 한국 대응 중 수출규제 문제는 그 일부에 불과하다. 각종 조사의 정확도와 설문의 차이 등이 있기 때문에 단순 비교는 할 수 없으나 적어도 양국의 여론이 강경 일변도로 기울어져 있었다고 보기는 어려운 상황이었다고 말할 수 있겠다.

4 유효한 카드가 없었던 한국

문재인 정권이 취한 자기 멋대로 근거 없이 정상(正常)으로부터 한쪽으로 치우치는 '정상성 바이어스(bias: 편파)'도 아베 정권보다 더하면 더 했지 못하지 않았다. 문 정권 내에서 일본이 보복 조치로 나올 가능성이 입에 오르내리며 거론되고 있었음에도 불구하고 실제로 일본 측이 실력행사를 단행할 때까지 진지한 논의를 한 흔적은 찾기 어렵다. 그러한 태도는 한일경제가 지금까지 밀접한 관계를 쌓아 올려 왔고 또 자국기업도 손해를 보게 되므로 일본 정부가 그것을 각오하면서까지 무리한 조치를 강행할 수 없을 것이라 얕잡아 보고 배짱을 부리고 있었다는 처사이기도 하다.

앞서 언급한 바와 같이 징용공 문제에 대한 확정판결이 나오기 직전까지 문 정권은 한일 위안부합의에 기초하여 설치된 '화해·치유 재단'을 어떻게 하여 해산시킬지에 신경을 집중시키고 있었다. 징용공 문제에 대한 대응에 본격 착수한 것은 2019년 10월 판결 이후 이낙연 총리에게 그 총괄 정리를 지시했을 때였다. 이 총리가 이끄는 검토팀은 주로 한국측에서 기금을 조성해 일본 기업을 대신하여 배상하는 방안 등 복수의 해결책을 문 대통령 측에 제시했으나 그 어느 것도 받아들여지지 않아 교착상태에 빠졌다. 그런 입장에서 임했던 이 총리의 '한계' 발언이 방아쇠를 당기는 식이 되었고 일본 정부는 보복 조치에 나섰다. 그러나 대통령과 관계 부처의 움직임이 다급해진 것은 문제의 본질이었던 징용공 문제의 대처가 아니라 오히려 일본에 대한 대항조치를 어떻게 취할 것인가 하는 쪽이었다.

하지만 유효한 대책이 결여되었던 일본 정부 이상으로 한국 정부가 취할 수 있는 선택지는 전무에 가까웠다. 민간 주도로 전개되고 있던 일본 제품 불매운동에 정부가 편승할 수도 없었고 검토 과제로 올랐던 다른 시책도 일본측에 피해를 입히기 전에 자국으로 그 여파가 되돌아오기 쉬운 조치들뿐이었다. 뾰족한 수 없이 고민의 나날이 계속되는 가운데 민족문제를 가장 중시하는 그룹으로부터 나온 것이 한일 군사정보 포괄보호협정(GSOMIA: General Security of Military Information Agreement)의 취급이었다. 협정 기한이 2019년 8월로 다가온 GSOMIA 파기를 통고한다면 일본에 타격을 줄 수 있겠다는 계산이었다.

GSOMIA는 위안부합의 후 박근혜 정권이 체결했다. 한일 안보협력의 상징이자 양측 동맹국인 미국도 그 체결을 환영했다. 한일 어느 한쪽이 이의를 제기하지 않으면, 같은 해(2019년) 11월에 자동적으로 연장되는 것으로 되어 있었지만, 일본의 경제 보복에 대한 강한 항의의 의사 표시로서 파기를 통고할지의 여부가 논란이 되었다.

한일 양국 간 방위협정이라고는 하나 파기되면 당연히 미국의 반응이 예상되고 있었다. 그 때문에 한국 정부 고위관료들은 2019년 여름 전부터 미국측과 빈번히 협의를 거듭해 왔다. 당시 한국 정부 당국자에 따르면 미국은 한국 정부가 요구하는 수출규제 강화조치 철회에 이해를 보이면서도 GSOMIA의 파기에는 난색을 보였다. 그럼에도 문 정권 내에 있었던 민족 중시파의 목소리는 가라앉지 않았고, 대통령실은 2019년 8월 22일 국가안전보장회의(NSC)를 열어 GSOMIA를 중단하기로 전격적인 결정을 내렸다.

이 결정에 대해 미국의 반응은 빨랐다. 폼페이오 국무장관은 방문지였던 캐나다에서 회견을 열고, "한국의 결정에 실망하고 있다"며 강한 어조로 우려를 표명하는 등 실제 협정이 기한을 맞이할 11월 이전에 끈질지게 설득함과 동시에 주한미군 규모 축소 등을 내비치며 압력을 가하여 갔다. 위안부합의 건과 같은 역사 문제에서는, 한일관계 개선 등 추상적인 요망에 머물렀던 미국이었지만, 자국의 안전보장에도 관계되는 GSOMIA가 문제되자 그 대응은 달랐다. 미국 정부가 한일 간의 중재에 나서는 형태로 협의가 진행되어 실효 기한 하루 전날인 11월 22일 한국 정부는 파기 통보를 철회하기에 이르렀다. 동시에 수출규제 강화조치는 한일 간 협상 대상이 아니라고 하면서 한국측에 대해 그저 '설명'으로 일관하고 있었던 일본 정부도 미국측의 압력에 떠밀려 한국 정부가 WTO 제소 절차를 중단하는 대신 한일 국장급 협의에 응하게 되었다.

일본 기업에 배상을 명령한 징용공 문제 확정 판결이 발단이라고는 하나 2019년 7월부터 연말에 걸쳐 벌어진 한일 간의 보복과 응수는 다름 아닌 시간 및 정치적 자원의 낭비였고 아무런 성과도 없는 불모의 조치였다. 일본 국회에서 다수를 차지하는 여당과 내각 인사국의 인사권 장악으로 상징되는 총리 관저 주도형 정책이 추진되는 가운데서도 수출규제 강화조치는 당시부터 적은 숫자이기는 하였지만 '악수'라는 지적이 관료들로부터 나오기도 했었다. 그러한 목소리는 아베 정권이 막을 내린 뒤에 더욱 강해졌고, 당시 어느 담당자는 '우책(愚策: 바보스런 정책)의 극치'라고까지 표현했다(2021년 7월 4일자 아사히신문 조간). 그럼에도 불구하고 일본 정부는 징용공 문제에서 진전이 없는 한 수출규제 강화조치의 철회는 곤란하다는 입장을 계속 고수했다.

한편 문재인 정권에 있어서도 아무리 남북 융화를 목표로 내세웠다고는 하나 자국의 안보와 크게 관련되는 한일 GSOMIA 파기를 일단 표명한 데 대한 대가는 적지 않았다. 오랜만에 미국을 끌어들인 소동으로 비화되었다는 점도 있어 파기 철회 이후의 GSOMIA 문제는 문 정권 내에서도 금기시되고 있었다. 문재인 정권은 그 후도 2019년 8월 파기 통보가 무효화된 것이 아니라 "언제든지 종료할 수 있다"는 입장을 견지하고 있었지만 미국과의 관계상 한국측이 다시 파기를 내세울 수 있는 상황은 아니었다. 사실상 GSOMIA는 향후도 계속 자동 연장되는 방향으로 가닥을 잡았다.

5 서로 다른 미래상을 그리는 한국과 일본

최근 한일 양국 간 문제뿐만 아니라 과거의 지배와 피지배를 둘러싸고 '기억의 대립'이나 '기억의 전쟁'이라는 점이 지적된다. 이는 지배를 받은 측의 기억은 실제 이상으로 크게 피해의 실태가 전해지고 그러한 인식이 정착해 가는 데 반해, 지배한 측은 가해의 실태를 보다 작게 혹은 심지어 역사적 사실 그 자체를 없었던 것인양 여겨버려, 화해가 진행되기는커녕 양자의 주장 차이는 벌어져만 가는 상황을 말한다. 한국측 지원단체 등이 밀어붙이고 일본 정부가 항상 민감하게 반응하는 위안부 상징 소녀상 설치 문제는 그야말로 그 전형적인 예라고 할 수 있을 것이다. 이러한 문제에 대해 한일 양국 정부는 과열된 갈등을 피하도록 하기 위해 적절한 관리와 대응이 요구되었으나 실제로는 그와는 반대로 각각의 '기억'을 부추기는 결과를 초래해 버렸다.

한국과 일본이 구조적인 문제를 안고 있음에도 정치 지도자, 즉 아베 정권과 문 정권이 충돌한 것은 식민지 지배하에서 일어난 과거의 문제만이 아니다. 미래를 둘러싼 문제의 대립도 실은 매우 심각했다.

한일관계에서 '미래지향'이라는 단어는 매우 편리하게 사용된다. 갈등 극복뿐만 아니라 함께 미래를 열어간다고 하는 협력의 이미지로 떠올릴 수 있기 때문일 것이다. 그러나 한국과 일본이 상정하여 그려내는 미래상, 특히 향후 어떤 동북아 지역을 만들어 나아갈 것인가를 둘러싼 사고(思考)에는 큰 차이가 있었다. 그 차이가 크게 드러난 것이 2018년 초부터 북한의 대화 공세가 시작되고 나서부터이다.

2011년 12월 아버지 김정일의 사망으로 권력을 승계한 김정은은 핵·미사일 개발을 강력하게 밀어붙였다. 2017년 말까지 강행한 핵실험은 4차례에 이르며 같은 해 11월 29일 새벽 신형 대륙간탄도미사일(ICBM)이라고 하는 '화성15'를 발사했다. 북한 관영매체는 발사 실험 현장을 시찰한 김정은이 "핵 무력 완성의 역사적 대업을 이루었다"는 말을 전했다. 이 발사 이후 북한의 일련의 군사도발 행위는 일단 진정되었다.

이듬해인 2012년 새해 첫날 소신 표명에 해당하는 연례 신년사에서 김정은은 일변하여 대화 국면으로 방향을 틀었다. 한 달 앞으로 다가온 남한의 평창 동계올림픽에 북한 대표단을 보낼 뜻을 밝히면서 이를 위한 한국과의 대화도 언급했다. 문재인 정권은 일찍이 북미를 연결하는 중개 역할로서의 '운전자론'을 주창해 왔다. 그런 문 정권이었지만 북한의 변화는 전혀 예상하지 못했었고 정권 내부는 자신들한테 쏟아진 호기(好機) 도래에 활기를 띠었다. 김정은이 대화 자세를 보임에 따라 이후 움직임은 대체로 순조롭게 진행됐다. 평창올림픽 개회식에는 김정은의 여동생 김여정 등이 참석했다(사진 3-3).

/ 사진 3-3 / **평창 동계올림픽**

주: 평창동계올림픽 경기장에서 2018년 2월 9일 밤에 있었던 개회식. 앞줄 중앙 흰색 점퍼 차림이 문재인 대통령 부부 그리고 그 뒷줄 오른쪽에서 첫 번째와 두 번째가 북한의 김여정 씨와 김영남 씨. 앞줄 오른쪽 끝에 아베 신조 총리.
자료: 연합뉴스.

김여정은 김정은의 친서를 문 대통령에게 전달하고 조속한 방북을 구두로 요청했다. 평창올림픽이 폐회된 다음 달 3월에는 한국 정부 특사단이 방북하여 김정은을 면담하자 특사단은 지체 없이 미국으로 향해 트럼프 대통령과 면담하고 6월 말까지 김정은과 정상회담을 할 뜻을 이끌어내는 데 성공했다.

이들 과정을 매우 신중하게 또 의심스런 시선으로 주시하고 있던 것은 아베 정권이었다. 애초부터 문 정권이 말하는 북미 사이에 들어가 중개자 역할을 해낸다고 하는 '운전자론'에 회의적이었다. 아베 정권은 '운전자론'이 주효하여 성공하는 것은 매우 어렵다고 본 데다 역사문제로 관계가 경색되어 있는 일본에 대해 한국 정부측으로부터 구체적인 설명이 없었다는 데에 대해 강한 조바심을 느끼고 있었다.

사상 첫 북미정상회담은 2018년 6월 12일로 설정되었지만 사전 준비 부족과 북미 간 인식 차이가 노정되어 트럼프 씨는 5월 24일 김정은에게 보낸 정상회담 중단을 알리는 서한 내용을 공표했다. 러시아 상트페테르부르크를 방문하고 있었던 아베 총리는 일찌감치 기자들과 만나 "유감스럽지만 트럼프 대통령의 판단을 존중하고 지지한다"고 표명했다. 그런 아베 총리의 발언과는 달리 실제로는 아베 정권 내에서 안도감이 퍼졌다(2018년 5월 25일자 아사히신문 조간).

그러나 사태는 더욱 급작스레 전개되어 예정대로 6월 12일 북미 정상은 싱가포르에서 첫 회담을 열게 된다. 이 정상회담 직전에는 회담 내용을 놓고도 아베 총리가 옆에서 말참견을 했다. 트럼프 대통령은 정상회담에서 휴전 중인 한국전쟁의 종전선언을 내놓는 데 의욕을 보이고 있었으나, 회담 직전 백악관을 찾은 아베는 북한에 양보하지 않아야 한다고 알리고 납득시켜 결과적으로 실현되지 못하고 도중에서 그쳐 버렸다. 이 일은 트럼프를 지지했던 존 볼턴 전 백악관 국가안보 보좌관도 회고록에서 언급하고 있다.

　문재인 정권의 가장 중요한 정책은 말할 것도 없이 잘 알려진 남북 융화로 한반도 평화체제의 기초를 마련한다는 것이었다. 실은 평창올림픽 개막식 전날에도 아베는 방한 중이던 펜스 부통령과도 회담 시간을 크게 초과하여 북미 접촉 기회를 놓치게 하는 등 문 정권 입장에서 보면 '방해' 행위로 비치는 행동을 하고 있었다. 때문에 아베에 대해서는 북한 문제가 진전될 듯 하면 방해를 하는 확신범적인 인상이 한국측에서 점차 강해져 갔다.

　한편 일본 정부측으로서는 이명박, 박근혜라는 두 보수정권에서조차 중국을 겁내며 적극적으로 대응하지 못하는 것에 대한 불만이 있었다. 문재인 정권에 들어서는 대(對)중국 정책에 더하여 제대로 된 분별없이 이루어지는 대북 접근이 눈에 띄었기 때문에 아베 정권한테는 한국과 미래를 공유할 수 있는가에 대한 근본적인 의구심이 들게 했다.

　북한과의 사이에서 '납치, 핵, 미사일' 문제의 포괄적인 해결을 목표로 하고 있는 일본 정부로서 대량살상무기 문제는 자국의 안전보장과 관련된 중대한 문제임에 틀림없다. 그 때문에 북한의 비핵화를 강하게 요구해 온 것이지만 북한이 대화에 나서기 이전부터 문재인 정권은 비핵화와 병행하여 한반도 평화체제 구축을 추진해야 한다고 주장해 왔다. 이러한 한반도 평화체제는 일본 정부로서 쓰라린 경험이 있는 주제이다. 한반도에 얽힌 문제를 논의하기 위해 1990년대 후반에 설치된 것이 4자회담이었다. 한반도의 당사자인 남북과 한국전쟁 휴전협정에 서명한 미국, 그리고 중국의 4자 대화에서 일본은 당연히 그 멤버로서 참가할 수는 없었다. 일본 정부 내에서는 휴전협정은 그렇다치고 지역의 장래를 점치는 협의에 한몫 끼지 못한다고 하는 갑갑함과 소외감이 감돌았다.

　반대로 한국 정부는 이전에는 평화문제에 관여할 자격 유무를 구

제3장 오늘날 한일관계에서 우리가 배워야 할 것 구조적 변화와 인재(人災)로 드러난 근린외교- **109**

실로 내세우는 북한한테 계속 휘둘려 왔었다. 그러다가 2000년 실현된 김대중 대통령과 김정일 국방위원장의 사상 첫 남북정상회담에서 한반도 문제가 거론되면서 한국은 가일층 전면에 나서게 되었다. 첫 북미 정상회담에 앞서 남북 군사분계선상에 있는 판문점에서 열린 2018년 4월 남북정상회담에서 문재인−김정은은 휴전협정을 평화협정으로 전환하고 한반도 평화체제를 구축하기 위해 남북과 미국의 3자 또는 남북에 미중을 더한 4자 회담을 추진하기로 합의하고 그 내용을 '판문점 선언'에 포함시켰다.

집권 막바지에 있던 문재인 대통령은 교착상태에 빠진 북미관계를 타개할 돌파구가 될 수 있다며 한국전쟁 종결 선언을 내놓아야 한다고 이쪽저쪽 사정 개의치 않고 호소했다. 한편 일본 정부는 미국에 대해 종전선언 그 자체에 대해서는 반대하지는 않는다고 하면서도 단거리 탄도미사일 발사 등 위험한 행위를 멈추려고 하지 않는 북한의 태도로 보아 종전선언을 내어야 할 시기는 아니라고 강하게 주장했다.

'미래'를 둘러싼 문제는 더욱 확대되었다. 당시 홍남기 한국 부총리는 2021년 12월 아사히신문 등 일부 외국 언론(미디어)과의 회견에서 환태평양경제동반자협정(TPP) 가입을 문 정권 임기 내에 신청하겠다고 말했다. 또한 문 정권은 실질적으로는 중국 견제를 목적으로 하는 미국·일본·호주·인도의 4개국 안전보장대화(QUAD)에도 중국을 자극하지 않는 작업반 회의에만 참가할 것을 검토했다. 그러나 일본 정부는 한국 정부의 어떤 움직임에 대해서도 극히 부정적이었다. 그 가장 큰 이유로 징용공이나 위안부 문제에서 보였던 한국 정부의 대응으로부터 신뢰를 쌓을 수 없다는 점을 내세웠다.

문재인 및 아베 신조 정권에서 한일 간에 가로놓였던 것은 과거의 문제인 동시에 미래의 문제이기도 하다. 일본 정부는 1965년 국교정상화 때 맺은 약속의 근간을 흔드는 듯한 요구는 인정할 수 없다는 입장이다. 아베 정권에서는 법의 지배라는 기본적 가치를 가볍게 여기는 국가와 신뢰관계를 구축할 수 없다고 하면서, 중국을 염두에 둔 '신냉전'적 구조에 대한 대비 차원에서 한국 주도가 아닌 한반도 평화 협의에도 적극적으로 참가하고 싶다는 생각을 갖고 있었다. 이에 대해 문재인 정권은 과거 피해 실태를 감안하면서 한일 간에 결정한 사항을 임기응변으로 유연하게 운용할 것을 요구하는 한편 한반도 평화에 관한 주도권은 반드시 자신들 수중에 있어야 한다는 인식에는 흔들림이 없었다.

한일 간 최대 현안 중 하나인 징용공 문제에 관한 대법원 확정 판결이 나오고 나서 한동안의 시간이 흘렀다. 그 사이 표면적으로는 한일 모두 원칙론을 펴고 있었던 것처럼 보이지만 실제로는 양측 모두의 주장에 미묘한 변화를 보여 왔다. 그럼에도 접점을 찾아내지 못한 것은 "대두하는 중국이나 '핵'을 가진 북한과 어떻게 마주할 것인가?"라는 미래상에 있어 한일 간의 이미지가 서로 어우러지지 못한 데 따른 신뢰감의 결여가 매우 컸기 때문이었다.

6 관계 악화에 책임져야 할 정치

지금까지 살펴본 것처럼 아베 신조 정권 및 문재인 정권에 의한 이웃나라에 대한 무지와 악의가 구조적 변화로 인해 안정감을 잃은 양 국관계를 더욱 불안정하게 만들었다. 그러한 인재(人災)적인 요소를 느끼고 있었기 때문에 일본에서는 '아베 총리가', 한국에서는 '문재인 대통령'이 정권의 자리에서 내려오기 전에는 관계 개선을 기대할 수 없다는 주장이 나왔다.

한국에서는 2022년 3월 9일의 대통령 선거에서 보수계 제1야당 '국민의힘' 공천 후보였던 윤석열 전 검찰총장이 득표율 1%포인트 이하라는 대접전 끝에 당시 여당인 '더불어민주당' 후보였던 이재명 전 경기도지사를 누르고 당선됐다(제20대 대선에 관한 논의는 제2장을 참조 바람). 한국은 차치하고 일본에서는 7년 8개월(2012년 12월 26일~2020년 9월 16일)에 걸친 아베 정권이 끝나고, 스가 요시히데 정권, 나아가 기시다 후미오 정권이 들어선 후 2023년 3월 6일 윤석열 정권의 징용공 문제 해결책 제시가 이루어지기 전까지 적어도 겉으로는 아무런 변화도 진전도 없는 채로 있어 왔다.

대선 전부터 일본 정부나 정당 가운데는 보수 성향의 정권이 발족하는 편이 일본과의 관계에는 대립이 적고 개선될 수 있다는 기대감이 감돌았다. 그것은 다분히 당시 여당 후보였던 이재명 씨가 일찍부터 일본 지배에 관한 비판적인 언행을 되풀이하고 있었기 때문이기도 했다. 그러나 윤석열 후보도 위안부 피해자를 찾아갔을 때 "일본으로부터 반드시 사죄를 받아내고 할머니들의 마음의 상처를 모두 치유하겠다"고 약속했다고 전해지는 등 결코 일본 정부가 다루기 쉬운 인물이라고 할 수는 없다.

오늘날 한일 외교관계를 더욱 복잡하게 만든 것은 정치의 인위(人爲)에 의한 부분이 많은 것은 확실하다. 그렇다 하더라도 정부 간 관계가 좋아지면 현안이 곧바로 해결되느냐 하면 그런 일은 있을 수 없다. 심각한 것은 정치외교의 대립이 다름 아닌 시민 감정에까지 미쳤다는 점이다. 이를 원상태로 되돌리려면 상당한 의욕을 필요로 하겠지만 이제까지 한일 양측에서 그런 여유는 찾지 못하고 있었다.

서두에서 언급한 바와 같이 다른 나라에서 열리는 국제회의에 참석하였을 때와 같은 경우를 제외하면 한일 정상의 양국 간 왕래는 2011년 말 이래 10년 이상이나 두절되어 왔었다. 정상회담을 한다고 하여도 현안을 해결하는 하나의 수단에 불과할 뿐이다. 그럴 뿐인데 어느새 관계 개선의 목표가 선 다음의 목적으로 바뀌어 버렸다. 이와 같은 현재의 상황은 본말이 전도되었다고 말하지 않을 수 없다. 정치 대립은 아직 풀리지 않은 상황이다. 하지만 징용공 문제에서 일본 기업이 갖고 있는 자산의 '현금화'를 비롯한 이른바 'X데이'는 머지않은 시일 내에 다가올 것으로 보인다. 그때 한국과 일본의 시민들은 무엇을 어떻게 생각해야 할 것인가? 그것은 정부 간 대립이 그러하듯이, 역시 과거의 문제인 동시에 미래의 문제, 곧 "우리는 어떠한 동아시아를 만들어 갈 것인가?"라는 물음에도 직면하게 될 것이다.

윤석열 정권은 2023년 3월 6일 재판에서 패소한 일본 피고기업의 배상분을 한국 정부 산하의 '일제 강제동원 피해자 지원재단'이 대신 변제하도록 하는 '해결책'을 발표했다. 일본측에 대해서는 '사죄나 반성', 나아가 피고 기업의 재단에의 기부 등을 포함하는 '성의 있는 호응'을 요청하고 있었으나 명확히 그것들을 얻지 못한 채 해결책이 발표되었다. 해결책 발표 10일 후에는 실로 한일 정상의 양국 간 왕래로서는 12년 만에 윤 대통령의 일본 방문을 실현시켰다.

그 동안 한일 양측의 정치로 인해 파괴된 부분이 커 그것을 수복하는 것은 분명 극히 곤란한 일이기도 할 것이다. 그렇더라도 그러한 정치의 실패로부터 무엇인가를 배우는 노력은 매우 중요하다. 그것은 내셔널리즘이나 상대국에 대한 증오를 부추기며 자기한테 유리한 쪽으로 향하는 정치적 이용에 현혹되지 않기 위해서라도, 시민 한 사람 한 사람이 분별능력(literacy)을 몸에 익히고 다져갈 필요가 있다고 하는 점이 아니겠나 싶다. 그 기본은 무엇보다도 한국과 일본이 서로 실체 이상으로 미화하거나 비하하는 일도 없어야 하며 등신대(等身大)의 이웃 나라를 제대로 알아가는 것으로부터 시작된다.

(국중호 번역)

제4장

21 세기를 혁신하기 위한
한일철학

제4장

21세기를 혁신하기 위한 한일철학

오구라 키조(교토대학)

1 가까스로 성립하고 있는 한일관계

이대로라면 한국과 일본은 세계로부터 웃음거리가 될 것이다.

왜 그럴까?

일찍이 병합식민지 지배를 한 측과 당한 측이 그 관계 해소 후에 심한 마찰과 알력을 반복하면서도 이전의 비대칭성을 해소하는 노력의 과정(process)을 통해 이제는 극히 대칭적이고도 대등에 가까운 관계가 되었다. 제2차 세계대전 이후 또는 해방 후의 이 훌륭한 관계성을 한일 양국은 자랑하기는커녕 의미 없는 역사로서 묻어 버리려 하고 있다(이하에서는 '제2차 세계대전 이후 또는 해방 후'를 '전후(戰後)(해방 후)'로 표기하기로 한다). 스스로의 행동 가치를 모르는 자에게 미래는 열려 다가오지 않을 것이다.

이대로 가다가는 "어째서 한국과 일본은 자신들이 이루어 온 일에 대해 더욱 자신감을 갖지 않는 것인가?"라고 하며 세계가 의아하게 생각하고 경시할 것이다.

한일 양국은 전후(해방 후) '한일모델'(일본어로는 '일한모델')이라고 해야 마땅할 "화해와 번영과 평화 프로세스를 구축해 왔다"고 하는 것이 나의 기본적인 생각이다. 나중에 상세히 언급하겠지만, 한일관계라는 것은 자기중심적이고 폭력적인 양국 간 관계였던 것이 아니라, 서로 자제하는 고도로 지적이고 창조적인 양국 간 관계가 계속 유지되어 왔다는 것이 나의 생각이다.

이는 "전후(해방 후) 한일관계의 모든 것에 만족하자"라고 하는 이야기는 전혀 아니다. 한일이 지금까지 쌓아온 관계성은 이상(理想)적인 것이 아니며 서로 불만은 울적해 있다. 그러나 그러한 것으로 한일관계를 부정적으로만 파악하는 것은 양국 간 관계를 제대로 모르는 사람의 인식일 것이다. 영토문제나 역사문제만이 아니라 외교·경제·문화 영역에서 수많은 격심한 마찰과 갈등을 경험하면서도, 결정적인 분쟁을 회피하며 꾸준히 양국관계를 구축해 왔다. 이를 정확히 평가하지 않으면 안 된다.

물론 "양국 간 관계는 늘 이상적이지 않으면 가치나 의미가 없다"라고 하는 고매한 생각도 있을 수 있다. 그것은 근사한 생각이기는 하나 거기에 고집한 나머지 이상과 현실과의 괴리에 절망하거나 허무주의(nihilism)에 빠져서는 안 된다.

현재 일본의 혐한파도 그러한 고매한 이상지상주의에 사로잡혀 있는 듯하다. 문재인 정권 때에는 그 태도나 한국인의 '반일적' 언동에 질려 처음엔 "한국은 괘씸하다"고 하였다가 그 후는 "한국은 더 반일이 돼라. 다음에는 문재인보다 더 과격하게 반일적인 이재명이 대통령이 되었으면 좋겠다. 그리 되면 미련 없이 한국과 단교(斷交)할 수 있다"는 논조로 바뀌기도 했었다. 인터넷의 이른바 '야후 코메'란(Yahoo! Japan의 인터넷 기사에 대한 코멘트(댓글)란)은 문재인 정권 당시 거의 이와 같은 댓글로 채워져 있었다.

하지만 혐한파의 이러한 생각의 배후에는 "한일관계는 문제 없이 양호해야 한다"고 하는 고매한 사고(思考)가 자리잡고 있는 것으로 여겨진다. "그러할진대 현실은 양호하지 않다. 그것은 한국의 반일 탓이다. 한국은 괘씸하다"라고 하는 생각이, 마침내 "한국은 한일관계를 공연히 파괴시키려 하고 있다는 것을 알았다. 그러한 한국에는 이쪽의 정나미가 떨어졌다. 좋다. 그렇다면 이제 단교다"라는 생각으로 바뀐 것이다.

그러한 생각의 근저에는 현실에 대한 객관적인 인식이 자리잡지 않고 있다. 현실적인 인식이라 함은, "한일관계는 다양하고 극히 곤란한 다수의 문제 꾸러미들을 안고 있다. 한쪽이 다른 한 쪽을 35년 정도를 지배해 버렸던 터인지라 갖가지 문제들을 안고 있음은 당연한 일이다. 그렇지만 양국의 다양한 실행가들(actors)이 지혜를 짜내며 심대한 노력을 거듭하고 가까스로 이들 문제 꾸러미들이 결정적인 결렬에 이르지 않도록 노력해 왔다. 그렇게 노력해 왔기에 기적적으로 전쟁이나 단교에 빠지지 않고 풀려가고 있는 것이다"라고 하는 의미가 있다. 이것이 '한일모델'의 근저에 있는 시야(perspective)이다.

이와는 달리 일본 혐한파 사고의 근저에는 "한일관계는 본래 내버려두어도 (양국 관계자가 다대한 노력을 하지 않더라도) 그저 양호하게 되어가는 것이다. 그런데도 한국인이 과잉으로 반일적인지라 분규가 일어나는 것이다"라고 하는 생각이 있다. 이러한 생각은 인간 행위의 의미에 대한 허무주의(nihilism)라고 해도 무방할 것이다. 이는 곧 인간의 꾸준한 행위에 의해 가까스로 파탄나지 않고 유지되고 있는 관계성에 대해 인간의 행위 없이도 같은 상태를 유지할 수 있다고 보고 있는 까닭에, 혐한파의 생각에서는 인간의 행위에는 의미를 둘 수 없는 것이 되어버린다. 국제관계에 있어서의 '반(反)홉스적=노장(老莊) 사상적 자연주의'라고 해도 괜찮겠다 싶다.

한편, 한국에서 'NO JAPAN'이나 '반(反) 아베'를 외치고 있던 세력도 한일관계의 실태를 제대로 알지 못한 채 거동하고 있었던 점은 마찬가지였다. 당시 한일관계에서는 한국만이 아니라 일본측에도 분노와 불만이 상당히 축적되어 있었다. 뒤에서 언급하듯이 이는 주로 1910년부터 1945년까지의 조선이 '병합식민지'였다고 하는 사실을 무시하고 한국측이 일방적으로 자국 형편에 편리한 역사만을 고집하고 있는 점에 기인하고 있다.

문재인 정권 때에는 역사를 다양한 관점으로부터 본다고 하는 당연한 자세를 취하지 않았기 때문에 역사인식이 인식이 아니라 '경직화된 운동'이 되어 버렸다. 그것은 어쩌면 지배를 당하고 폭력을 행사당한 측으로서는 어느 정도 당연한 것일지도 모른다. 따라서 일본측은 자신들의 쌓인 분노를 가능한 한 토로하지 않고 파탄이나 파국을 피하려고 노력해 왔다. 그렇게 노력해 온 과정(process)이 가까스로 한일관계를 이루어져 오게 했다고 하는 인식이 한국의 반일세력한테는 결정적으로 결여되어 있었던 듯하다. 한일관계는 내버려두면 모두 한국의 형편에 맞게 편리한 대로 나아가게 되는 것은 아니다.

그렇다고는 하나 한국의 반일파도 일본의 혐한파도 자신들의 울분(또는 쌓인 분노)을 토로할 권리는 있으며 그러한 토로를 억압할 권리는 누구에게도 없다. 그 울분을 토로하는 것 또한 '한일모델' 틀 속의 행위이기 때문이다. 다만 그 토로의 배후에 한일관계 현실에 대한 무지(無知)가 가로놓여 있을 때 위기는 다가온다.

2 '병합식민지'란 무엇인가?

한일관계가 이상(理想)적이었던 적은 한 번도 없다. 1998년 10월에 한 번 매우 좋은 관계성을 나타낸 적이 있었지만 오래가지 못하였다.

이는 당연한 일이기도 하다. 왜일까? 한국과 일본은 원래 대등한 관계가 아니었고, 제2차세계대전 이전(해방 전)에는 일본이 한국을 지배했으며, 전후(해방 후)에 일본은 패전국으로서 연합군사령부(실질적으로 미국)에 그 운신의 폭을 계속 속박당하고 있었기 때문이다.

다시 말하지만 한일관계는 내버려 두면 양호해지는 것이 결코 아니다. 아무것도 하지 않으면 파탄과 상호증오와 폭력의 관계로 빠져버릴 터였던 것이다. 이것이 초기설정(default)인 거다. 양호한 관계가 디폴트가 아니다. 그 디폴트를 무엇인가의 방법으로 가까스로 관리(management)해 온 것이 전후(해방 후) 한일관계의 본질이었다.

그러하기에 파탄과 상호증오와 폭력의 관계에 빠지지 않았다는 것 자체가 가치있고 의미있는 일이었다. 그 가치의 실현을 위해 실로 다수이며 다양한 실행자들(actors)이 다방면에서 노력하여 왔다. 이러한 현실을 직시하여야 한다.

물론 한국과 일본이 서로 완전히 주체적이고 적극적으로 한일관계 구축을 해 온 것은 아니었다. 양국 관계에 있어 미국의 역할을 과소평가할 수는 없다. 만약 미국이라는 존재가 없었다면 한일은 자제적이었다기보다 더욱 감정적이 되고 폭력적으로 되어 있을 가능성도 있다.

하지만 냉전 구조와 미국의 개입이라는 제3의 힘만이 중요한 역할을 한 것은 물론 아니었다. 한국과 일본은 서로의 국익 추구나 여론에 의한 제약이라는 틀 속에서 필사적으로 매니지먼트(관리) 해왔다고 하는 점을 과소평가해서는 안 된다.

한일의 비대칭성은 앞서 언급하였듯이 일본에 의한 한국의 지배라는 폭력에 연원(淵源)을 두고 있다. 그러나 전후(해방 후)가 되고 나서의 관계성은 지배—피지배라는 단순한 관계가 아니게 되었다. 그 관계성은 "1910년부터 1945년까지의 시기를 어떻게 보는가?" 라는 것을 둘러싸고 양국 간에 현저한 비대칭성이 나타났다는 데 기인하고 있다.

그 관계성에는 '병합(倂合)'이었는가, '식민지'였는가 하는 견해의 대립
이 있다. 일본에서도 전후 내내 '병합'파는 많지 않았고 '식민지'파가
많았다. 그러다가 최근 10년 정도는 보수정치가나 혐한파 세력으로
인해 '병합'파가 현저하게 늘어났다.

나는 이 시기의 조선을 '병합식민지'라는 개념에 의해 새롭게 인식
하려 하고 있다. 1910년 한국병합으로부터 1945년 해방까지의 기간은
단순한 식민지였던 것이 아니고, 또는 단지 병합한 것만도 아니며 '병
합식민지 시기'였던 것이다. 그 기간의 조선이 '병합식민지'이다. 이
(병합이기도 하고 식민지이기도 한) 이중적인 성격을 정확히 이해하여야 한
다. 그렇지만 그것은 쉽지 않은 일이기도 하다.

이 시기가 식민지였다고 하는 관점에서 보면 한국이 일본에 불만
을 품지 않을 이유는 없다. 그러나 한편으로 병합이었다고 하는 관점
에서 보면 일본이 한국에 불만을 품지 않을 이유는 없는 것이다. 그 둘
의 의미를 갖는 '양의성(兩義性)'을 한일 양국 국민은 좀처럼 이해하지
못하고 있다. 예를 들어 한국에서는 이 시기에 살았던 사람들을 '친일
파'라든가 '항일의 영웅' 등으로 뚜렷하게 구분하여 인식하고 있는데,
이는 인간이라고 하는 것에 대한 오해에 기초하고 있다.

인간은 주체와 객체의 '점차적 이행 변화(gradation)'이다. 예를 들어
대표적인 독립운동가·불교개혁자·시인이었던 한용운은 항일의 영웅
이기도 했고 동시에 항중(抗中)의 친일파이기도 했다. 이 사실은 1970
년대에 편찬된 그의 전집을 읽으면 모두 적나라하게 알 수 있는 일이
다. 1970년대에는 "인간이란 그러데이션이다"라는 인간관이 한국에서
유지되고 있었다. 그러다가 1990년대가 되어 '한용운 친일 논쟁'이 요
란하게 전개되었다. 1990년대에는 인간관이 극히 단조롭고 무미건조
한 사고방식으로 바뀌어 버린 것이다(일본어로는 편평한 판자라는 '평판(平
板)'이란 말이 '변화없고 단조로운 것'의 의미로도 사용된다).

역사의 무게란 무엇일까? 고뇌하면서 역사를 살아온 사람들에 대한 경의가 상실되었을 때 역사를 자의적으로 해석하고 인간을 객체화하는 '역사놀이'가 횡행한다. 역사를 살아온 인간, 특히 '병합식민지'라고 하는 복잡한 관계성을 살아온 인간을 단순하고 단조롭고 무미건조한 사고방식'의 시야(perspective)로 이해하는 것은 해당 인간의 존엄을 훼손하고 있다고 해도 괜찮겠다 싶다.

3 '한일모델'이란 무엇인가?

제2절에서 언급한 바와 같은 복잡한 곤란성을 안고 있으면서 전후(해방 후) 한국과 일본은 그 나름대로 관계성을 계속 구축하여 왔다.

나는 이 관계성을 '한일모델'이라는 이름으로 부르고 있다(일본측에서 부를 때에는 '일한모델').[1] 기능면을 강조하여 말하자면 식민지 지배·피지배의 사후처리와 관련된 한일모델이라고도 부를 수 있으며, 가치면을 강조하여 말한다면 '화해와 번영과 평화를 위한 한일모델'이라고도 부를 수 있다.

'한일모델'이라 함은 다음과 같은 것을 가리키고 있다.[2]

---

1 이에 관해서는 「한국일본학회 제92회 국제학술대회」(2016년 2월 13일, 서울)의 기조강연에서 정식으로 제언하였고 그 후 大西裕・樋口直人의 공저 『嫌韓問題の解き方 ステレオタイプを排して韓国を考える』(혐한문제의 해법 — 스테레오 타입을 배제하고 한국을 생각한다)(朝日新聞出版, 2016)에서도 발표했다. 위 서울 학술대회에서는 긍정적인 반응을 얻었다. "이런 얘기를 일본인이 말해주길 바랬었다"라는 반응도 있었다. 또 북한과의 관계라고 하는 문맥에서는, 藤原書店의 계간지『環』연재 「北朝鮮とは何か?」(북한은 어떤 존재인가?)의 제7회로 하여, 2014년 가을호(59호)에서 상세히 설명했다. 이것은 후에 『北朝鮮とは何か−思想的考察』(북한은 어떤 존재인가? − 사상적 고찰)(藤原書店, 2015)에 수록되었다.

2 이 절의 서술에 관해서는 小倉紀蔵 『北朝鮮とは何か−思想的考察』(북한은 어떤 존재인가? − 사상적 고찰)(藤原書店, 2015)에서 보다 상세히 논하고 있다. 보다 상세한 설명은 이 서적을 참조 바람.

일찍이 식민지 지배를 한 국가와 지배를 받은 쪽(독립 후에 주권국가로 되고 있다)이 지배가 끝난 다음에 화해를 성립시키는 과정(process)으로서 아래와 같이 대처하는 것이다.

① 우선은 경제나 안전보장 등의 현실적인 문제 해결을 위해 국가 간 수교관계를 맺는다.

② 이 때에 역사문제로 사후에 마찰을 일으키지 않도록 개별 이슈 별로가 아니라 포괄적으로 "모두 최종적으로 해결했다"는 문구를 담는다.

③ 지배한 측은 지배받은 측에 다액의 '경제협력금'을 지불한다. 그것만이 아니라 상대국의 경제적 발전을 위해 적극적으로 기술 공여를 한다. 시작 당시는 '경제적 재종속화' 등의 비판이 제기되겠지만 그것을 극복하고 경제관계의 수평화를 향해 쌍방이 노력한다.

④ 역사문제의 개별 이슈에 대하여는 피지배국 측의 국내 문제로서 개인 보상을 실시한다. 그 보상 재원으로서 ③의 경제협력금이 충당된다.

⑤ 위와 같은 큰 틀을 정한 다음 개별 이슈가 나왔을 때에는 그 때마다 성실하게 대응한다. 배상이나 개인보상에 관해서는 "국교정상화 시점에서의 청구권협정에 따라 모두 해결 종료"라고 하는 상호 양해 하에 새로운 조치는 하기 어려우나 그에 준하는 조치를 모색한다. 즉 상대방으로부터의 요구를 거절하지는 않는다. 역대의 정권은 될 수 있는 한 성의를 갖고 개별 이슈에 계속 대처한다.

이상이 '한일모델'의 기본적인 틀이다. 1965년의 한일기본조약과 청구권협정의 틀에 의해 구축되어 온 모델이기 때문에 이 '한일모델'은 이른바 '1965년 체제'와 표리일체라 하여도 무방하다. 이 모델은 확실히 한국측으로부터 본다면 과거의 폭력을 일본이 깔끔하게 총괄하고 있지 않은 것이기 때문에 미흡하고 불만일 것임은 이해할 수 있다. 그러나 1965년 시점에서 병합식민지 지배의 책임을 통감하고 그것을 사죄하고 배상한다고 하는 행위는 일본만이 아니라 다른 지배측 국가에서도 무리한 일이었을 것이다.

한일모델이 불충분하고 부도덕하기 때문이라 하여 부당하게 과소평가 하는 것은 잘못이다. 한국과 일본은 이 현실적인 틀에 따라 그 나름으로 이해와 신뢰를 쌓아온 것이며 한국은 비약적인 발전을 할 수가 있었다.

이 '한일모델'은 이상적이지는 않았다. 오히려 결함투성이였다고 해도 좋을 것이다. 최대의 결함은 구 지배자 측에 의한 사죄와 반성의 표명이 결여되어 있었다는 점이다. 한국측은 여기에 초점을 맞추어 쌓인 분노를 표출했다. 그러나 이 모델을 무의미한 것으로 하여 내버리고 갈 수는 없다. 왜냐하면 한국과 일본은 이 토대 위에서 한 걸음씩 전진하여 왔기 때문이다. 그 전진을 과소평가해서는 안 된다.

'한일모델'의 다른 하나의 결함은 1965년 시점에서 일본 좌익이 반대하였듯이 한반도 절반 국가와의 합의였다고 하는 점에 있다. 이 모델에 따라 1965년 이후의 일본은 분단된 두 국가 중 한쪽과만 너무 밀접한 관계를 구축해 버렸다. 이 점은 역으로 한국한테 다대한 부담을 떠안기고 있다. 비대칭성은 과도한 수준에 달하면 그 비대칭성으로 인해 이익을 얻고 있는 쪽에 도덕적 부담을 주게 된다. 북한은 일본으로부터 일체 이익을 얻고 있지 않기 때문에 정통성 경쟁에 있어 한국은 북한에 비해 불리한 입장이 된다.

따라서 우리는 향후 '한일모델' 외에 그것을 답습하면서 수정한 새로운 '북일모델'(일본어 표현으로는 '일북모델')을 북한을 상대로 하여 구축하는 일을 해야 한다. 즉 '한일모델'에 있어 결함이었던 부분을 정확하게 인식하고 그것을 바탕으로 새로운 '북일모델'을 만드는 것이다. '북일모델'의 개략을 말하면 다름 아닌 다음과 같은 것이 될 것이다.

① 안전보장이나 경제 문제와 함께 처음부터 역사문제에도 정면으로 진지하게 대처한다.
② 역사문제는 이제까지 논의되고 실천된 것을 충분히 감안하고 상호 납득이 가는 접점을 존중하여 포괄적으로 해결한다.
③ 한번 결정된 합의에 관해서는 상호 신뢰를 바탕으로 최대한 존중한다. 다만 관계성을 공고히 고정화하기보다도 항상 새로운 관계성의 생성을 도모해 간다.

'북일모델'과 '한일모델'의 가장 큰 차이는 역사의 청산이라는 요소를 처음부터 전면적으로 받아들인다고 하는 점이다. 그에 따라 이 '북일모델'은 탈식민주의(post-colonialism)라는 세계 인식의 틀이 부상하고 나서 세계 처음으로 구 종주국과 피지배측의 쌍방이 생산적인 미래를 이루어 가기 위한 중요한 화해 프로세스로서 세계로부터 주목을 받을 것이다(포스트 콜로니얼리즘은 "식민지 시대의 부(負)의 유산을 식민지배를 받은 지역 사람들의 시점으로부터 포착하는 사고방식"을 말한다(『広辞苑』)).

'북일모델'로 인해 한국은 손실이 아니라 이익을 얻을 것이다. 한국과 북한의 비대칭성을 시정할 수 있다고 하는 것은 정통성 경쟁이라는 관점에서 볼 때 한국의 도덕적 부담을 덜어주기 때문이다.

4 화해는 프로세스다

불완전한 틀이기는 하였으나 '한일모델'을 통해 한국과 일본이 이제까지 실천해 온 것은 한마디로 말하면 양국 간 독자적인 '화해'의 심화였다고 말할 수 있다.

그렇다면 화해라 함은 무엇을 뜻하는가?

나의 기본적인 시점(視點)은 다음과 같다(일본어에서 시좌(視座)라 하고 있으나 여기서는 시점으로 표기하기로 한다).

【시점 1】전후(해방 후)의 한일관계는 대립이나 마찰 또는 유화(宥和)를 반복하면서 양국 사회가 함께 인간 개념을 성장시켜 온 실천의 과정이었다. 이 '인간의 성장'이라고 하는 실천의 전체야말로 한일 화해 프로세스인 것이다.

한국과 일본은 전쟁이나 무력적 분쟁이라는 수단을 행사하지 않고 자신의 불만과 울분을 서로 주장하여 온 것이며, 그 주장의 폭과 심도에서 세계적으로 보아도 의미 깊은 수준을 유지해 왔다. 병합식민지 지배 실태 연구나 위안부 문제 등에 관한 양국 민관(民官) 쌍방의 구체적 주장은 세계의 다른 국가나 지역에서는 아직 도달하고 있지 않은 수준을 꾸준히 유지하고 있다. 양국 국민은 이렇게 유지해 온 점을 객관적이고 또 냉정하게 인식하여야 한다. 즉, 한일은 표면적으로는 '나쁜 관계'에 있는 듯이 보이지만 그 실태는 서로의 세계관이나 인간관을 성장시킨다고 하는 의미에서 상호성을 갖고 있는 것이다. 세계의 다른 식민지 지배·피지배 관계에 있던 국가나 지역의 관계가 아직도 현저한 비대칭성을 유지하고 있는 것에 비한다면 한일 간의 높은 상호성 수준은 대서특필해야 한다고 생각된다.

【시점 2】화해라 함은 "갈등을 겪거나 분쟁 상태에 있거나 했던 당사자끼리 다양한 관계성을 구축하여 나아감에 있어 상호 간에 존엄을 회복하여 가는 프로세스이다"라고 정의한다. 여기서 당사자, 곧 존엄의 주체는 개인 및 국민이기도 하며 그 밖의 실행가들(actors)일 수도 있다.

화해라고 하면 보통 갈등이나 분쟁 상태에 있던 당사자끼리 사죄나 배상 등을 통하여 관계를 정상화하는 것으로 생각되고 있다. 그러나 화해를 '관계성의 확정 작업'이라고 치부해 버리면 그 화해 자체가 무언가 경직성을 가져와 '화해를 강제한 쪽'과 '강제당한 쪽'이 불가역적으로 고정되어 버린다. 개인 간의 법적인 화해의 경우는 그리해도 괜찮을 것이다. 실행가(actor)가 개인 A와 개인 B라는 법적인 단위일 경우에는 법적·사회적 관계성의 고정은 가능할 터이다. 하지만 국가 간 관계의 경우 그 구성원은 한일 간의 예로 하여 말하면 1억 수천만 명이 되며, 이미 사망한 국민도 포함하면 그 수는 더욱 방대한 인원이 된다. 이들 모든 사람들이 화해에 관여하여야 하기 때문에 개인 간처럼 일의적으로 관계성을 확정하는 것은 원리적으로 불가능하며 억지로 그와 같은 확정을 하는 것은 바람직하지도 않다.

화해는 어디까지나 프로세스(과정)라고 생각해야 하는 것이다. 무엇을 향한 프로세스인 것인가? 아마도 거기에는 종결점은 없다. 텔로스(telos: 궁극의 목적)를 향한 운동으로서 화해를 포착할 때 당사자들끼리의 갈등과 분쟁은 오히려 증대될 것이다. 화해는 당사자끼리가 대등한 관계를 구축하는 데 이르는 실천 프로세스이다. 이때 '이르다'라고 하는 것을 고정적이고 확정적인 목표(goal)에 도달한다고 생각하는 것은 좋지 않다. 왜냐하면 '대등한 관계'라 함은 고정적 관계성으로서의 의미는 아니기 때문이다. 관계성은 늘 움직이고 변화하고 있다. 그것을 억지로 고정하지 않고 변동하는 흐름의 한순간 한순간에 당사자들의 다양한 존엄이 뚜렷이 드러날 것을 절실히 바라는 바이다. 그와 같은 관계성이 생성되어 움직이는 와중에 대등한 관계는 나타나야 하는 것이다.

화해, 대등, 존엄이라는 개념을 이처럼 동태적으로 이해하는 것이야말로 한일관계의 역사로부터 우리들이 배워온 것이다. 즉 기존 무언가의 사상적 이념이나 개념 등을 한일관계사(史)에 적용시켜 이해하려고 하여서는 안 된다. 오히려 우리는 처음에 뭐가 뭔지 모르는 혼돈 상태로부터 전후(해방 후) '한일관계'라는 것을 개시하여 늘 뭐가 뭔지 모르는 프로세스 가운데 결정적인 결렬이나 갈등으로 빠지지 않도록 하는 관계 구축을 그저 부대끼며 모색해 왔다. 그런 시간의 흐름 속에서 한일 양국의 모든 국민이 대등성이나 존엄성을 느낀 적은 아마도 없었다. 그러나 어떤 때에는 어떤 당사자가 존엄을 느끼고, 또 다른 어떤 때에는 어떤 다른 당사자가 존엄을 느끼고…… 하는 식으로 유동하고 변화하면서 '한일관계'는 계속 생성되어 왔던 것이다. 그 프로세스야말로 중요한 것이지, 궁극의 목적에 도달하고 있지 않기 때문에 한일관계는 무의미했다는 식으로 생각해서는 안되는 것이다.

【시점 3】화해에는 두 가지 위상이 있다. 우선, 실제로 눈 앞에 갈등이나 분쟁이 있을 때 사람은 그것을 해결하려고 노력할 것이다. 그 노력에 따라 가져오게 되는 관계 개선의 프로세스 자체를 화해1이라 부르기로 하자. 그렇지만 화해에는 이와는 다른 위상이 있다. 갈등이나 분쟁을 해결하는 프로세스만이 아니라 당사자들이 관계함에 따라 상호 인간으로서 성장하고 발전해가는 영위 과정 총체를 화해2라 부르기로 하자.

구체적으로 갈등·분쟁을 해결하는 것만이 화해인 것은 아니다. 갈등이나 분쟁의 해결은 중요한 화해1이지만, 그것만을 화해라고 여겨 버리면 당사자의 관계성이 갖는 다면적인 성격을 포섭할 수 없게 되어 버린다.

예를 들어 한일관계에 있어 역사문제만이 화해의 영역이라고 생각하는 것은 잘못이다. 양국 간의 화해는 양국 간 관계성 전체에 걸친 화해인 것이지 특정한 문제에 관한 화해는 아니다. 그러함에도 역으로 어떤 특정 문제에 관한 화해의 곤란이 양국 간 전체의 관계성에 과잉적으로 영향을 주고 있는 것은 본말이 전도된 것이다.[3]

이는 가해국으로서의 일본의 주장을 대표하지는 않는다. 원래 1965년 한일기본조약을 체결하였을 때부터 한국측의 요구로서는 역사문제만이 아니라 경제발전이나 사회 인프라 정비 등의 문제 또한 아주 중요한 측면으로서 거론되고 있었다. 일본측은 역사반성 측면에 관해서는 극히 인색하였으나 경제협력의 측면에 관해서는 적극적이었다. 그 이유는 일본이 부도덕했기 때문이 아니다. 즉 "일본이 부도덕했기 때문에 역사의 반성을 하지 않은 것이다"라는 한국측 해석은 옳지 않다. 일본은 화해의 다면체 가운데 역사의 반성이라는 측면을 경시했을 뿐이다. 그러다가 1990년대에 일본은 역사의 반성이라는 측면을 전면에 내세워 화해 프로세스를 실천하게 되었다. 위안부 문제의 사죄나 식민지 지배 반성이 이 시기에 적극적으로 이루어졌다. 이 또한 화해의 다면체 가운데 이루어진 선택이었다.

---

3 하지만 이 본말이 전도된 사태 또한 관계성의 총체 중 일부이므로 화해2의 영역인 것이다.

5 새로운 가치를 향하여

한국과 일본은 서로 간에 관계 구축의 여러가지 실천과 운동을 해 왔다. 이 두 나라에서는 예를 들어 1965년과 현재(2023년)를 비교할 때 크게 다른 '국민' '시민' '여성' '인권' '타인' '사회' '공·사(公·私)'관(觀) 등이 구축되어 왔다. 한마디로 말하면 '인간'이나 '여성' 등과 같은 개념을 양국은 갈등이나 분쟁이나 유화의 관계성을 간직한 채 늘 끊이지 않고 성장시켜 온 것이다. 이 사실은 아주 중요한 의미를 갖는다. 전후(해방 후) 한일관계를 총체적으로 인식하고 평가하기 위해서는 그 동안 무시·경시되어 온 이러한 사실을 명확히 하고 그것을 적확하게 평가하여야 한다. 한일 쌍방의 제반 실행가들(actors)이 이 사실인식을 공유하는 것은 이제까지 자주 주장되어 왔으면서도 구체적 내용이 결여된 채 구호(slogan)에 머물러 있던 '미래지향적인 한일관계'를 내실화하는 데에도 중요한 역할을 해낼 것임에 틀림없다.

여태까지의 인식에서는 예컨대 1965년의 한국인 및 일본인과 현재의 그들이 마치 모두 '같은 인간 개념'을 공유한 존재자이기나 한 것처럼 서술되어 왔다. 그런데 "과연 그 전제는 옳을 것일까?"라고 하는 문제의식이 중요하다.

"인간 개념은 항시 구축되고 있다"는 전제하에, 전후(해방 후) 특히 1965년 한일기본조약이 체결된 해부터 현재까지 한국인 및 일본인의 '인간 개념'이 양국 사회의 상호 갈등이나 마찰이나 유화 가운데 어떻게 변천되고 구축되어 왔는가를 분석하여야 한다. 거기에 인류 전체로서의 새로운 가치, 새로운 인간관, 새로운 철학이 틀림없이 뚜렷하게 드러나게 될 것이다.

중요한 것은 한국과 일본이 이와 같은 인간 개념 또는 자아 개념 변화에 서로 크게 관계함으로써, 즉 재일코리언의 인권문제나 위안부 문제 등을 다루는 관계 구축과정을 통해 재귀(再歸: 본디로 다시 돌아옴)적으로 초래되었다고 하는 인식이다. 이들 문제에 관해 진지하게 논의하고 실천하는 일이 없었다면 양국에 있어서의 인간 개념이나 자아 개념의 변화는 아마도 현재와 같이 진전되지는 않았을 것이다. 이러한 인식은 이제까지의 제반 연구에서 결정적으로 결여되어 있었던 것은 아니었나 싶다. 전후(해방 후) 한일관계에 있어 이와 같은 변용을 분명히 하는 것이 중요하다는 점을 인식해야 한다.

전후(해방 후) 한일관계는 우여곡절을 거듭 겪어가며 진전되어 왔다. 이러한 전후(해방 후) 한일관계의 역사에 관한 연구는 한일 양국에서 이미 많은 분야의 방대한 축적이 있으나 그것들은 거의 대부분 실증연구에 집중하고 있다.

신뢰할 만한 귀중한 실증연구의 업적이 수없이 많이 축적되고 있는 것은 한일 학술계로서 자랑할 일이지만, 한편으로 사상·철학적 관점으로부터 접근하여 새로운 인식의 틀을 구축하는 시도가 극도로 적은 것은 학문 전체가 나아가야 할 지향점에서 볼 때 문제이다. 그 결핍을 메우는 시도는 한일관계와 관련된 장래의 학문 그 자체를 위해서도, 또 한국과 일본이 어떻게 미래지향적으로 나아갈 것인가를 뒷받침하는 학문의 사회적 역할, 나아가 학자의 사회적 책임이라는 관점으로부터도 중요성을 지닌다.

6 마무리

한국과 일본이 전후(해방 후) 쌓아 올려온 상호 성장의 궤적을 너무 과소평가하는 것은 양국관계만이 아니라 인류 전체에 대한 불성실이 된다. 그 이유는 다음과 같다.

일본은 한국으로부터의 엄격하고 또한 고도로 근원적인 물음과 주

장에 응하여 서양의 식민지 지배에 대한 서양 제국(민)의 반성의 깊이
보다도 훨씬 심도 있는 반성을 실천하여 왔다. 비록 그 실천이 실패
하거나 불충분한 것이었다 하더라도 그 실패나 불충분함을 포함한 실
천의 궤적을 기록하고, '새로운 인간 개념의 창조'와 그것을 통한 '새
로운 사회 창조', '새로운 양국 간 관계 창조'라고 하는 고통스럽고 의
미 있는 과정을 시행착오를 거쳐가며 걸어왔다고 하는 사실을 정확
히 제시하는 것은 인류사의 관점에서 극히 중요한 의미를 갖고 있다.

　오늘날 세계인들은 '세계적 규모의 난민·이민의 비참한 처지', '구
식민지 지배하에 있던 나라들이 '국민'을 창출해 나아가는 과정에서
초래하고 있는 내전(內戰), 기아, 집단살육(genocide)', '세계적 규모의 테
러리즘'이라는 심각한 문제들로 시달리고 있다. 이러한 문제들이 한일
의 '위안부' 문제 등과 동질의 의미를 갖는 식민지 지배·피지배의 사후
처리와 관계되는 문제임을 오늘날의 세계인들이 이해함에 있어 한일
이 쌓아올려온 상호 성장의 궤적은 중요한 공헌이 될 것이다.

　전후(해방 후) 한국과 일본의 관계성 실천을 '식민지 지배·피지배
의 사후처리와 관련된 한일모델', '화해와 번영과 평화를 위한 한일모
델'로 제시하는 것이 왜 그리도 중요한 것인가? 이제까지 한일문제는
오로지 독일과 구 연합국과의 관계를 비교축으로 하여 논의되어 왔
다. '한일모델의 제시'는 그러한 "이제까지의 인식·평가 틀의 일면성
을 시정하기 위해서"라고 하는 이유가 있다. 영국, 프랑스, 네덜란드,
스페인, 포르투갈 등의 서양 제국도 장래에는 식민지 지배와 그 사후
처리의 문제에 틀림없이 직면하게 될 것이다. '한일모델'의 제시는 이
들 국가들이 직면할 문제를 '인간' 개념의 참모습, 그 변천, 그것이 가
져오는 사회관·국가관·국제관계관의 변용이라고 하는 과거로부터 미
래를 내다보는 광의의 '미래지향' 시점에서 고찰하는 데에 큰 도움이
될 거라 생각된다.

'한일모델'은 타협의 방법론이 아니다. 지배한 자와 지배를 받은 자가 대등한 관계에서 서로 비판할 수 있는 관계를 만들어가는 과정이 '한일모델'인 것이다. 이 과정은 참으로 고통과 곤란이 가득 넘친 길이었으며 앞으로도 계속 그러할 것이다. 그렇다고는 하나 한일 양국은 이 고통에 찬 화해와 번영과 평화의 길을 더욱 걸어갈 수밖에 없다.

향후 한국과 일본이 공동으로 대처해야 할 일이 많은데, 나로서는 다음 세 가지가 가장 중요하다고 생각하고 있다.

첫 번째 테마는 '역사의 직시·기억·반성'이다. 이 작업은 앞으로도 꾸준히 방심하지 않고 이어가야 한다. 이 작업시에는 1910년부터 1945년까지는 단순한 식민지도 아니고 단순한 병합도 아닌 '병합식민지'라고 하는 아주 복잡한 관계성이었다고 하는 인식을 토대로 하여야 한다.

두 번째 테마는 '근대의 극복'이다. 동아시아는 근대적 의미에서는 성공한 지역이라고 말할 수 있을지 모르겠으나, 근대의 폐해에 대해서는 아직 그 극복 작업의 초입에 이르렀을 뿐이다. 근대의 폐해를 극복하는 작업을 한국과 일본이 주도해 나아가야 한다. 과도하게 나아간 자본주의, 소득격차, 젠더, 고령화, 저출산, 지구 환경문제 등에 한일이 함께 대처해가야 할 것이며 실제 그 준비가 충분히 되어 있기도 하다. 특정 이슈가 이 창조적 관계성을 파괴해서는 안 된다. 한일이 세계를 선도하여 넓은 의미에서의 지구윤리를 구축해 나아가야 하는 것이다.

세 번째 테마는 '철학의 구축'이다. '역사의 반성' 프로젝트를 우리는 향후도 더욱 진행해 가야 하는데 그러기 위해서는 철학이 필요하다. 역사는 인간이 만드는 것임에도 불구하고 우리들은 '역사 보는 눈'을 아직껏 지니고 있지 않다. 서양의 인간관으로 역사를 보고 있는 것이다. 그러한 인간관을 근본부터 바꾸어야 한다.

우리들은 화해를 당연한 전제로 할 수는 없다. 어떤 사람들 사이의 화해가 다른 사람들에게는 폭력이 될지도 모르기 때문이다. 우리들은 "화해란 무엇인가?"라는 물음, 그리고 그 가능성과 불가능성으로부터 주의깊게 근원적으로 사고해 볼 필요가 있다. "인간이란 무엇인가? 생명이란 무엇인가? 역사란 무엇인가?……." 조급한 마음을 가라앉히고 함께 차분히 대화하고 생각하며 나아가야 한다.

더불어 세계에서 가장 높은 수준의 '앎[知]의 공동 작업'을 한일 양국의 사람들이 과감히 수행해 가야하는 것이다

7 질의 응답 : 코멘트에 답한다

여기까지의 글은 2021년 10월 22일에 개최된 심포지엄 '한일관계의 바람직한 모습'(온라인 주최: 주요코하마 대한민국 총영사관)에서 발표한 내용이다. 또한 이 중 제3절('한일모델'이란 무엇인가?) 제5절(새로운 가치를 향하여), 제6절(마무리) 부분은 다른 곳에서 이들 테마에 관해 이미 구두나 논문으로 발표한 것과도 중복되는 내용이 포함되어 있음을 명기해둔다.[4] 양해를 구하고 싶다.

위 심포지엄에서는 권용석 히토츠바시(一橋)대학 교수 및 남기정 서울대 교수가 나의 발표에 관해 코멘트를 해 주었다. 이하에서는 이들 코멘트와 그 답변을 싣기로 한다.

우선 권용석 교수는 "한일모델이 향후도 지속 가능한 모델이 될 수 있는가?"라는 물음을 제기했다. 그는 '한일모델'을 '65년 체제'와 동

---

4 각주1 및 각주2에 기재한 것들 외에도 다음 논문과 중복되는 부분이 있다. 小倉紀蔵, 「'1965年体制'と'日韓モデル'」('1965년 체제'와 '한일모델') 『エトランデュテ』 제3호, 2020년, pp.77-95.

일시하여 그 전제에는 "일본이 위이고 한국이 아래, 일본이 강이고 한국이 약, 형제나 사제(師弟) 같은 관계"가 있다고 생각한다. 거기에는 '한미일'의 틀에 충실히 따른 한국의 행동이 있었다며 "이 전제하에 일본측은 '화해 프로세스'를 전개할 수 있었고 '관용함'을 보일 수가 있었다. 그렇지만 한국이 약진하고 부분적으로 일본을 추월하며 자주성, 주체성을 추구할 수 있게 되자 일본측도 '한일모델'로부터 일탈하는 움직임을 보이고 있다"고 분석한다. 그런 연후에 다음과 같은 제언을 한다. "종래의 '한일모델'을 평가하면서도 그 한계를 극복하기 위해 '북일모델'적 요소를 가미하면서 한일관계의 구조적 변화, '대전환기'에 적합한 '새로운 한일모델'을 재구축하여야 하는 것은 아닌가?"

아주 중요한 지적을 권용석 교수가 해 주었다고 본다. 그 지적에 대한 나의 답변은 이하와 같다.

먼저 '한일모델'은 '1965년 체제'와 표리일체(表裏一体)이기는 하나 그것과 같지는 않다. '65년 체제'는 주로 정치·외교·경제의 틀에 관한 규정이며 따라서 그 틀을 미국이 통제하여 왔다는 역사가 있다. 이와는 달리 '한일모델'이라는 것은 그 틀을 중시하면서도 구체적인 주체로서 한국과 일본이 접촉하며 양국민이 갈등을 겪고 유화(宥和)하고 성장하여 온 과정 모두를 가리키는 것이다. 정치·외교적인 틀의 성립·유지·수정에 관해 아무리 미국의 역할이 중대하였던 간에 실체적으로 관계를 구축하여 온 것은 한일 양국의 살아 피가 통하는 인간들이며 그 모든 실천이 귀중한 '한일모델'인 것이다.

나아가 중요한 것은 이 모델은 '좋은 모델'만을 의미하는 것이 아니다. 모범형으로서의 모델도 아니고, 이상형(理想型: ideal type)으로서의 모델도 아니며, 규범으로서의 모델도 아니다. 관계 구축 과정(process) 속에서 겪는 실패와 좌절 등 부정적(마이너스) 측면도 모두 포함한 양국의 경험 총체가 '한일모델'이다. 일찍이 제국주의 편에 있던 서양 국가들이 향후 틀림없이 직면하게 될 구 식민지측 국가들과의 곤란한 관계 구축에 즈음하여 한일의 성공과 실패를 모두 포함한 프로세스 목록이 바로 '한일모델'인 것이다.

따라서 한국이 '한일모델' 안에서 경제발전을 하고 문화적·사회적으로 눈부신 성과를 거두고 있는 것에 대해, 구 종주국인 일본이 현재 보이고 있는 두드러진 당혹감, 초조감, 부인(否認)감정 또한 이 모델의 중요한 일부인 것이다. 1965년에 개시된 이 틀 자체를 파괴하는 듯한 부정적 언동이 아닌 한 모든 것들이 귀중한 언동이 된다. 한국의 발전에 대해 최근 일본이 보이고 있는 부정적(마이너스) 반응 또한 충분히 기록해 두어야 할 경험의 일부이다. 왜냐하면 그것은 구 종주국과 구 식민지라는 비대칭적 관계가 대등화 내지는 역전된다고 하는 인류사에 있어 극히 드문 경험의 귀중한 기록이기 때문이다.

구 종주국과 구 식민지라는 점에서 닮은 것으로서는 영국과 미국의 관계가 있다. 그렇지만, 19세기 제국주의에 있어서의 지배측과 피지배측과의 관계성 재구축이란 점에서는 한국과 일본이 인류 역사상 최초의 경험을 하고 있다. 일본인 가운데 일정수는 그 프로세스에 대해 당연히 100% 환영한다고 하는 태도를 취할 수는 없을 터이다. 처음부터 쌍수를 들고 받아들인다고 하는 태도 자체가 어찌 보면 부자연스럽다. 한국측은 이 점을 이해할 필요가 있다. 하지만 일본측도 마침내 사실을 받아들이지 않을 수 없게 된다. 그럴 때 어떠한 관계를 구축할 수 있을 것인가? 여기에 '한일모델'의 진정한 의미가 있는 것이다.

나아가 그 과정에서 일본은 '북일모델'을 밀고 나아가야 한다. 왜냐하면 일본이 병합식민지로 하였던 것은 조선 전체였는데 전후(해방 후)에 '한일모델' 가운데 관여(care)해 온 것은 한반도 남쪽 절반의 한국에 한정되어 있었기 때문이다. 달리 말한다면 일본은 전후(해방 후) 한국에 대해서만 지나치게 그 모델의 실행 과정이 이루어져 왔다. 그로 인한 남북 비대칭성은 극히 이지러진 것이 되고 있다. 이것이 한반도 불안정성의 한 원인이 되고 있기도 하다. 따라서 일본은 이제부터라도 북한에 대한 관여(care)를 적극적으로 해 나아가야 하는 것이다.

이어 권용석 교수의 코멘트에서는 내가 말하는 '병합식민지'에 관해 이하와 같은 내용을 담은 언급이 있었다.

'병합식민지'라는 생각을 한국측이 받아들이는 것은 용이하지 않다. 근년 일본에서는 '병합론'만에 의거한 역사수정주의가 만연하여 왔다. '합법, 부당'론으로부터 '합법, 정당'론하에서 "역사를 왜곡하고 있는 것은 한국측이다. 일본은 아무 것도 나쁘지 않다"는 말도 나오고, 역으로 일본이 피해자라는 언설이나 인식이 혐오발언들(hate speech)과 함께 유포되었다. 한일 간 반일·항일과 혐한·역사수정주의 사이에 티격태격(spiral)이 있어 왔다.

이상이 권용석 교수의 인식이다. 이에 관해 나는 아래와 같이 답변하고자 한다.

역사인식의 갈등은 그 자체가 무익한 것은 아니며 귀중한 프로세스라고 생각한다. 왜냐하면 어떤 실행가(actor)가 '올바른 역사'라고 성급하게 인식하는 것에 대해서는 다른 요인(factor)이 다른 시점으로부터 언제나 비판하여 간다고 하는 작업을 반복해야 하기 때문이다. 역사적 사실의 확정 및 그에 관한 해석의 확정이라는 작업은 정녕 곤란한 일이며, 이데올로기나 국가주의적·민족주의적 시각으로부터는 그 확정 작업이 불가능하다고 하는 것을 한일 양국은 배우지 않으면 안 된다. 하지만 그 배움은 단번에 이루어질 수 있는 것은 아니고 기나 긴 과정(process)이 필요한 것이다.

내가 보기에 '병합식민지'라는 극히 복잡한 양태를 인식하고자 할 때 한국측은 대체로 '식민지' 측면만을 보려고 하고, 근년 일본의 혐한파는 '병합' 측면만을 보려 하고 있다. 이는 단적으로 말해 잘못된 역사인식이다. 35년간의 시공간의 총체라고 하는 다면체를 자기 진영의 형편에 편리한 시야(perspective)로 밖에 보지 않기 때문이다. 역사인식이 국가나 민족이나 특정 집단의 이익을 위해 구축되어서는 안 된다. 역사라는 것이 본래 그러한 이익을 위해 요청된 장치라고도 말할 수 있다. 그러나 한국과 일본은 역사인식이라는 해결 곤란한 과제(aporia)를 둘러싸고 여태까지 인류가 도달하지 못한 수준의 논의를 전개해 나갈 능력이 있을 것이며 또 전개해 나아가야 한다. 그 전개를 위한 용기가 필요한 것이다.

권용석 교수는 코멘트 마지막에 '한일에서 발하는 세계표준(global standard)'이라는 말을 언급하였는데 그 말에 전적으로 동의하고 싶다. 우리는 아직 그 프로세스의 도상(途上)에 있다. 그렇지만 그 프로세스는 의미 없는 것은 아니며, 인류의 경험에 있어 커다란 의미를 지닌다는 강한 자각이 중요할 것이다.

이제 다음으로 남기정 교수의 코멘트에 대해서 답변하기로 하자.

남기정 교수는 "한일 공동과제로 '역사의 직시·기억·반성', '근대의 극복', '철학의 구축'은 순서에 따라 실천해야 하는 것인가? 아니면 동시 병행 과제인가?"라는 질문을 하여 주었다. 이에 대한 나의 답변은 다음과 같다.

이들 세 가지 과제는 서로 깊게 내재적으로 관계되어 있는 것으로 따로 떼어놓을 수 없다. '철학의 구축'은 물론 역사에 관한 내용만은 아니지만 적어도 그 일부는 "역사인식이란 무엇인가?"라는 물음에 답하여 가는 과정에서 단련되는 것이며 그것이 '근대의 극복'으로도 이어진다. 왜냐하면 '역사의 직시'라는 것은 지금까지와 같은 국가나 민족 혹은 특정 이데올로기나 규율(discipline)에 의해 일면적으로 해석된 역사도 그 전부를 부정하지 않고 동시에 "그것들로부터 어떻게 벗어날 수 있는가?"라는 것을 가리키고 있기 때문에 그것이야말로 새로운 존재론·인식론·역사철학의 창조로 이어져야 하는 것이다. 더욱이 국가주의적인 역사인식 자체가 근대적 세계관의 중요한 일부분이기도 하기에 그 인식을 변증법적으로 넘어서는 것이 '근대의 극복'으로 이어지는 것이다. 이러한 일들을 정력적으로 추진하면서 "삶을 살아가는 과정에서 영혼과 신체에 상처 받은 사람들의 존엄을 회복하기 위해서는 어떻게 하면 좋을 것인가?"라고 하는 실천으로 이어가야 한다.

2021년 10월 22일의 요코하마 심포지엄 때에는 온라인으로 참가한 일반인(한국인)으로부터도 나의 발표에 대해 긍정적인 반응을 받을 수 있어 기뻤다. 다만 "만약 일본이 마음에서 우러나오는 철저한 사죄를 확실하게 밝힌다면 한국인의 마음도 획기적으로 변화하지 않겠는가?"는 질문에 대해서는 시간이 없어 충분한 답변을 하지 못했다. 여기서 지면을 빌어 답하고자 한다.

나도 질문자와 같은 의견이다. 하지만, 동시에 다음과 같이도 생각한다. 그동안 일본은 식민지지배나 위안부문제 등에 대해 총리라고 하는 국가권력의 수뇌(top)에 위치한 사람이 사죄를 해왔다. 그 사실을 가볍게 보고 싶지는 않은 것이다. 한국측에서 보면 분명히 그 사죄에는 마음이 담겨 있는 듯이 보이지는 않을 것이다. 나로서도 더욱 마음이 담겨있어야 한다고 여기고 있다. 그런데, 마음이 담겨져 있는 듯이 보이는가 아닌가의 여부는 결국 주관의 문제이다. 중요한 것은 한 나라의 최고 권력자가 사죄와 반성을 표명하였다고 하는 사실이다. 우선은 이 일을 너무 가볍게 여기지 말아 주었으면 하는 것이다.

빌리 브란트 당시 서독 총리가 1970년 12월 바르샤바의 유대인 강제수용소(ghetto) 터에서 무릎을 꿇은 사진은 세계적으로도 또 한국에서도 잘 알려져 있다. 그 유명한 사진이 독일의 양심이라고 해석하는 것이 보통이다. 하지만 그때 브란트 총리는 말없이 무릎을 꿇었을 뿐이며 사죄의 말은 일체 하지 않았다는 점은 알고 있는지? 내가 한국인에게 물어본 결과를 말한다면 한일 역사문제와 관련된 어떤 학자도 그것을 알지 못했다. 브란트의 무언(無言)에는 깊은 의미가 담겨 있다. 왜냐하면 역사의 진상은 복잡한 다면체이기 때문이다.[5] 말로 발설해버리면 그 다면체의 복잡성을 훼손해 버릴 우려가 있다.

　구체적으로 말하면 독일과 폴란드와 유대인 관계의 복잡성을 단순화시켜버릴 우려가 있었던 것이다. 하여 브란트는 무릎을 꿇었지만 말로 발설하지는 않았다. 나는 단지 브란트의 이 태도가 옳다고 말하고 싶은 것은 아니다. 브란트의 이 태도가 독일적 모범으로 여겨지는 데에 문제가 있다고 말하고 싶은 것이다. 모든 정치적 의사표명은 정치적인 것이다. 무언을 관철한 브란트에 대해서는 비판해야 하고 또 받아들이기도 해야 한다. 이와 마찬가지로 일본 총리의 태도와 말에 대해서도 비판과 수용이 있을 수 있으나 전면적인 무시 혹은 전면적인 부정이라는 태도는 취해지지 않아야 한다.

　왜인가? 그것은 존엄이라는 개념과 관련되어 있는데 사죄하는 쪽에도 존엄은 있기 때문이다. 자기를 피해자로 규정하는 사람들은 '사과해야 할 사람=가해자'로 규정하고, 그 가해자에게는 존엄은 없다고 생각하기 쉽다. 그것은 인간의 심리로서 당연하다. 그렇지만, "사죄하는 인간에게 존엄은 없다"라고 여겨버리는 순간, 거기에는 사죄하는 측과

5　브란트의 '무릎 꿇음'은 나치에 의한 유대인 학살 때문이었다고 그는 분명히 말하고 있다. 그 외에 독일의 폴란드 침략, 폴란드에 의한 구 독일 동부로부터의 독일인 추방 등 복잡한 문제에 관하여는 붓다가 말하는 '무기(無記: 옳다고도 그르다고도 답하지 않음)'를 관철한 것이라 해석된다.

사죄받는 측에 어떠한 통로도 구축할 수 없게 되어 버린다. '존엄이 없다'라고 하는 것은 '인간이 아니다'라는 것을 의미하기 때문이다. 따라서 사죄받는 쪽이 사죄하는 측의 사죄로부터 무엇인가의 의미를 찾아낼 수 있기 위해서는 사죄하는 인간을 인간으로서 인정하는 것, 즉 존엄을 인정하는 것이라고 하는 고뇌에 찬 선택을 해야 한다.

사죄하는 측의 사죄 태도 여하에 관계없이, 즉 무언(無言)이라 하더라도 또는 무릎을 꿇지 않는다 하더라도 무엇인가 사죄의 의사표명이 있었던 점은 인정하여야 할 터이다. 그러한 프로세스가 없으면 그 후의 관계성 구축은 불가능해지거나 극히 곤란해진다. 나는 최근의 한국과 일본이 그러한 상황에 빠져 있어 왔다고 생각한다. 일본 최고권력자의 사죄를 한국측이 무시 내지 부정하고 흡사 그러한 사죄가 일체 없었던 것처럼 규탄이 계속됨으로써 일본측의 존엄이 현저히 훼손되었다고 하는 악감정이 일본인들 가운데 생겨났으며 그것이 혐한이라고 하는 굴곡의 물결로 나타나버린 것이다. 이 점을 한국측은 진지하게 받아들이는 게 좋을 성싶다.

사죄는 한 번으로 끝나는 것은 아니다. 왜 그런가? 사죄는 계약이 아니기 때문이다. 인간 대 인간의 관계성을 일회성 약속이라는 작업에 의해 절대적으로 확정해 버리는 계약은 양국 간 역사문제와는 근본적으로 들어맞지 않는다. 양국 간 조약이나 협정, 합의는 기본적으로 지켜져야 하겠으나, 그것들의 일회성과 반성·사죄의 반복성과는 근본적으로 서로 아귀가 맞지 않는 성격을 지니고 있는 것이다. 그러므로 일본이 한국에 한번 사죄를 하면 그것으로 끝이라고 하는 것으로 마무리되지는 않는다. 새로운 이슈나 사실이 나오면 그때마다 사죄와 반성을 해 나아가야 하는 것이다. 그 프로세스야말로 화해인 것이고 또 중요한 것이다.

그러한 프로세스를 진행해 나아가야 한다. 적어도 2015년 12월의 한일 위안부 합의까지는 이 프로세스는 진행되고 있었다. 그러나 그후 나아가지 못하고 말았다. 일본측은 "한국은 골대(goalpost)를 옮긴다"고 하며 불신감을 증폭시켰고, "더 이상 한국은 진지한 대화의 상대가 아니다" 라고 선언하기에 이르렀다. 이 태도는 한국측에서 보면 도저히 용납할 수 없는 것이겠지만 많은 일본인들한테는 상식적인 반응이었던 것이다.

여기서 잠시, 이제까지의 언급과 관련하여 다른 곳에서 있었던 발표와 반응, 그리고 한 가지 예를 소개하고자 한다. 나는 2021년 12월 3일 도쿄와 서울을 연결하는 온라인으로 개최된 '제29회 한일포럼'에서 "'한일모델'의 실천을 올바르게 평가해야 한다"는 제목하에 본고의 에센스 부분을 구두 발표했다. 한국측도 일본측도 대체로 반응이 좋았다. 특히 한국측의 반응이 좋았던 것은 의외로운 일이었다. 얼마 이전의 한국이라면 '65년 체제'에 관해서는 마이너스 평가가 대세를 차지하였을 터이며, '65년 체제'를 긍정적으로 평가하는 측은 무시되거나 강한 반론이 제기되거나 하는 것 중 어느 쪽이었을 것이라 생각된다. 그러나 문재인 정권 임기 종료가 가까워지며 문 정권이 제시한 틀에 대한 비판이 한국측으로부터도 나오고 있었다고 하는 인상을 받았다.

위 한일포럼 발표에 대해서는 니시노 준야(西野純也) 게이오(慶應義塾)대 교수가 "'한일모델'이라는 사고(思考)는 이해할 수 있겠으나 그중에서 한국과 일본이 구체적으로 어떤 관계를 맺어온 것인가 라는 사례가 있다면 보다 알기 쉽겠다"라는 코멘트가 있었다. 그 코멘트에 대해 나는 다음과 같이 응답했다.

본 포럼에서는 시간 제약으로 '한일모델'에 있어 한국과 일본의 구체적 실천에 관하여는 설명할 수 없었다. 기본적으로 중요한 것은 만약 한국이라는 존재가 없었다면 일본인은 지금과 같이 성장할 수 없었을 것이고, 반대로 일본이라는 존재가 없었다면 한국인은 지금처럼 성장할 수 없었을 것이라는 사실이다. 예를 들어 위안부 문제를 들어보아도, 이 어려운 문제를 둘러싸고 실로 다양한 각도에서 수많은 논의가 이루어졌던 까닭에 한일 양국 사람들은 '여성'이라는 속성의 실존에 대해 생각을 짜내게 되었고 그로 인해 분명히 여성관은 성장한 것이다. 재일교포 문제에 직면하여서는 일본인들은 마이너리티의 인권에 대해 배웠고, 한국은 산업자본주의를 확립하는 오랜 시기에 걸쳐 일본 기업들로부터 기술과 마케팅의 갖은 분야에서 필사적으로 배웠다.

이하에서는 특히 한국인이 오해하지 말았으면 하는 한 가지 예를 들고 싶다. 1990년대 초반이었는데 내가 알고 있는 일본의 훌륭한 그래픽 디자이너가 이런 말을 내게 건넸다. 자신의 공방(工房)에 한국으로부터 전도(前途)가 유망한 젊은이들이 수행하러 온다. 그런데 그들은 펼쳐진 종이에 선(線)을 똑바로 긋지 못한다. 그러한 것을 그다지 중시하지 않는 듯하다. 처음부터 멋진 디자인을 하려고 한다. 그래서는 안 된다. 그러하기에 여기(이 공방)에서는 선을 똑바로 그어가는 것부터 익히게 한다. 그리하면 처음에 그들은 싫어한다. "어째서 이런 일을 해야 하는가?" 하는 얼굴을 한다. 하지만 근성이 있다. 열심히 해낼 수 있다. 그리고 성장하여 간다. 좋은 디자이너가 되어간다. 그것을 보는 것이 즐겁다. … 이것이 그래픽 디자이너가 나에게 해 준 말이다.

그는 이미 세상을 떠났으나 한국을 더없이 사랑하는 엄격한 장인 기질을 지닌 사람이었다. 그는 자신의 미학과 기술을 아낌없이 계속 물려주며 일이 끝난 뒤에는 밤늦게까지 젊은이들과 술을 마셨다. 한국의 일류 디자인 공방인 '안 그래픽스'(안상수 씨의 공방)와 함께 일을 하고 인재교류도 하고 있었다. 그의 밑에서 배운 젊은 한국인 중에는 이후 한국에서 일류 그래픽 디자이너가 된 사람도 있다. 이와 같은 교류가 한일 간에는 무수히 있었다.

방금 예로 든 것은 그래픽 디자인이라는 분야이지만, 한국이 일류 선진국이 되어가는 과정에서 이상과 같은 한일 간의 관계성은 실로 수없이 많이 구축된 것이다. 나는 "일본이 한국에 산업자본주의 노하우를 가르쳤다"라는 것을 수직적 관계로 하여 다루고 싶은 것은 아니다. 경제문제는 중요하지만 위에서 든 예와 같은 관계를 중층적으로 구축해 나아감으로써 한국과 일본 쌍방 사람들의 '인간으로서의 변화'가 거듭 거듭 무진장 형성되어 왔다는 점이 중요하다.

일본의 그래픽 디자이너들도 젊은 한국인들을 가르치면서 역으로 한국의 문화나 한국인의 정신성에 대해 많이 배웠다. 이것은 곧, 단지 경제문제가 아니라 인간관의 문제인 것이다. 우리는 한국과 일본이 모두 근대화 이후 오로지 서양으로부터만 배워왔다고 생각하고 있지만 사실은 그렇지 않다. 한국과 일본이 쌍방으로부터 실로 많은 것을 배워 왔고 그리고 스스로를 계속 변화시켜 온 것이다. 이 쌍방향 프로세스의 총체가 '한일모델'인 것이다.

이상이 나의 응답이었다.

주(駐)요코하마 대한민국 총영사관 주최 심포지엄(2021년 10월 22일) 및 제29회 한일포럼(같은 해 12월 3일)에서 나의 '한일모델'에 관한 발표한 내용을 들어주신 분들, 또 귀중한 코멘트와 질문을 하여 주신 분들께 감사드린다. 나는 한일 역사와 존엄·화해에 관해 더욱 연구를 진행하고 사색을 깊이하여 앞으로도 이 주제에 관한 서적의 원고를 집필하고자 한다. "한국과 일본이 이제까지 60년 가까이 걸어온 역사를 과소평가해서는 안 된다"고 하는 것이 나의 일관된 주장이다.

(국중호 번역)

제5장

생존자 없는 시대의 피해·생존자 중심주의: 일본군'위안부' 문제 해결을 위한 정치의 책무

남기정(서울대학교)

제5장
생존자 없는 시대의 피해·생존자 중심주의: 일본군'위안부' 문제 해결을 위한 정치의 책무*

남기정(서울대학교)

1 '생존자 없는 시대'를 바라보며

일본군'위안부'(이하 '위안부') 문제는 최초의 문제제기로부터 한 세대가 지나 '생존자 없는 시대'를 맞이하고 있다. 2020년 11월 14일 한국정신대문제대책협의회(정대협)가 창립 30주년을 맞이했다. 2021년 8월 14일 김학순 할머니 증언이 30주년을 맞이했고, 2022년 1월 5일 최초의 수요집회 이후 30년째 집회가 열린 날이었다. 그리고 2023년 8월 6일은 고노 담화(河野談話)가 30주년의 기념일이다.

이 글은 '위안부' 문제 해결 운동 30년을 정리하는 시점에서, 피해자

* 이 글은 2020년 11월 14일, 정대협 30주년 기념 심포지엄에서 처음 발표한 원고를 수정한 것이다. 그 일부를 2020년 12월 12일의 2000년 여성 국제전범법정 20주년 국제심포지엄에서 토론을 통해 보완 발표했으며, 회의 자료를 엮어 일본군'위안부'연구회가 발간한 『2000년 여성국제법정, 전쟁의 아시아를 여성과 식민주의 시각에서 불러내다』(경인문화사, 2021)에 수록했다. 이를 다시 보완하고 일본어로 번역하여 국중호 요코하마시립대학 교수가 편집한 『日韓関係のあるべき姿: 垂直関係から水平関係へ(한일관계의 바람직한 모습: 수직관계에서 수평관계로)』(明石書店[아카시쇼텐], 2022)에 수록했다.

없는 시대를 준비할 정치의 책무를 규명할 필요에 대응하고자 하는 것이다. 문제 해결의 중심은 '사실인정, 사죄반성, 법적배상'에서 '진상규명, 기억계승, 역사교육'으로 이동하고 있다. 이에 '위안부' 운동 30년의 성과와 생존자 없는 시대의 남겨진 과제를 확인하는 작업이 요구된다. 구체적으로는 2015년 합의의 처리를 둘러싼 운동과 정치가 핵심 쟁점이다. 특히 2022년 출범한 윤석열 정부가 '위안부' 문제를 '그랜드바겐'이나 '패키지딜'로 풀겠다는 입장을 공공연히 밝히면서 피해자 중심접근에 대한 경시가 두드러지고 있다. 이러한 상황에서 '지난 30년'을 정리하고 '다가올 30년'을 준비하는 일은 이 문제의 정의로운 해결을 위해 노력해 온 모든 이들에게 무엇보다도 중요한 정치적 책무가 되었다.

한 국가와 개인에게 과거사 해법의 최종 목적은 원상회복이고, 그 구체적 수단은 피해에 대한 보상 또는 배상이다. 이때, 한 국가의 상실된 국권과 파괴된 경제를 원상회복하는 것은 '어쩌면' 가능한 일일지 몰라도, 한 개인의 파괴된 삶을 원상회복하는 것은 '애당초' 불가능한 일이라는 문제가 있다. 생명의 박탈이나 전통의 파괴 등 '시계를 거꾸로 돌리지 않는 한' 현실의 대체물로 복구할 수 없는 것들에 대해, 금전적 수단 이외에 원상복구의 방법이 없다는 현실이 있었다. 또한 그것은 언어로 표현되는 사죄가 상징적 의미 이상의 그 무엇도 아니라는 점에서, 이를 '가시화'한다는 의미도 있었다.

여기에 정치적 현실주의의 개입 여지가 생긴다. '바람직한 것'보다 '달성 가능한 것'이 무엇인지 묻고, 이를 위한 정책으로 답하는 것이 정치적 현실주의라고 할 때, 불가능한 이상보다는 달성 가능한 목표에 집중해서 문제 해결을 가시화하려는 노력이 '국가배상'이라고 불리는 행위이다. 고대 사회에서부터 인류는 전쟁이 끝나면, 토지와 물품, 때로는 인간을 공물로 바치는 것으로 전쟁으로 훼손된 질서를 복구해 왔다. 국가 간의 근대적 질서가 확립된 이후로는 물적 수단을 통한 손해의 보상이 전후처리라는 명목으로 실시되어 왔으며, 이를 국가배상이라는 개념으로 제도화해 왔다.

그것은 처음부터 피해자가 없는 상황에서의 문제해결 노력이었기에 피해자 이후(post-survivor)의 노력들이었다고 할 수 있다. 이에 대한 생존 피해자들의 문제제기로 피해자 중심주의가 제기되었다. 그러나 그 생존자들이 사라지면서 피해자 중심주의의 위기가 가시화되고, 피해자 이후의 피해자 중심주의의 문제에 직면하고 있다.

정치적 현실주의의 개입은, '위안부' 피해자에 대한 구제(배상)의 문제가 인권의 문제가 아니라 외교의 문제로 전개되는 계기와 배경이 되었다. 여기에서 인권과 외교가 양립 또는 보완의 관계가 아니라 분리와 배제의 관계가 되었다. 인권의 문제로 접근하면 외교적 해결이 난망하고, 외교의 문제로 접근하면 인권이 침해되는 이율배반의 상황이 만들어졌다. 이를 양립하고 상호보완되는 불가분의 관계로 만들어가는 것이 정치의 책무다.

2 정치적 현실주의가 시도하는 화해 정책의 문제

국제정치에서 정치적 현실주의에 대한 논의는 모겐소(Hans J. Morgenthau)를 빼고 이야기할 수는 없다. '위안부' 문제를 해결하기 위한 한일 교섭 과정과 관련하여 모겐소가 제시한 정치적 현실주의의 여섯 가지 원칙 가운데 제5 및 제6의 원칙이 문제가 된다. 모겐소는 '정치적 행위의 도덕적 중요성을 인식'하면서도, 그것이 도덕과는 구분되는 영역을 규율하는 원리임을 확인하고 있다. 따라서 정치적 현실주의에 입각한 문제 해결을 시도하는 사람들은 '특정 국가의 도덕적 열망과 세계를 지배하는 도덕법칙을 동일시하기를 거부'하며, 국제정치에서 '법적 도덕적 접근'을 못마땅하게 생각하거나, 그러한 접근과의

'실제적이고도 뚜렷한 차이'를 인식한다.[1]

모겐소는 국가보다 상위의 행위자, 즉 세계국가의 창출을 통한 평화가 현재의 '도덕적, 사회적, 정치적 조건' 아래에서 달성될 수 없다면, 국가 간 '조정을 통한 평화'가 현실적인 방법이며, 그 도구로서 외교에 주목하고 있다. 『국가 간의 정치(Politics Among Nations)』의 마지막 장이 외교에 관한 고찰인데 거기에 모겐소의 문제의식이 담겨 있다. 모겐소에 따르면 외교가 의식해야 할 가장 중요한 덕목은 '실제로, 잠재적으로 이용 가능한 힘을 감안하여 목표를 결정'하는 것이다. 그리고 외교가 기능하기 위한 아홉 가지 규칙은 '십자군 정신을 벗어날 것'이라는 권고로 시작해서 '정부는 여론의 지도자이지 노예가 아니라는 것'을 명심하라는 것으로 끝난다.[2]

구체적으로 독일과 이스라엘의 화해가 정치적 현실주의에 이끌린 성공사례라는 분석과 평가가 있다. 즉 정치적 현실주의가 시도하는 화해는 가해자가 피해자의 신체의 안전과 생활의 안정을 보장하는 것, 즉 정치적 및 경제적 생존을 보장하는 것이며, 이것이 국가 대 국가의 사이에서 시도될 때 이는 안전보장의 제공과 경제적 보상으로 이루어진다는 것이다. 이 점에서 독일의 화해 정책은, 이스라엘에 대한 안전보장과 경제적 보상이라는 '바람직하기 보다는 가능한 목표'를 추구하면서, 상호 이익을 추구한 결과로서 성공했다는 평가다.[3]

그러나 독일과 이스라엘의 화해가 현실정치의 결과인 것이 분명한 사실이긴 하지만, 독일이 긴 시간에 걸쳐 보상 대상을 확대하고, 시대

---

1 Morgenthau, Hans J., *Politics Among Nations: The Struggle for Power and Peace* (5th Edition), Alfred A. Knopf, Inc., 1973, pp.3-15. [한스 모겐소(이호재, 엄태암 번역), 『국가 간의 정치 1』, 김영사, 2014, 81-108쪽.]

2 Morgenthau, *Politics Among Nations*, pp.540-548. [모겐소, 『국가 간의 정치 2』, 434-447쪽.]

3 武井彩佳, 『<和解>のリアルポリティクス: ドイツ人とユダヤ人』, みすず書房, 2017, 255頁.

의 변화에 맞춰 당대의 도덕적 기준에 대응하려고 노력한 것도 사실이다.[4] 그것은 독일이 중동에서 팔레스타인 난민 문제가 복잡하게 전개되는 가운데, 이스라엘을 상대로 보상을 실시하는 과정에서 독일이 보인 정치적 겸허함에서 나타난다. 즉 보상에 대한 해석은, 보상을 실시하는 쪽이 아니라, 보상을 받는 쪽이 결정한다는 것, 가해자 측은 그 결정권을 갖지 않는다는 정치적 겸허함이 독일이 정치적 현실주의의 화해 정책을 펴는 가운데 채택한 최소한의 피해자 중심주의였다.[5]

그래서 그것은 정치적 현실주의의 성공이면서도, 이상주의와의 대화를 시도한 결과로 이해된다. E. H 카는 정치학이 '정치적 현실(what is)'에 대한 학문인 동시에 '정치적 당위(what ought to be)'에 관한 학문으로, 과학인 동시에 철학이라고 규정했다. 카의 문제의식은 이상주의의 실패를 실패로 인식하는 것에서 출발했다. 카는 홉하우스(L. T. Hobhouse)가 '미개인'들의 특징으로 좋은 일은 '좋다'는 사실만으로 '옳다'고 믿는 점에 있다고 지적한 것을 들어, 이상주의적 정치학은 분석의 산물이 아니라 의욕의 산물이라고 보았다.[6]

카에 따르면, 현실주의가 종종 현실추수주의로 흐르면서 사상을 무력화하고 행동을 부정하여, 비관적 냉소적 측면을 지니기도 하지만, "현실주의는 유토피아주의의 지나침을 교정하기 위해 필요하다." 이는 "이상주의가 현실주의의 모자람을 교정하기 위해 필요한 것과 같다." "미성숙한 사상은 압도적으로 목적론적이고 이상주의적이다. 목적을 전적으로 부정하는 사고는 과거시대의 상상이다. 성숙한 사상

4 武井彩佳, 『<和解>のリアルポリティクス』, 253頁.
5 武井彩佳, 『<和解>のリアルポリティクス』, 31–37頁.
6 Carr, E. H., *The Twenty Years' Crisis, 1919-1939* (eBook), Palgrave Macmillan, 2016, 5–8 of 234. [E. H. 카아(김태현 편역), 『20년의 위기: 국제관계연구 입문』, 녹문당, 2014, 23–28쪽.]

은 목적에 관찰과 분석을 겸비한다. 따라서 이상과 현실은 정치학의 두 얼굴"이며, "모든 건전한 인간의 행동과 사상은 이상주의와 현실주의, 자유의지론과 결정론 사이의 균형 위에 서야 한다."[7]

정치의 이상과 현실 사이의 갈등은 이론과 실천의 갈등을 매개로 지식인과 관료의 갈등으로 전개된다. 나아가 이는 또한 보혁 갈등, 좌우 갈등으로 나타난다.[8] 선험적으로 사고하는 지식인과 경험적으로 대응하는 관료 사이의 갈등이 2015년 합의를 낳았으며, 이를 둘러싼 갈등이 또한 지식인과 관료의 갈등, 나아가 보혁·좌우 갈등으로 전개되었다. 이 갈등을 해소하는 것이 피해자 없는 시대의 피해자 중심주의의 과제이다.

3　다시, '피해자 중심주의'란 무엇인가?

'피해자 중심주의(victim-centered justice, victim-centered approach)'는 개념어로서 안정적인 지위를 가진 말은 아니다. 권김현영에 의하면 피해자 중심주의는 강간에 대한 정의가 변화하면서 생겨난 역사적 산물이다.[9] 여성주의적 전략으로서 유용성 논의에 열린 개념으로서, 성폭력 개념이 확장되고 판단 기준이 변화하는 과정에서 피해자 중심주의라는 말이 등장했던 것이다. 그것은 말 그대로 '가해자 중심'의 사회에 대한 비판과 대안으로 등장했으며, 가해자의 일방적인 변명만을 수용하는 현실에서 '피해자의 말을 들으라'는 요구로 시작되었다. 그리고 한국 사회에서 피해자 중심주의는 2000년 '운동사회 성폭력 뿌리 뽑기 100인 위원회' 활동을 통해 확산되어 정착했다.

7　Carr, *The Twenty Years' Crisis* (eBook), 8-12 of 234. [카아, 『20년의 위기』, 29-32쪽.]
8　Carr, *The Twenty Years' Crisis* (eBook), 13-19 of 234. [카아, 『20년의 위기』, 34-42쪽.]
9　권김현영, "피해자 중심주의는 여성주의적 원칙인가", 『문학동네』, 25(3), 2018.

피해자 중심주의는 가해자와 피해자가 서로 다르게 증언할 때 피해자의 진술을 신뢰하는 것으로 이해되어 왔다. 위의 100인 위원회는 '객관적 증거나 증인이 부재하고 가해자와 피해자가 서로 다르게 진술할 때, 피해자의 진술을 사실로 인정하도록 하는 것'이 피해자 중심주의라고 규정했다. 피해자 중심주의를 '성폭력 사건의 의미 구성과 해결 과정에서 피해자인 여성의 주관적 경험에 진실의 권위를 부여하는 것(100인 위원회)', '피해자의 피해 경험에 집중하고, 그 경험을 가부장적 남성적 태도가 아닌 온전히 피해자의 시각으로 바라보고자 하는 것(민주노총)'으로 파악하는 태도도 이러한 맥락에서 나온 것이다.

이러한 과정에서 가해자 중심의 사회를 비판하기 위해 쓰이기 시작했던 피해자 중심주의가 점차 성폭력에 대한 판단 기준을 피해자에게 일임하자는 의미로 변화했으며, '피해자 중심'과 '주의'가 붙여져 새로운 권위의 언어로 바뀌었다는 지적이 나오기도 했다. 운동의 언어에서 절차의 언어로 변했다는 지적도 이러한 문제의식에서 나왔다(진희경). '피해자 중심주의'가 여성주의적 언어가 아니라는 비판도 나왔다. 피해자에게 객관성의 지위를 독점하도록 해서는 남성 중심적 사회를 해체하지도, 객관성에 대한 새로운 인식론을 전개하지도 못한다는 것이 비판의 핵심이다. 성폭력 사건의 객관성은 피해 여성이 증명하는 것이 아니라 사회가 여성들의 목소리를 존중함으로써 획득되는 것이라는 비판이다.[10] 피해자 중심주의가 '피해자 되기' 경쟁을 만들어 결과적으로 피해자의 경험을 존중하는 데 실패했다고 평가하고, 피해자 중심의 해결에 내용이 없다는 문제를 지적하기도 한다.[11]

---

10 정희진, "성적 자기결정권을 넘어서", 『섹슈얼리티 강의, 두 번째』, 동녘, 2006, 239-240쪽.
11 권김현영, "성폭력 2차 가해와 피해자 중심주의의 문제", 『피해와 가해의 페미니즘』, 교양인, 2018.

　이 모두가 피해자 중심주의가 운동의 언어에서 정치의 언어로 변화했다는 점을 지적하고 있다. 그것은 피해자 중심주의라는 용어 자체가 갖는 정치성 때문에, 즉 그것이 권력관계를 내포한 용어이기 때문에 불가피한 것으로 이해된다. 즉, 피해자 중심주의는 가해자-피해자 사이의 권력관계와 연관하여 발생하는 범죄에서 등장하는 용어다.[12] 위의 '우여곡절'을 겪으면서, 현재 피해자 중심주의는 '권력관계를 원인으로 발생하는 범죄 등에 있어서 가해자의 처벌을 맹목적으로 중심에 두면 그 권력관계하에서 계속해서 살아가야 하는 피해자의 사후(事後) 회복 및 권력관계로부터의 해방이 도리어 저해될 수 있으니 피해자의 욕구와 관심을 중심에 두고 사법 절차 및 모든 사건 해결 절차를 진행하려는 경향을 통칭하는 것'으로서 이해되고 있다.[13]

　피해자 중심주의가 "피해자를 사법제도의 1차 고객으로 생각하고 이들의 안전, 권리 및 이익을 우선 고려하여 가해자 관리 전략을 디자인하고 실행하는 것"[14]이라고 할 때, 1차 고객의 부재는 피해자 중심주의의 존립근거의 부재 상태를 야기한다. 그러나 가해자의 처벌이 중심이 아닌, 권력관계의 해체를 목적으로 할 경우, 피해자 중심주의는 피해자 존재 여부에 관계없이 추구되어야 할 전략이자 목표가 된다. 이때 피해자 중심주의는 법적·도덕적 책임의 문제가 아니라 정치적 책임의 문제가 된다. 이것이 피해자 없는 시대의 피해자 중심주의가 정

12　박경신, "미투운동이 극복해야 할 피해자 중심주의", 『문학동네』, 25(2), 2018.

13　Konradi, Amanda, "Creating Victim-Centered Criminal Justice Practices for Rape Prosecution", *Research in Social Problems and Public Policy* 17, February 2010; Koss Mary and Mary Achilles, "Restorative Justice Responses to Sexual Assault", VAWnet.org., 2011, http://www.antoniocasella.eu/restorarive/Koss_Achilles_2011.pdf 등을 참조로 앞 논문의 저자인 박경신이 정리.

14　Bumby, Kurt, Karen Baker, and Leilah Gilligan, "Advancing a victim-centered approach to surviving sex offenders: A toolkit for practitioners", *The Center for Effective Public Policy*, 2018.

치적 책무로 인식되어야 하는 이유다.

구체적 과제는 기억 이후 세계의 피해자 기억의 구성과 계승이다. 피해자 없는 시대의 홀로코스트 기억 계승의 문제에 직면하여, 니콜라스 체어(Nicholas Chare)는 "피해자가 없는 세계에서의 홀로코스트 기억: 지속적인 목격자 만들기(Holocaust Memory in a Post-Survivor World: Bearing Lasting Witness)"에서 증언을 하기 위한 철학적, 시각적, 세대 간 노력으로부터 스토리텔링의 시학(poetics)을 탐구하고 있다. 이와 관련한 선행 연구들을 검토하면서 그는 "상호텍스트적으로 생성되는 기억(intertextual generative memory)"이라고 할 만한 방법을 제시했다.[15] 이는 현재와 미래의 홀로코스트 기억에 관계되는 사람들 안에서, 작은 것이라도 의미가 있는 연결이 만들어지도록 문학, 사진, 철학과 함께, 기념관 방문의 경험 등을 한 자리에 생산적으로 합류시키는 것을 지적하는 말로 제시되었다. 피해자 없는 시대 '위안부' 문제의 전략을 구상하는 데 출발점으로 삼을 만한 제언이다.

4 다시, 정치적 책무란 무엇인가?

정치란 '본질적으로 논쟁적 개념'이다. 교과서적 의미에서 '정치'란, 가장 넓게는 '인간이 생활을 영위하는 데 필요한 일반적 규칙을 만들고 보존하고 수정하는 활동'이며, 갈등과 협력이라는 현상과 관련된 행위 또는 활동의 일종이다.[16] 그 어원이 폴리스(polis)라는 점에서 갈등과 협력이라는 행위의 주체가 정치 공동체라는 점을 알 수 있다. 즉 정치는 폴리스에 관계되는 일로서 그것은 국가에 관련되는 일

15 Gigliotti, Simone, and Hilary Earl, "Introduction", in *A Companion to the Holocaust*, eds. Simone Gigliotti, and Hilary Earl, Wiley, 2020.
16 Heywood, Andrew, *Politics* (4th Edition), Palgrave Macmillan, 2013, pp.2-5.

이며 국가의 통치 및 권위 행사와 관련되는 일임을 알 수 있다. 또한 그것은 '가치의 권위적 배분', '타협과 합의'를 통해 갈등을 해소하는 수단을 의미하기도 하며, 따라서 '가능성의 기술(예술)'로 불리기도 한 다. 그것은 '권력 할당을 통해 갈등하는 세력 사이에 화해를 이끌어가 는 활동'이며, '폭력이나 강제보다는 조정을 선택함으로써 질서의 문 제를 해결하는 것'으로서, 가해-피해의 문제를 조정을 통해 해결하 는 것 또한 정치의 영역이라고 할 수 있다. 물론 국가라는 정치적 공 동체의 구성원에게 가해진 가해 책임을 바로잡는 행위가 정치임은 말 할 나위가 없다.

『예루살렘의 아이히만』에서 아렌트는 정치적 책임이라는 특수한 형태의 책임이 한 국가 안의 공통 성원(common membership)과 국가의 이 름으로 행해진 잘못에 대한 책임을 수용하는 데서 나온다고 말했다. 아렌트는 '집단적 책임(Collective Responsibility)'이라는 논문에서 정치적 책 임과 죄를 구분하고, 집단에게는 도덕적이거나 법적인 용어가 아니라 정치적인 용어로 책임을 물을 수 있다고 사유했다. 아렌트에 따르면 사람은 "정치 공동체의 일원이라는 사실 때문에, 국가나 정부의 이름 으로 특수한 행위자들이 저지른 행동이나 일에 책임이 있다."[17]

이에 대한 비판이 아이리스 매리언 영의 『정의를 위한 정치적 책 임』이다. 영은 아렌트의 분석이 '관념의 단순성'을 노정하고 있다고 비 판하고 『예루살렘의 아이히만』을 독해하여 국가가 저지른 범죄에 행 위자가 연루되는 방식을 네 가지로 구분했다. 이 구분을 통해 영은, "광범위한 국민 대중에게 영향을 끼치는 조치나 사건에 관해 공적인 자세를 취하고 거대한 해악이 발생하는 것을 막기 위해 집단행동을 취

---

17 Arendt, Hannah, "Collective Responsibility", in *Amor Mundi: Explorations in the Faith and Thought of Hannah Arendt*, ed. James W. Bernauer, M. Nijhoff, 1987, p.45.

하고자 노력하거나 더 나은 방향으로 제도적 변화를 촉진해야 할 의무가 개인에게 있으며, 이러한 의무를 정치적 책임으로 보아야 한다"고 주장했다.[18] 영은 특히 "모두가 유죄다"라고 말하는 것이 "누구도 유죄가 아니다"라고 말하는 것과 같다는 아렌트의 명제에 집중했다.[19]

영에 따르면, 피해자 중심주의가 피해자 없는 시대의 정치적 책무가 되는 것은, 아렌트가 지적한 것처럼 '모두가 유죄'이기 때문이 아니라, 피해자 중심주의라는 문제가 세계의 질서에 관한 것이기 때문이며, 세계의 질서가 개인을 떠나 정치 공동체를 매개로 하여 시간을 소급하거나 미래지향적으로 이어지고 있기 때문이다.[20] 또한 그것은 공적이고 집단적으로 이루어지는 행위라는 점[21]에서 피해자 중심주의가 피해자 없는 시대의 정치적 책무로 자리잡게 된다.

그로부터 영은 책임에 관한 사회적 연결 모델을 제시한다. 부정의(不正義)와 관련된 책임은 개인이 공동의 헌법 아래 생활한다는 사실에서가 아니라 구조적 부정의를 생산하는 다양한 제도적 과정에 참여한다는 사실에서 나오기 때문이다.[22] 이때 법적 책임 모델은 불법행위법에 따라 책임을 부여하고 제재, 처벌, 보상 강요, 배상 등의 목적으로 책임 당사자를 확인하고 도덕적 판단을 내리는 모든 실천들을 포함한다. 그와 같은 법적 책임 모델의 개념은 목적상 과거지향적인 개념인데 반해, 정치적 책임은 미래지향적이다. 나아가 정치적 책임은 도덕적 행위자의 의미를 의식하고 있는 사회 구성원에 부과된다. 도덕적

---

18 Young, Iris Marion, *Responsibility for Justice* (eBook), Oxfort University Press, 2013, 75 of 198.

19 Arendt, Hannah, "Organized Guilt and Universal Responsibility", in *Essays in Understanding, 1930-1954*, ed. Jerome Kohn, Harcourt-Brace, 1994, p. 126.

20 Young, *Responsibility for Justice* (eBook), 77 of 198.

21 Young, *Responsibility for Justice* (eBook), 89 of 198.

22 Young, *Responsibility for Justice* (eBook), 104 of 198.

행위자란, 타인의 운명에 무관심하지 않은 사람이며 국가나 다른 조직화된 기구가 종종 일부 사람들에게 가할 수 있는 이해에 무관심하지 않은 사람들을 말한다.[23]

영이 제시한 법적 책임 모델과 사회적 연결 모델의 결정적 차이는 사회적 연결 모델이 가해자를 격리하지 않는다는 점에 있다. 책임 부여의 주된 목적은 미래지향적이며 책임은 본질적으로 공유되어, 정치적 집단행동을 통해서만 면제될 수 있다.[24] 피해자 중심주의를 법적 책임에 한정할 때 그 책임의 대상은 생존 피해자에 한정되어 어느 시점엔가 과거형으로 완결될 수 있다. 그렇지만 피해자 중심주의를 사회적 연결 속에서 구현해야 할 원칙이라고 한다면, 그 책임은 사회적 연결이 의식되는 정치적 공동체가 지속하는 한 피해자의 생존 유무에 무관하게 추구되어야 할 미래지향적 과제가 된다.

나아가 영은 구조적 부정의가 개인의 개별적인 상호작용에 의한 것이 아니라 개인의 사회구조적인 지위로 말미암아 발생하는 것으로 보고 개인적 책임보다 정치적 책임을 강조했다.[25] 구조에 대한 규범적 판단의 관점에서 정치적 책임을 문제 삼은 것이다. 기존의 도덕적 책임, 법적 책임 논의는 정의 회복의 책임을 피해자-구조에 환원하는 방식으로서, 영은 법적 책임 모델에 대신해서 사회적 연결 모델을 제시했다. 이는 자신의 행위를 통해 구조적 과정에 영향을 미친 모든 사람들이 부정의에 책임이 있다는 사실에 입각해 있다. 이러한 논의는 피해자 없는 시대의 피해자 중심주의를 논의할 수 있는 근거가 된

---

23 Young, *Responsibility for Justice* (eBook), 91-105 of 198.

24 Young, *Responsibility for Justice* (eBook), 103-105 of 198.

25 전해정, "아이리스 영의 정치적 책임과 비실증주의 법개념론: 위안부 문제 해결을 위한 법적 책임의 근거를 모색하며", 『한국여성철학』, 26, 2016, 180쪽.

다. 한편으로 영의 논리는 개인과 정치적 공동체가 이분법적으로 구분되지 않기 때문에 정치적 공동체를 주체로 한 책임론은 성립하기 어렵다. 즉 이른바 국가가 행위주체가 되는 책임론이 성립하지 않는다는 의미이며, 오히려 사회적으로 상호 연결된 '개인의 정치척 책임'이 강조된다.

5 '화해의 국제정치'와 피해자 중심주의

'화해의 국제정치'는 국제정치의 '네 가지 이론'으로 구성될 수 있다. 국가 간 화해란 '국가 간 적대행위에서 비롯된 문제를 해결하고 극복하는 국제정치적 과정'이다.[26] 국제정치 현실에서 존재했던 국가 간 화해의 사례들은 대체로 다음의 네 가지 방식을 따랐다. 첫째, 국익(특히 안보이익)의 조정과 공유가 화해를 가능하게 한다는 현실주의적 접근. 둘째, 안정된 평화를 창출하기 위한 협력 속에서 화해가 가능하다는 제도주의적(자유주의적) 접근. 셋째, 정체성의 변화를 통한 상호인식의 침투 속에서 화해가 가능하다는 구성주의적 접근. 넷째, 가해자의 처벌과 피해자의 용서를 통한 징벌·회복으로 화해가 가능하다는 정의론적 접근 등이다.

한일 간에는 위의 첫 번째 방식의 화해를 시도했던 것이 '1965년 체제'와 '2015년 합의'를 가져왔지만 그것들이 새로운 갈등의 원인이 되어 화해는 실패했다. 두 번째 방식에 따라서 이루어진 성과들이 1990년대에서 2010년까지 나온 선언과 담화들이다. 즉 1993년의 고노담화에서 시작되어 1995년의 무라야마담화, 1998년의 한일공동선언, 2002

---

26 천자현, "화해의 국제정치: 국가 간 화해의 유형과 가해국 정책결정 요인 연구", 연세대학교 대학원 정치학과 박사논문, 2012, 1–29쪽.

년의 북일공동선언, 2010년의 간담화(菅談話) 등의 성과들이다. 세 번째 방식은 아직 시작되지 못했으나 그 맹아들이 발아하고 있는 상황이며, 네 번째 방식은 가해자·가해국, 피해자·피해국의 구분과 수준의 문제를 안고 있는 바, 처벌 또는 용서의 (불)가능성의 문제가 존재한다.

국제정치에서 피해자 중심주의의 가능성을 가늠하기 위해 '화해의 국제정치'에서 차지하는 '피해자'의 위치를 확인할 필요가 있다. 첫째 방식의 현실주의적 접근은 행위주체로서 '국가'가 상정되기 때문에 피해자의 영역은 협소하다. 둘째 방식의 제도주의적 접근은 다양한 행위주체의 참가가 상정되기 때문에 피해자(단체)의 참여 가능성이 열린다. 셋째 방식의 구성주의적 접근은 피해자 정체성을 양국이 공유하는 과정에서 피해자 중심주의는 더욱 중요한 가치가 될 수 있으며, 넷째 방식의 정의론적 접근에서 비로소 '피해자 중심주의'는 실현되어야 할 핵심 가치가 된다.

여기에서 다음과 같은 과제가 도출된다. 한일 간의 과거사 해법은 제1 방식의 현실주의의 유산을 극복하는 한편, 제2 방식의 제도주의적 접근을 통한 해결 과정을 재개하여 제3 방식이 자리잡을 공간을 열어주고, 최종적으로 제4의 회복적 정의를 목표로 삼는 것이 현실적이다. 제1 방식의 한계 극복, 제2 방식의 재개, 제3 방식의 시도 등이 제4의 목표를 구현하는 전단계(前段階) 실천과제이며, 최소한 동시에 진행되어야 할 과제다. 이는 구체적으로는 우선 '2015년 합의'의 실패를 극복하는 과정을 시작하는 것이다. 이와 동시에 이러한 노력은 제2의 방식의 재개와 제3 방식의 시도로 연결되는 것이어야 하며, 이를 통해 제4의 '회복적 정의'로의 길이 열릴 수 있다는 점을 확인해야 할 것이다.

6   한일관계에서 '피해자 중심주의'의 등장과 전개

'위안부' 문제에서 '피해자 중심주의'가 처음으로 언급된 것은 2015년 12월 9일, 박유하의 『제국의 위안부』 사태에 대한 연구자 활동가의 입장 발표 기자회견에서였다. 이 자리에서 이명원 경희대 교수가 "무엇보다 중요한 것은 피해자 중심주의를 견지하는 것"이라고 발언했다.[27] 이후 2015년의 '12.28 합의' 이후, 이에 대한 비판의 중심에 '피해자 중심주의'가 등장하게 되었다. 박근혜 대통령이 '위안부' 문제 해법으로 강조했던 '피해자 중심주의'가 훼손되었다는 비판이 그 중심이었다.[28] "피해자의 피해를 명확히 파악하고 그 피해를 일어나게 한 모든 정황에 문제를 제기하며, 피해자가 그 피해 이외의 어떤 추가적 피해도 입지 않도록 그 곁에 서는 것", "할머니들이 '괜찮다'고 말할 수 있을 때까지 피해자 중심주의로 잘 벼려진 분노"와 같은 언급에서 그 예를 볼 수 있다.[29]

문재인 정부 들어 '피해자 중심주의'는 대일 외교의 원칙으로 확립되었다. 강경화 당시 외교부 장관은 후보자 청문회에서, "피해자 중심의 관점에서 지혜를 모아 일본과의 대화를 이어 나가며 진정성 있는 조치가 취해지도록 하겠다"며 '피해자 중심주의'를 천명했다. 나아가 "('위안부' 출연금) 10억엔의 성격이 무엇인지 명백하지 않고, 불가역적, 최종적 합의라는 표현도 군사적 합의에서나 나올 수 있는 이야기"라 비판했다. 정현백 당시 여성부 장관도 후보자 청문회에서, '위안부' 합

---

27 『뉴시스』, 2015.12.10.

28 『한겨레』, 2015.12.30. https://www.hani.co.kr/arti/politics/bluehouse/724153.html

29 조익상, "만화로 본 세상, '위안부' 리포트: 위안부 할머니들이 또 분노하는 이유", 『주간경향』 1159호, 2016.1.12. http://weekly.khan.co.kr/khnm.html?mode=view&code=116&artid=201601051101021&pt=nv

의가 "피해자 중심주의에 입각한 피해 당사자의 의견 수렴이 부족했다"고 평가하는 가운데 피해자 중심주의를 언급했다.

'위안부' 합의 검토 TF(task force) 출범(2017.7.31.)에 즈음해서 정부는 피해자 중심주의에 입각해 '위안부' 합의를 면밀히 검토해 줄 것을 당부했고, '일제하 일본군위안부 피해자에 대한 생활안전지원 및 기념사업 등에 관한 법률' 개정안이 법사위원회를 통과(2017.11.23.)했다. 그에 따라 피해자 기림의 날(8월 14일)을 지정하고, '위안부' 피해자의 권리 의무와 관련된 정책을 수립할 경우 피해자의 의견을 청취하도록 하고, 정책의 주요 내용을 국민에게 적극 공개하도록 하는 조항을 신설하면서, 이것이 피해자 중심주의에 입각해 정책을 세운다는 취지라고 밝혔다. 검증 TF 보고서 발표에 대해 청와대는 "피해자 중심주의 원칙을 고수하되 한일 간 입장의 평행선 속에서 관계발전을 추구"하겠다고 입장을 밝혔다.[30]

정의기억재단[31]은 검증 TF에 대해 비판 성명을 발표했다(2017.12.18.). "(검증 TF) 발표를 알리는 그 과정에서조차 피해자와 지원단체에게 그 어떤 공식적인 의견수렴 절차나 양해조차 구하지 않은 채 일방적인 언론보도를 통해 해당 내용을 통보한 것은 피해자 중심주의를 외면한 것을 넘어 피해자들을 향한 무형의 폭력을 가한 것으로 용납할 수 없다"고 비판했다. 합의 직후에 실시된 윤미향 정의기억재단 대표 인터뷰에서도, 윤미향 대표는 "피해자 중심은 과정도 내용에도 피해자가 있어야 한다. 누구를 위해서 이 합의가 이뤄지는가? 동기도, 과정도, 내용도, 결과도 모든 게 피해자를 중심에 놓고 협의를 하는 게 피해자

---

30 『연합뉴스』, 2017.12.31. https://www.yna.co.kr/view/AKR20171231030800001?input=1195m

31 '(일본군성노예 문제 해결을 위한) 정의기억재단'은 2015년 합의에 반대하며 그 대안을 모색하기 위해 2016년에 설립된 단체이다.

중심이다"고 주장했다.[32]

여성가족부는 2018년 11월 21일에 화해·치유재단 해산을 공식 발표했다. 이를 위한 법적 절차를 밟을 예정이라 발표하면서, "피해자 중심주의 원칙 아래 다양한 의견 수렴 결과 등을 바탕으로 재단의 해산을 추진하게 되었다"고 설명했다. 이에 대해 2018년 12월 28일 시민단체는 성명을 발표하여, "2015년 한일합의 완전 무효"를 주장하며 "2015년 한일합의 발표 이후 유엔인권기구는 피해자들의 요구에 부합하는 영구적인 해결책을 모색하라고 한일 양국 정부에 지속적으로 권고"했다고 하면서 "피해자 중심주의 원칙에 근거한 후속조치가 이뤄지지 않아 국제사회에서 일본 정부의 범죄부정과 피해자에 대한 2차, 3차 가해행위는 심화"되고 있다고 비판했다. 나아가 2019년 7월 7일, 정의기억연대는 '화해·치유재단' 해산을 확인하고 환영하는 성명을 발표하면서 "일본 정부가 해야 할 것은 국제인권 기준인 피해자 중심주의 접근 원칙에 따라 '위안부' 문제가 해결될 수 있도록 범죄사실을 인정하고 그에 따른 법적 책임을 이행하는 것이다"고 촉구했다.[33]

이러한 과정을 통해 '위안부' 문제를 포함해 과거사 해법의 원칙으로서 '피해자 중심주의'는 확고히 자리잡아갔다. 2019년 11월에서 12월에 걸쳐 '문희상 안'을 둘러싸고 피해자 중심주의의 해석이 문제가 되었다. 문희상 의장이 피해자 중심주의를 내세운 데 대해 비판자들은 "피해자를 배제하거나 선택적으로 접촉하고 제한된 의견 수렴 채널을 가동해 법안을 추진하면서도, '피해자 중심주의'를 내세우고 있

---

32 『통일뉴스』, 2017. 12. 29. http://www.tongilnews.com/news/articleView.html?idxno=123267

33 '(일본군성노예 문제 해결을 위한) 정의기억연대'는 정대협과 정의기억재단이 통합하여 2018년에 설립된 단체이다.

는 점 또한 놀랍다"고 비판했다.[34]

2019년 12월 27일 헌법재판소가 '위안부' 합의에 대한 위헌 청구 각하를 결정하면서, '위안부' 합의가 피해자들의 권리구제를 위한 법적 조치로 보기 어렵다고 판단한 것도 피해자 중심주의에 입각한 것이었다. 헌재 결정은 "정치적 합의이며 이에 대한 다양한 평가는 정치의 영역에 속한다"고 설명하면서도 '완전하고 효과적인 피해의 회복'을 위해서는 '피해자의 의견수렴'이 중요하다는 점을 거듭 확인했다.

문재인 대통령(2020.2.11.)은 "피해자 중심주의는 국제사회의 대원칙"이라는 생각을 피력하며, 이것이 한일관계의 기본이 되어야 한다는 입장을 천명했다. 이러한 인식은 문재인 대통령이 피해자 중심주의를 고수하는 것은 변호사 시절 피해자를 대리했던 경험 때문이라는 일본 언론 보도를 반박하는 가운데 나왔다.

윤미향 대표도 기자회견을 갖고, "우리 내부에서도 지난 문재인 정부가 들어서고 나서 과거사 문제 해결과 관련해서 기준이 만들어졌다"고 하며, 그것이 바로 '피해자 중심주의'라고 주장했다.[35] 나아가 피해자 중심주의에 입각해서 '위안부' 문제와 일본의 과거사를 어떻게 해결할 것인가 정책을 수립해야 하고, 그 정책을 수립하는 데 있어서는 "민간차원, 입법부를 충분히 활용했으면 좋겠다"고 호소했다. 구체적 과제로 제시한 것은 "입법을 통한 진실규명과 자료수집, 기록과 체계화를 통한 진실규명 작업의 촉구가 1차적인 과제이며, 이를 통해 일본 정부에 책임을 촉구해 나가는 그런 노력이 2차적으로 이루어져야 한다"고 주장했다. 나아가 이런 '인권문제'를 해결하기 위한 다자외

---

34 이나영, "지연된 정의는 무엇을 남기는가", 『경향신문』, 2019.12.15. https://www.khan. co.kr/opinion/jeongdong-column/article/201912152033045

35 『통일뉴스』, 2020.4.5. http://www.tongilnews.com/news/articleView.html?idxno=131772

교를 벌였으면 좋겠다는 의견을 피력했다.

2020년 4월 15일 정의기억연대는 1435차 온라인 수요집회를 통해, 21대 국회에서 여성인권평화재단을 설립할 수 있는 근거가 되는 법안을 통과시켜 '위안부' 피해자들의 명예와 인권 회복을 위해 앞장설 것을 촉구했다. "새로운 국회의원은 할머니들이 바라는 바가 무엇인지, 진정한 피해자 중심주의에 근거한 해결이 어떤 것인지 아는 사람들이 되길 바란다"고 하면서 "여성인권평화재단의 설립 근거 기반을 갖출 수 있는 뜻 있는 국회의원들을 20대 국회에서 (기대했는데) 논의조차 못 했다. 우리가 30년 동안 외치고 많은 국민들이 함께 했던 간절함을 담아 법안이 통과되고 '위안부' 피해자들의 명예와 인권 회복에 한발짝 나갈 수 있는 국회가 되기를 바란다"고 주장했다.[36]

이후 '이용수 기자회견'과, '박원순 사건'[37] 이후 피해자 중심주의와 2차 가해 논란이 제기되는 가운데 '피해자 중심주의'가 혼란을 겪으며 재구축되고 있다. 여기에서 참고할 것은 국제사회의 인식이다.

1985년 채택된 국제연합(UN) 공식 문서인 '범죄피해자와 권력 남용의 피해자를 위한 기본적 사법원칙 선언(이하 피해자 인권선언)'은 피해자 지원에 대한 국제적 원칙과 기준을 밝히고 있다. 이 피해자 인권선언은 '권력남용의 피해자'를 "개별 국가의 형법 위반은 아니라 할지라도 국제적으로 인정되는 인권 관련 규범에 반하는 작위 또는 부작위를 통하여 개별적 또는 집합적으로 신체적 또는 정신적 손상, 정서적 고통, 경제적 손실 또는 기본적 권리의 실질적 손상 등 손해를 입은 사람"으로 정의 내리고, 문제 해결을 위해서는 피해자를 존중하고 옹호

36 '정의기억연대' 홈페이지, "수요시위 성명서 1435차", 2020.4.15. http://womenandwar. net/kr/자료실/?pageid=13&mod=document&uid=673

37 2020년 7월 박원순 서울시장이 자신의 비서였던 여성에게 성희롱으로 고발 당한 뒤 실종되었고 스스로 목숨을 끊은 상태로 발견되었던 사건.

하는 데서 더 나아가 공동체의 책임을 인식하는 것이 필요하며, 이것이 진정한 '피해자 중심주의'의 정신이라고 강조했다.[38]

2020년 8월 14일 문재인 대통령은 일본군'위안부' 피해자 '기림의 날' 축사를 통해 "문제 해결의 가장 중요한 원칙은 피해자 중심주의"이며, "정부는 (피해) 할머니들이 '괜찮다'고 하실 때까지 할머니들이 수용할 수 있는 해법을 찾을 것"이라고 하여, 문제 해결 과정에 피해자가 관여해야 한다는 원칙을 확인했다. 나아가 이튿날인 8월 15일 문재인 대통령은 광복절 경축사에서 헌법 제10조의 행복추구권을 언급했다. 문재인 대통령은 "개인이 나라를 위해 존재하는 것이 아니라, 개인의 인간다운 삶을 보장하기 위해 존재하는 나라"라고 하여, "한 개인의 존엄을 지키는 일이 결코 나라에 손해가 되지 않는다는 사실을 확인할 것"이라고 강조했다.

이에 대해 일본 외무성 간부는, "'위안부' 문제 등에서 피해자 중심주의를 내세우는 문재인 정부와는 관계 개선의 실마리조차 찾을 수 없다"고 하여, '피해자 중심주의' 자체를 부정하는 태도를 보였다. 그 간부는 '징용' 문제의 해결에서도 "대화가 중요하다면 한국이 구체적 해결안을 제시하라"고 하여 일본 정부가 책임론에서 비켜나 있다는 입장을 표명했다.[39] 이는 물론 일본 정부의 2015년 합의에 대한 해석에서 나오는 것이었다. 따라서 한일 양국 정부가 '피해자 중심주의'를 공유하기 위해서는 일본 정부의 해석 프레임을 깨는 것이 1차적 과제다.

---

38 『오마이 뉴스』, 2020.6.10. https://www.ohmynews.com/NWS_Web/View/at_pg.aspx?CNTN_CD=A0002648747&CMPT_CD=P0010&utm_source=naver&utm_medium=newsearch&utm_campaign=naver_news

39 『뉴시스』, 2020.8.16. https://newsis.com/view/?id=NISX20200817_0001131936&cID=10301&pI D=10300

7 '2015년 합의'의 재검토: 피해자 중심주의 해결을 열어 가기 위해

'2015년 합의' 이후 '위안부' 문제 해법에 세 가지 수준이 존재하고 있다. 첫째, 현실적으로 존재하는 '2015년 합의'의 의미를 확인하는 것이다. 둘째, 일본 정부가 제공하여 한국 정부가 일부 사용한 10억엔의 처리를 확정하는 것이다. 셋째, 2015년 합의에 입각해 한국 정부 또는 일본 정부의 추후조치(필요조치)가 가능한지 확인하는 것이다.

2015년 합의 검증 TF 보고서는 일본 정부의 책임인정, 내각총리대신의 사죄와 반성 표현, 예산조치의 실시 등 '3대 핵심사항'에서 진전이 있으나, 소녀상 문제, 국제사회에서의 비난·비판 자제, 최종적 불가역적 해결 등 세 가지 문제에서 피해자 중심 해결이 미흡하다고 지적했다. 이를 발표하는 가운데 검증 TF 위원장은 향후 파기 무효화, 합의 유지, 제3의 방안이라는 세 가지 선택지가 있는 가운데, '이성의 비관에도, 의지의 낙관을 믿으며', "문제가 있고 그 문제에 대한 치열한 해결 노력이 있으면 적절한 답을 찾을 수 있다"고 하여 제3의 방안의 가능성을 제시했다.[40]

당시 대통령도 입장 표명(2015년 12월 28일)을 통해 2015년 합의가 절차적 내용적 흠결이 확인되고, 국제사회의 보편적 원칙에 위배되었으며, 피해 당사자와 국민이 배제된 정치적 합의로서, 그 합의가 양국 정상의 추인을 거친 정부 간의 공식적 약속이라는 부담에도 불구하고, 이 합의로 '위안부' 문제가 해결될 수 없다는 점을 확인했다. 그러면서 정부에는 피해자 중심해결과 국민이 함께 하는 외교 원칙하에서

---

40 오태규, "'위안부 합의 검토 보고서' 이후 국내외 반응 및 과제", 제1회 KPF(한국언론재단) 언론포럼, 2018.1.11. 오태규 리포트. https://blog.naver.com/ohtak55/222503887065

후속조치를 마련할 것을 주문했다.

이에 외교부는 후속조치를 발표(2018년 1월 9일)하고, "피해자 중심주의 조치를 모색하고, 10억엔은 우리 정부 예산으로 충당하며, 기금 처리 방안에 대해 일본 정부와 협의할 것, 재단 운영에 대해 해당 부처에서 피해자 관련단체 국민의견을 광범위하게 수렴하여 후속 조치 마련하겠다"는 입장을 확인했다. 이를 발표하면서 외교부 대변인은 브리핑을 갖고, 우리 정부가 생각하는 피해자 중심주의에 대한 질문에 대해, "'위안부' 문제와 같이 전시(戰時) 여성 성폭력에 관한 보편적 인권문제 해결에 있어 피해자 중심의 접근이란, 다른 무엇보다도 피해자들의 우려와 의견에 대해 주의를 기울이면서 문제해결을 위한 제반 과정에서 피해자들의 의미 있는 참여와 협의를 보장하는 것이 가장 핵심적인 요소"라는 입장을 확인했다.

이낙연 국무총리도 기자간담회(2018년 1월 16일)를 통해, "국가 간 정부 간 합의가 있었다는 것은 틀림없는 사실로서, 합의 파기나 재협상 추가 요구는 없다"면서, 문제 해결에서 확인되어야 할 세 가지 기준으로 "역사적 진실, 보편적 정의, 피해자 입장" 등을 제시했다. 이에 대해 당시 아베 신조 일본 정부는 "(합의를) 1밀리미터도 옮기지 않겠다(合意は1ミリも動かさない)"고 하여 한국 정부와 시민사회의 요구에 일체 대답할 생각이 없다는 입장을 표명했다.[41]

한편 검증 TF 보고에 대해 정대협, 정의기억재단, 일본군'위안부' 연구회 등은 성명을 발표하고, 2015년 합의에 드러난 피해자 중심주의 접근의 부재를 비판하고, 재단 해산, 10억엔 반환, 파기 무효화를 요구

---

41 『産経新聞』, 2018.1.4. https://www.sankei.com/article/20180104-CELXESTBLVJ3RFK OVTKQSZAK6E/ ; 한편 니혼게이자이신문은 이 발언을 "1밀리미터도 움직이지 않는다(合意は1ミリも動かない)"고 했다고 소개했다. 『日本経済新聞』, 2018.12.27. https://www.nikkei.com/article/DGXMZO25163390X21C17A2EA2000/

했다. 나아가 국제기구 권고에 따른 인권회복 조치의 이행으로서, 피해자들의 완전한 인권과 명예회복을 위해 정부 차원의 공식사죄, 배상을 포함한 법적 책임 이행을 요구했다. 더불어, 검증 TF 보고서에 대한 비판도 제기했는데, '책임통감과 정부예산 조치'를 법적 책임으로 해석할 수 있다는 데 대해 반박했다. 피해자 및 지원단체가 주장해 온 법적 책임 인정은 '가해 내용의 구체적 명시와 인정', '책임 주체의 구체적 명시를 통한 법적 책임 인정'이라는 점을 다시 확인했다.[42]

이 과정에서 확인되는 것은 문재인 정부가 피해자 중심주의의 복원과 대외관계 전반을 고려한 외교를 동시에 만족시킬 수 있는 해법을 추구하고 있었다는 점이다. 그 해법은 대통령이 천명하고 외교부 장관이 언명한 바의 두 가지 입장에 입각해서 나올 수 있는 것이었다. 즉 "2015년 합의가 정부 간 공식 합의임을 고려하여 파기와 재협상을 하지 않는다"는 입장과 "2015년 합의로는 문제가 해결될 수 없다"는 입장 사이에 존재했다. 한국정부는 "정부 간의 공식적 약속"이라는 형식은 유효하나, 내용이 문제라는 인식에 서서 그 형식과 내용 사이의 간극이 '일본의 자발적이고 진정한 조치'로 내용이 채워질 수 있다는 입장이었다.

한편 국제사회는 2015년 합의가 피해자 중심주의를 반영하여 '개정(revise)'되어야 한다는 입장이었다. 즉 피해자 중심주의에 위반되는 내용이라는 점을 지적한 것이었는데, 합의 가운데 피해자들이 반발했던 '소녀상' 문제, '최종적 불가역적 해결', '국제사회에서의 비난·비판 자제'에 문제를 지적한 것이었다.[43]

---

42 『경향신문』, 2018.1.9. https://www.khan.co.kr/national/national−general/article/201801091620001

43 Hankyoreh, 2017.5.16. https://english.hani.co.kr/arti/english_edition/english_editorials/794987.html

여기에서 '여성인권평화재단(가칭)'의 설립과 '위안부' 피해자들에 의한 기억계승 활동의 제도적 실행이 현실적 과제이자 해법으로 등장했다.

8 현실적 해법의 출발점으로서 '2015년 합의'와 그 이행의 조건들

2015년 합의의 존재를 인정한다면, 무엇보다도 그 이행에서 한국의 이행은 일본의 이행이 전제 조건이라는 점을 확인할 필요가 있다. 내각총리대신의 사죄와 반성 표명은 일본군 관여 사실 인정 위에 일본 정부가 책임을 통감했다는 데 따른 것이며, 일본 정부의 금전적 조치는 그것을 확인하는 행동이다. 그럼에도 합의 직후 이를 부인하는 일본 정부의 행동이 합의 정신에 위배하는 것이며, 그 행동이 현재 '2015년 합의'가 '사문화'되고 있는 일차적 원인이다.

합의에 대한 일본 발표 내용 가운데 중심은, 한국이 재단을 설립하고, 일본이 10억엔을 갹출하고, 일본과 한국 양국이 협력하여 피해자 명예와 존엄을 회복하며, 마음의 상처 치유 사업을 행하기로 한 것이다. 즉 10억엔 갹출과 전달로 일본의 책임 이행이 완료된 것이 아닌 것이다. 또한 2015년 합의는 프로세스에 대한 합의로, 문제 해결을 위한 로드맵을 공유하고 함께 노력하자는 것이 그 내용이다. 합의 내용에 입각해 일본 정부의 성실한 협조가 필요한 것이 '사문화'된 합의의 '소생'을 위한 필요조건이다. 요컨대 일본 정부의 이행 의무가 10억엔을 갹출하는 데에서 끝나는 것이 아니라, 피해자 명예와 존엄 회복, 상처 치유 사업의 실시에 있다는 점이 합의 당사자인 한국과 일본 정부 사이에서 분명히 공유되어야 한다.

문재인 정부가 10억엔을 정부예산으로 충당하고 그 사용을 위해 일본과 협의하겠다는 것은 재협상을 하겠다는 것이 아니라, 10억엔의 의미를 확인하겠다는 것이었다. 일본 정부의 예산 조치가 일본 정부의 가해 사실 및 책임 인정과 공식 사죄와 함께 이루어지는 것일 때 피해자들은 이를 수용 가능하기 때문이다. 합의 직후 일본 정부는 이 금전적 조치가 '배상이 아니라' 못 박고, 피해자들에게 사죄 편지를 보낼 생각이 '털끝만큼도 없다'고 하여, 위의 방식을 일본 스스로 부인한 바 있다.[44] 따라서 2015년 합의 사문화의 책임은 일본에 귀착된다.

한국 정부에 의한 10억엔의 충당이라는 것은 61억원(1엔≒10원)의 미집행분을 동결하고, 46억원의 집행분을 정부 예산으로 충당하여, 예산 조치 이전의 원점으로 돌아가 일본 정부의 설명을 기다리겠다는 것이다. 일본의 성의있는 자발적 조치가 있다면 46억원 집행분을 추인하고, 일본과 협력하여 61억원을 재원으로 하는 새로운 사업을 시작할 수 있을 것이다. 거기에는 피해자 중심주의에 입각하여 피해자의 명예와 존엄의 회복, 상처 치유를 위한 제반 사업이 포함될 수 있다.

당시 한국 정부가 일본 정부에 요청한 '행동'은 '진실 인정, 진심을 다한 사죄, 재발 방지 노력'이었다. 그런데 이는 '추가조치'가 아니라 '필요조치'로서, 합의의 외부에서 추가적으로 요청하는 것이 아니라, 합의를 이행하는 과정에서 필요한 조치였다. '최종적 불가역적 해결'과 관련해서는 해당 문장의 시제에 주목할 필요가 있다. 1965년 협정이 "해결된 것이 된다는 것을 확인한다(解決されたこととなることを確認する)"로 되어 있는 것과 대비해, 2015년 합의는 "해결될 것임을 확인한다(解決されることを確認する)"고 되어 있다. 이는 2015년 합의가 프로세스에 대한 합의였음을 의미한다. 그런 의미에서 2015년 합의는 로드맵의 의미를 지닌다. 즉 일본 정부가 '앞서 표명한 조치를 착실히 실시한

---

44 『産経新聞』, 2016.10.3.

다는 것을 전제로' 언젠가 해결될 것임을 확인한 것이다.

일본 정부가 실시할 조치란, "모든 전(前) '위안부' 분들의 마음의 상처를 치유하는 조치"이며, 구체적으로는 "모든 전 '위안부' 분들의 명예와 존엄의 회복 및 마음의 상처 치유를 위한 사업을 행하기로 한 것"이다. 다시 강조하지만 10억엔의 전달만으로 일본이 약속을 이행했다고 할 수 없다. 또한 '해결될'의 주어가 '이 문제'라는 점을 확인할 필요가 있다. '이 문제'는 기시다 외상이 밝힌 제1항에서 언급한 '위안부 문제'이며, 이는 '당시 군의 관여하에 다수의 여성의 명예와 존엄에 깊은 상처를 입힌 문제'다. 따라서 '이 문제'에는 소녀상의 문제와 '국제사회에서의 비난·비판 자제'의 문제가 포함되지 않으며, 이 두 문제는 2015년 합의에서 해결되어야 할 '이 문제'의 외부에 존재하고 있다.

그런 의미에서 일본이 '1밀리미터도 옮길 수 없다'는 것은 합의에 대한 몰이해(또는 자의적 해석)에 더해 한국 정부의 입장에 대한 몰이해가 확인되는 말이다. 이것이 만일 일본이 취해야 할 '필요조치'에 대한 거부라고 한다면 그것이야말로 오히려 합의 위반이다. 반면, 한국 정부에 대해서만 합의 실시를 요구하는 것 또한 합의에 대한 자의적 해석(또는 과잉해석)에서 나오는 행동이다. 참고할 것은, 2018년 1월 9일, 고노(河野) 외상은 한국 정부에 '합의 이행'을 촉구하고, '추가 조치' 수용 거부 입장을 확인하면서도, "일본의 합의 이행은 다 한 것으로 생각하느냐"는 질문에 대해 "우리도 이행할 것이며, 한국측에게도 이행을 요구하겠다"고 대답한 바 있다는 사실이다.[45] '추가조치'가 아닌, '필요조치'는 진행 중이며, 앞으로도 일본 정부가 할 일이 남아있다는 점을 인정한 발언이라고 할 수 있다.

---

45 『河野外務大臣臨時会見記録』, 2017.1.9., https://www.mofa.go.jp/mofaj/press/kaiken/kaiken4_000631.html

일본의 아사히신문, 마이니치신문, 도쿄신문 등은 한국측의 '합의 이행'이 필요하지만, 이를 위해서 일본 정부도 할 일이 있다는 인식을 보이고 있었으며, 자민당 정치인 가운데 이시바 시게루(石破茂)가 그런 입장을 표명했던 바 있다.[46]

결국 일본이 '필요조치'를 취하지 않을 경우 합의는 최종적으로 사문화될 것이며, 그 책임은 일본에 있다. 일본 외교사에서는 일본의 행위로 조약·협정이 사문화된 허다한 사례를 찾을 수 있다. 1956년의 소일공동선언, 2006년의 후텐마 기지 이전에 관한 미일합의, 2002년의 북일평양선언, 북일 스톡홀름 합의 등이 일본측의 약속 위반, 합의 사항 불이행으로 사문화된 사례들이다.

9 포스트-피해자 시대, 2015년 합의를 어떻게 할 것인가?

무엇보다도, 합의에서 확인된 일본의 가해 사실 인정과 진정어린 사죄, 그리고 법적 책임의 완수만이 사문화된 합의를 소생시킬 수 있는 유일한 길이다. 따라서 "공은 일본에 있다".

일본의 책임있는 사람(총리 또는 주한 일본대사)이 '위안부' 기림비를 방문하여, 고노담화에서 확인한 바의 가해 사실을 인정하고 2015년 합의에 입각해 일본 총리대신의 사죄를 확인할 필요가 있다. 아베 내각에 이어, 기시다 내각이 2015년 합의를 일본 정부의 입장에서 계승

---

46 『동아일보』는 이시바 시게루(石破茂) 의원이 2017년 5월 19일, 서영아 동아일보 도쿄특파원과 가진 인터뷰에서 일본이 한국의 "납득을 얻을 때까지 계속 사죄하는 수밖에 없을 것"이라고 말했다고 보도했다. 그러나 일본에서 이 발언이 문제시되자, 이시바 의원은 인터뷰에서 사죄라는 용어를 쓴 적은 없으며, 다만 일본 정부가 계속 노력해야 한다고 했다고 정정했다. 다만 이에 대한 정정요구는 하지 않았다. 『동아일보』, 2017.5.23. https://www.donga.com/news/article/all/20170523/84510461/1; 『産経新聞』, 2017.5.24. https://www.sankei.com/article/20170524-6UZ5VWGZXRNGBE2IT5ZAH2YV5Y/

한다는 입장 발표가 필요하다. 즉 "내각총리대신으로서 사죄한다"는 문구를 기시다 총리의 육성으로 확인해야 한다. 2015년 합의는 아베 내각총리대신이 주어로 되어 있어, 개인의 입장 표명에 불과하다. 즉 "아베 내각총리대신"이라는 곳을 현역의 총리 대신인 기시다 총리가 "일본국 내각총리대신으로서" 다시 한번 "'위안부'로서 많은 고통을 겪고 심신에 걸쳐 치유하기 어려운 상처를 입은 모든 분들에 대해 마음으로부터 사죄와 반성의 마음을 표명할" 필요가 있다. 기시다 내각은 2015년 합의의 기본정신으로 되어 있는 고노담화를 계승한다고 명확한 말로 확인했다. 그렇다고 한다면 그 문장을 자신의 말로 하여 재확인하는 것은 불가능한 일도 어려운 일도 아닐 터이다.

나아가 2015년 합의에서 확인한 10억엔은, 고노담화에서 일본 정부가 인정한 대로 일본군에 의한 전시 여성인권 침해 사실을 인정하고, 그것에 일본 정부가 책임을 지고 사과하는 마음의 징표로서 일본의 예산 조치로 갹출하여 전달하는 '사죄금'이라는 점을 확인할 필요가 있다. 그럼으로써 10억엔이 합의에서 확인한 대로 피해자의 명예회복과 상처치유를 위해 사용된다는 사실이 확인된다. 여기에서 피해자 없는 피해자 중심주의의 원칙이 구현되어야 한다. 10억엔의 잔여금과 한국 정부가 갹출한 성평등 기금으로 '여성인권평화재단(가칭)' 설립 요구를 반영하여, '진상규명과 연구교육, 기억계승'을 위한 시설을 라키비움(도서관과 기념관, 박물관의 기능을 복합적으로 갖는 시설이나 기관)의 형태로 설립하는 것이다. 그 설립은 국제사회와 미래로 열린 해결의 거점을 마련하는 것이다.

이상의 일본측 노력을 전제로, 2015년 합의가 보완되어 그 한계가 극복되었음이 확인될 때, '평화의 소녀상'은 위에 언급한 라키비움 형태의 시설 또는 기구로 이전할 수 있다. 그럼으로써, '평화의 소녀상'은 일본의 진정어린 사죄와 법적 책임을 요구하는 수요집회의 상징이었다는 점이 기억으로서 계승된다. 이후 수요집회는 위의 시설 또는 기구에서 '평화의 소녀상을 둘러싼 수요행사'(예를 들어 이용수 학교, 세미나, 간담회, 증언 낭독회 등)로 전환되어 실시될 수 있다.

이 시설 또는 기구는 일본의 연구자, 활동가도 포함하여 국제적인 네트워크 속에서 운영될 필요가 있다. 해당 시설을 국제사회에 '전시 성폭력'의 '기억계승'과 '재발방지를 위한 교육'의 장으로 제공하여, 전시 성폭력과 관련한 아시아의 여성 관련 국제레짐을 주도하는 기구로 발전시킨다.

정대협 운동 30년인 2020년이 지났고, 김학순 증언 30년인 2021년이 지났으며, 나아가 수요집회 30년인 2022년도 지나간 가운데, '피해자 없는 피해자 중심주의'의 시대를 열기 위한 조건들을 확인할 필요가 있다. 코로나19 팬데믹을 배경으로 일본에서 아베·스가 시대가 마감되고, 미국에서도 트럼프에서 바이든으로 정권교체가 일어났다. 어쩌면 현재 우리는 세계사 문명사의 전환점에 서서 그 출발점을 기록하고 있는지도 모른다. 신자유주의의 무한확장인 지구화에 제동이 걸리면서 다시 국제정치의 전면에 다시 나서고 있는 '국가'들이 정치적 현실주의를 복원시키고 있는 한편, 그 동안 신자유주의의 기세에 눌려 있던 국제적 도의도 희망의 얼굴을 슬며시 드러내 보이고 있다.

이제야말로 1세대 운동에 관여했던 모든 이들 사이에서 현실주의와 이상주의의 대화를 개시하여, '위안부' 문제 해결의 새로운 30년을 여는 데 모든 노력을 집중할 때다. 그 기회를 포착하는 정치적 책무는 정부만의 책무가 아니다. 아니, 피해자 중심 접근에 대한 적극적 언급 없이 '위안부' 문제를 '큰 흥정(grand bargain)'거리로 생각하는 윤석열 정부이기에[47] 이 문제를 '원칙'에 입각해 해결하기 위해 노력해 온 시민사회가 적극적으로 품어 안아야 할 정치적 책무다.

---

47 『한국일보』, 2022. 9. 19. https://www.hankookilbo.com/News/Read/A2022091916480004995?did=NA

황선혜(조사이국제대학)

제6장

문화교류와 콘텐츠 비즈니스의 변모

제6장
문화교류와 콘텐츠 비즈니스의 변모

1 한일 문화교류의 가교(架橋), '콘텐츠'

2018년 9월 26일, 와세다대학 이부카(井深)대기념홀에서 '새로운 한일 파트너십 전망 오부치-김대중 공동선언 20주년 기념 학술 심포지엄 및 문화공연'이 열렸다.[1] 공동선언 후 20년간의 한일 관계를 돌아보고, 양국 문화교류의 성과를 재평가하며, 향후 동북아시아의 안정과 발전을 위한 방안을 고민하고자 기획된 행사였다. 심포지엄 기념 문화공연에서는 〈겨울연가〉, 〈대장금〉 등 일본에서 인기를 끌었던 한국 드라마 주제곡을 선보였다.

1998년 10월 8일, 김대중 대통령과 오부치 게이조(小渕恵三) 내각총리대신이 '21세기의 새로운 한일 파트너십 공동선언'을 발표했다. 공동선언은 정치, 경제, 문화 등 광범위한 교류 확대를 담은 5개 분야,

---

1 와세다대학 지역 및 지역 간 연구기구 홈페이지 참조. https://www.waseda.jp/inst/oris/news/2018/09/03/2622/ (2022년 1월 15일 열람)

43개 항목의 행동 계획이 포함된 것으로 양국이 실천을 위한 상호협력과 문화교류를 이룰 것을 다짐했다. 과거사 문제를 매듭짓고 미래지향적 관계 발전을 약속한 공동선언은 2023년으로 25주년을 맞았다. 한국 드라마와 K-POP에 열광하는 일본, 일본의 만화와 애니메이션에 감동하는 한국, 서로의 문화에 관심을 가지고 즐기는 모습이 양국이 서명한 공동선언의 성과라고 할 수 있다.

우선, 한일 문화교류의 가교(架橋)는 '콘텐츠'라고 강조한다. 드라마, 음악, 영화, 만화, 애니메이션, 캐릭터 등의 문화콘텐츠이다. 다양한 콘텐츠를 계기로 양국의 문화, 사회, 역사 등을 서로 알고 더 깊이 이해하려는 행동 자체가 문화교류다. 양국이 '콘텐츠'라는 가교를 오가며 함께 울고, 함께 웃고, 함께 응원함으로써 '공감'의 감정이 생긴다. 콘텐츠를 통해 자연스레 생기는 '공감'을 나누는 것이 문화교류의 실천일 것이다. 이와 같은 일련의 실천이 일본을 포함해 전 세계에 '한류(韓流)'라는 문화현상을 일으키고 있다.

1990년대 말부터 한류라는 용어가 언론에 등장하였고, 우리나라의 대중문화가 해외에서 소비된다는 뉴스가 나오기 시작한 지 20여 년이 지났다. 그동안 한국의 대중문화를 상징하는 한류는 중국, 일본, 동남아시아뿐만 아니라 유럽과 미국까지 진출하여 큰 성과를 거두고 있다. 한류의 성장은 국내 콘텐츠 산업의 규모와 생산 시스템을 대폭 발전시켰다. 그리고 한류의 효과는 다른 산업까지 크나큰 영향력을 미쳤다. 미용, 패션 등 한류 스타와 직접 연관되는 분야에서 발 빠르게 나타났으며 이후 소비재를 비롯해 관광, 음식, 한국어 등 다양한 분야와 산업에 긍정적인 영향을 미치고 있다. 나아가 문화국가로서의 국가 이미지 형성에 큰 역할을 하고 있는 점도 무시할 수 없다.

일본에서 한류는 2003년 NHK위성방송에서 방영한 드라마 〈겨울연가〉에서 비롯됐다. 일시적인 '붐'에 그치지 않고 그 기세는 2020년

대까지 이어오고 있다. 드라마, 영화, 음악 등 한국 콘텐츠의 고조는 국가 브랜드, 한국어, 한식, 외교 등 다양하게 파급됐다. 지난 20년간 의 한류는 '국경을 초월한 문화교류'로서 중요한 역할 매김을 했다. 특 히 세대를 초월하여 한국을 더욱 알고자 하며, 일상생활에서 '한국의 것'을 즐기려는 사람들이 한층 늘어나고 있다.

일본뿐만 아니라 전 세계적으로 선풍적인 인기를 끌고 있는 한국 콘텐츠는 기획·제작·유통 등의 국내외 산업 측면에서도 격변과 급속 한 성장을 보이고 있다. 특히 세계화 시대에 콘텐츠라는 상품이 다양 한 미디어 유통을 통해 어떻게 전개되고, 수요와 공급을 통한 시장 을 생산·순환·확대하는지가 비즈니스의 핵심이다. 제6장에서는 비즈 니스 디자인 관점에서 한국 콘텐츠 비즈니스의 변모, 성장을 이끈 저 력, 향후 전망에 대해 모색하고자 한다. 더불어 콘텐츠 비즈니스 현 장의 목소리를 통해 콘텐츠를 통한 한일 문화교류의 바람직한 모습 을 제시한다.

2 세계를 석권하는 한국 콘텐츠, 국가 이미지에 미친 영향

1) 한국 콘텐츠 수출과 K-Culture

한류의 영향력에 크게 미친 것은 문화콘텐츠임에 틀림없다. 드라 마, 음악, 영화 등 한국 콘텐츠는 해외 소비자가 자발적으로 소비하고 그 결과, 수요와 공급의 시장이 형성되면서 경제적 가치의 문화산업 이 생겨났다. 매년 문화체육관광부와 한국콘텐츠진흥원이 발표하는 『콘텐츠산업통계조사』에 따르면 2019년 한국 콘텐츠의 매출액은 126.7조 원으로 2018년 119.6조 원의 5.9% 웃돈다. 콘텐츠 시장에서 매출액을 견인한 장르는 출판산업으로 전체의 16.8%를 차지하고 다

음으로 방송, 광고, 지식정보, 게임 순이다(표 6-1).[2]

표 6-1 콘텐츠산업 매출액 현황(2016-2019)　　　　(단위: 백억 원)

구분	2016년	2017년	2018년	2019년	비중 (%)	전년대비 증감률 (%)	연평균 증감률 (%)
출판	2,077	2,076	2,095	2,134	16.8	1.8	1.0
만화	97	108	118	134	1.1	13.5	9.8
음악	531	580	610	681	5.4	11.7	8.2
영화	526	549	589	643	5.1	9.2	5.9
게임	1,089	1,314	1,429	1,558	12.3	9.0	9.8
애니메이션	68	67	63	64	0.5	1.8	1.2
방송	1,733	1,804	1,976	2,084	16.4	5.5	6.1
광고	1,580	1,641	1,721	1,813	14.3	5.4	5.9
캐릭터	1,107	1,192	1,220	1,257	9.9	2.9	5.7
지식정보	1,346	1,504	1,629	1,767	13.9	8.5	9.4
솔루션	458	485	509	536	4.2	5.2	5.6
합계	10,612	11,320	11,959	12,671	100.0	5.9	6.0

자료: 문화체육관광부(2021)「2019기준 콘텐츠산업통계조사」를 토대로 저자 작성.

　　한국 콘텐츠의 매출액에 이어 수출 현황은 다음과 같다. 2019년 조사에서 한국 콘텐츠 수출액은 전체 101.8억 달러이며, 그중의 게임이 66.6억 달러로 전체 수출액의 절반 이상인 65.3%를 차지했다. 매출액과 달리 가장 많이 수출하는 장르는 게임, 캐릭터, 음악, 지식정보 순이다. 특히 음악은 전년도 대비 증감률이 34.0%, 연평균 증감률도 18.7%로, 1위인 게임과 1.3%포인트(p)밖에 차이 나지 않았다(표 6-2).

2　한국콘텐츠진흥원 콘텐츠산업통계조사 홈페이지 참조. https://www.kocca.kr/cop/bbs/list/B0158948.do?menuNo=203778 (2022년 1월 9일 열람)

표 6-2 한국 콘텐츠산업 수출액 현황(2016-2019)　　　　(단위: 천 달러)

구분	2016년	2017년	2018년	2019년	비중(%)	전년대비 증감률 (%)	연평균 증감률 (%)
출판	187,388	220,951	248,991	214,732	2.1	△13.8	△0.9
만화	32,482	35,262	40,501	46,010	0.5	13.6	11.9
음악	442,566	512,580	564,236	756,198	7.4	34.0	18.7
영화	43,894	40,726	41,607	37,877	0.4	△9.0	6.6
게임	3,277,346	5,922,998	6,411,491	6,657,777	65.3	3.8	20.0
애니메이션	135,622	144,870	174,517	194,148	1.9	11.2	11.3
방송	411,212	362,403	478,447	474,359	4.7	△0.9	10.3
광고	109,804	93,230	61,293	139,083	1.4	126.9	10.1
캐릭터	612,842	663,853	745,142	791,338	7.8	6.2	9.4
지식정보	566,412	616,061	633,878	649,623	6.4	2.5	5.9
솔루션	188,495	201,508	214,933	227,881	2.2	6.0	6.7
합계	6,008,063	8,814,442	9,615,036	10,189,026	100.0	6.0	15.8

자료: 문화체육관광부(2021) 『2019기준 콘텐츠산업통계조사』.

한국 음악, 이른바 K-POP의 기세는 수출산업 측면에서 성장이 뚜렷해 해외 소비자들의 한류 소비 행태와 한국을 연상하는 이미지에 핵심적인 영향을 줄 가능성이 큰 것으로 보인다. 문화체육관광부와 한국국제문화교류진흥원이 조사한 『2021 해외 한류 실태조사』에 따르면, 한국 연상 이미지에 가장 많은 영향을 주고 있는 것이 K-POP으로 16.8%를 차지했다. 다음은 한식이 12.0%, 정보기술(IT)산업 6.9%, 한류스타 6.6%, 드라마 6.4% 순이다. 나라별, 지역별로 한국 콘텐츠를 소비하는 비중은 다소 차이가 있지만, 직접 소비한 한국 콘텐츠가 한국 이미지 형성에 크게 영향을 미치고 있다. 요컨대 한국 콘텐츠를 접한 경험이 한국을 연상하는 이미지에 중요한 계기가 되고 있

다고 할 수 있다.[3]

그렇다면 20여 년 동안 지속적으로 한류가 지속되고 있는 일본은 어떠한가? 한국 콘텐츠의 수출 현황과 한국 연상 이미지의 형성에 대해 알아보자. 2019년 한국 콘텐츠 수출액 기준으로 수출 국가의 순위를 살펴보면, 일본은 한국 전체 수출액의 17%를 차지해 그 규모가 중국에 이은 두 번째 수출 대상 국가다. 매년 10% 내외의 증가세를 이어가는 가운데 2019년에는 게임, 방송, 출판 외의 모든 장르에서 증가했으며, 특히 음악에서는 2016년과 비교하면 23.4%의 성장률을 보였다(그림 6-1, 표 6-3).[4]

/ 그림 6-1 / 한국 콘텐츠산업 수출액 현황(일본)　　　　(단위: 천 달러)

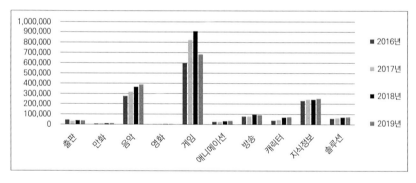

자료: 문화체육관광부(2021) 『2019기준 콘텐츠산업통계조사』.

3　『2021 해외 한류 실태조사』란 문화체육관광부와 한국국제문화교류진흥원이 매년 실시하는 한류 실태조사로, 자세한 내용은 한국국제문화교류진흥원 해외한류실태조사 홈페이지를 참조. http://www.kofice.or.kr/b20industry/b20_industry_00_list.asp?mnu_sub=20300(2022년 1월 9일 열람)

4　문화체육관광부가 2021년 발표한 『2019 기준 콘텐츠산업조사』의 지역별 수출액을 살펴보면 중국이 41.5억 달러(홍콩 포함 42%), 일본은 16.5억 달러(16.8%), 동남아시아는 6.8억 달러(14.1%), 북미는 11.9억 달러(12.1%), 유럽 7.8억 달러(7%), 기타 13.9억 달러(8%)임.

표 6-3 한국 콘텐츠산업 수출액 현황(일본)　　　　　　　(단위: 천 달러)

구분	2016년	2017년	2018년	2019년
출판	46,588	33,606	39,911	38,495
만화	9,154	9,742	11,601	12,295
음악	277,292	320,599	367,335	389,484
영화	4,314	4,895	4,591	4,711
게임	600,810	824,036	907,991	684,948
애니메이션	26,254	26,461	32,681	36,703
방송	79,902	81,952	95,783	91,767
캐릭터	41,287	45,051	68,245	73,974
지식정보	231,324	244,891	244,087	252,520
솔루션	59,132	64,742	70,390	73,837
합계	1,376,054	1,655,975	1,842,614	1,658,734

자료: 문화체육관광부(2021) 『2019기준 콘텐츠산업통계조사』.

앞서 설명한 『2021 해외 한류 실태조사』 국가별 결과에 따르면, 일본의 경우 한국 연상 이미지로 한식이 29.2%로 가장 높다. 다음으로 K-POP(22.4%), 드라마(7.4%), 한류스타(6.4%), IT산업(3.4%) 순이다. 반면 한국 콘텐츠의 소비 비중을 살펴보면 패션(20.5%), 뷰티(16.4%), 예능(15.3%), 게임(15.2%), 드라마(14.7%) 순으로 나타났다. 일본의 경우, 한국을 연상하는 이미지와 실제 소비 콘텐츠에 있어 다소 차이가 있다. 여기서 주목할 점은 일본 고유의 한국 콘텐츠 산업의 확대이다. 콘텐츠의 국제적 흐름은 콘텐츠가 더욱 발달한 국가에서 그렇지 않은 국가로 전해지는 것이 일반적이다. 왜냐하면 콘텐츠 소비 특성상 상대국에 대한 동경과 환상을 가지고 소비하는 경향이 강하기 때문이다.

　한편 일본에서는 한국 드라마를 계기로 시작된 콘텐츠 시장 확대는 일반적인 국제적 흐름과 다른 경향을 띠었다고 전문가들은 지적한

다. 일본 내 한국 콘텐츠 산업의 확대는 한류스타, K-POP 아티스트
에 그치지 않고 한식, 미용, 패션, 한국산 소비재까지 확장되고 있다.
콘텐츠와 관련 상품 및 문화의 소비는 심리학적 행동에는 팬덤(팝컬처,
스포츠 등 열광적인 팬들에 의해 만들어지는 세계와 문화현상)이 필수적이다. 일
본의 한류 팬덤은 콘텐츠 소비에서 문화와 상품 소비로 대중문화의 확
대성을 보여준 것으로 나타난 것이다.

한국 콘텐츠 비즈니스 전문가인 히라이 혜원 씨는 2016년, 2017년
을 기점으로 한류 팬층의 변화가 그 원인이라고 말했다.[5] 일본에서는
20여 년간 한류가 지속되면서 한국 드라마 팬인 중년 여성 문화에 그
치지 않고, 가족 문화로 확산되고 지금은 10, 20대 일본 젊은이들의
문화로 확장되고 있다. 그런 의미에서 일본에서 한국 콘텐츠의 확대
는 세대를 초월해 할머니에서 손녀까지 3대가 즐기는 대중문화로 발
전된 것이다. 어떤 측면에서는 세계에서 가장 바람직한 한국 문화 확
산을 보여주고 있다고 해도 과언이 아니다.

2020년 코로나19(신종 코로나바이러스 감염증)가 전 세계로 확산하면
서 사람들의 행동이 제한됐고 지금도 이어지고 있다. 이 영향으로 이
용이 급증한 홈 엔터테인먼트를 꼽자면 온라인 동영상 플랫폼일 것이
다. 그 나라에, 그 지역에 가지 않고도 손쉽게 콘텐츠를 접할 수 있는
온라인 동영상 플랫폼의 서비스는 콘텐츠 비즈니스 모델의 변화를 가
져왔으며 이용자의 시청 습관에도 큰 영향을 미치고 있다. 또한 다양
한 기술이 융합된 디지털 콘텐츠는 애플리케이션을 통해 즐기고 커뮤
니티 플랫폼을 통해 팬들과 공감과 교류하는 것으로 글로벌 팬덤 형
성에 톡톡히 한몫하고 있다.

앞으로도 SNS의 발달과 글로벌 플랫폼의 확산으로 일본 내에서는

---

5 본 장의 3-2) 한국 콘텐츠의 영향력: 전문가의 인터뷰에서 인용함.

한국 드라마와 K–POP 팬덤은 더욱 확대할 것으로 보인다. 이에 따라 양국의 정치, 외교, 역사 문제에 얽매이지 않고 콘텐츠를 중심으로 문화교류는 활발할 것으로 예측되며, 한국의 이미지와 호감도는 높아질 것으로 전망된다.

2) 문화정책과 한국 콘텐츠의 도약

우리나라 콘텐츠가 세계적으로 주목받을 때마다 일본 미디어에서 자주 등장하는 것이 한국의 문화정책이다. 이른바 한국 콘텐츠의 수출 증가와 한류 인기의 배경에 한국 정부의 문화지원이 뒷받침되었다는 것이다. 문화정책의 성과와 한류 확대의 상호관계를 거론하기 전에 일본 문화청이 매년 발표하는 『국가별 정책 등에 관한 비교 조사연구』 결과를 소개하고자 한다(그림 6–2).[6]

/ 그림 6-2 / 국가별 문화지출 비교

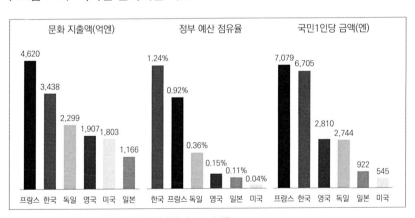

자료: 일본 문화청(2020) 『국가별 정책 등에 관한 비교 조사연구』.

---

6 일본 문화청(2020년도) 『국가별 정책 등에 관한 비교 조사연구』 https://www.bunka. go.jp/tokei_hakusho_shuppan/tokeichosa/pdf/93659801_01.pdf (2022년 3월 14일 열람).

일본 문화청이 발표한 『국가별 정책 등에 관한 비교 조사연구』는 영국, 미국, 독일, 프랑스, 한국, 5개국을 대상으로 일본 정부의 문화 지출액과의 비교조사를 연구한 것이다. 나라별 정부 예산에서 차지하는 문화 지출액 비율을 보면, 한국이 1.24%로 가장 높고, 프랑스가 0.92%, 독일, 영국이 각각 0.36%, 0.15%, 일본은 0.11%, 미국은 0.04%이다. 한국은 일본의 약 10배의 예산이 문화 영역에서 지출하고 있다는 것이다.

2010년을 100%로 하여 정부예산의 비율 추이를 보면, 2020년 한국은 156%로 증가, 일본은 거의 동일한 103%, 다른 나라는 감소 경향을 띠었다. 한국의 경우, '콘텐츠산업 육성'과 '예술 진흥과 생활화, 산업화'라는 항목의 예산액이 크게 증가했다. 지난 10년간 한국 정부는 문화 지출액을 대폭 증가시켰고, 그 결과 한국 콘텐츠가 해외에서 주목을 받을 때마다 국가 정책의 영향이라고 의문을 갖는 것은 당연할 수 있다. 문화지출액이 매년 증가하고 있는 가운데 한국이 어떤 문화정책 및 실행시책을 수립했고, 그 특징이 어떠했는지에 대해 살펴보기로 하자.

1998년 2월 25일, 제15대 김대중 대통령은 취임사에서 '문화는 문화산업을 일으키고 방대한 고부가가치를 창출하는 21세기의 중요한 기간산업'으로, 다른 산업과 마찬가지로 수익구조를 창출하기 위해 세계화 추진과 함께 높은 문화적 가치를 계승 발전할 것임을 강조했다. 그해 10월 20일 '문화 대통령'을 선언하면서 21세기는 지식과 정보의 시대이며 문화·관광의 시대라고 강조했다. 그리고 21세기 기간산업인 문화와 관광산업을 진흥시키고 해외시장을 개척하기 위해 전력을 다할 것임을 밝혔다. 반면, 문화정책에서 국가의 역할은 "지원은 하되 간섭은 없다"라는 것을 강하게 전달했다.

문화정책과 관련하여 '통제정책에서 진흥정책으로'의 전환을 강조하며 창작활동에 대한 규제의 철폐와 완화를 실행하였다. 문화예술 진흥과 지원의 원칙을 확립한 것은 이 시대에 이룬 큰 업적 중 하나라고 할 수 있다. 또한 'Dynamic Korea'라는 국가 브랜딩 강령을 내걸고 문화산업진흥기본법 개정(2001년), 온라인디지털콘텐츠 산업진흥법 제정(2003년) 등 '경제원칙에 따른 문화산업 정책 진흥'을 중심으로 예산의 증가와 그에 따른 성장을 가져왔다.

이어 16대 노무현 대통령은 취약계층에 대한 지원과 지역발전을 문화정책의 중심으로 삼았다. 세계 5대 문화산업 강국을 목표로 'Premium Korea'라는 강령 아래 인재 육성, 문화기술(Culture Technology), 콘텐츠 창작 기반 강화를 위한 제작 지원센터 설립에 주력했다. 또한 아시아 문화산업 네트워크 구축과 해외 마케팅 강화 등을 추진했다. 김대중 대통령이 법률 정비에 주력한 온라인디지털콘텐츠 산업을 더욱 발전시켜 기본계획을 제1차, 제2차로 제정해 한국의 디지털 콘텐츠 산업을 21세기 핵심 산업으로 육성했다. 21세기 새로운 문화 비전 '창의 한국'(2004년), 문화강국 C-KOREA 2010(2005년) 등 창의성을 기반으로 한 문화산업 확대를 시도했다. 문화적 정체성과 창조적 다양성을 높이는 것이 중요함을 강조하며, 문화를 국가발전을 위한 신성장 동력으로 정하고 세계 평화와 번영을 위한 문화 교류 협력 증진을 수립했다. 김대중 대통령, 노무현 대통령은 문화산업에 필요한 인재, 인프라, 법률, 조직, 글로벌 네트워크 등을 중점으로 적극적인 정책과 지원을 추진한 것이 특징이다.

다음으로 제17대 이명박 대통령은 공공정책의 효율적 운영을 기조로, 디지털 콘텐츠 업무를 정보통신부(현재, 과학기술정보통신부)에서 문화체육관광부로 이관시켜 문화체육관광부의 기능을 확장했다. 문화를 국민의 생활과 직결된 개념으로 삼고 사회적 발전과 국가발전의 목표로 문화 비전(2008년)을 제안하였다. 제18대 박근혜 대통령은 국가 비전으로 문화융성을 내걸고 문화기본법과 지역문화진흥법 등 법률 제정을 적극적으로 추진했다. 지역문화 활성화를 위한 지역발전 5개년 계획(2012년), 지역문화진흥 기본계획(2015년)이 대표적인 문화정책이다.

제19대 문재인 대통령은 취임 후 이듬해인 2018년, 콘텐츠 산업 경쟁력 강화를 위한 핵심 전략을 발표했다. 콘텐츠 경쟁력, 고용, 공정환경 세 가지를 키워드를 중심으로 안정적인 산업기반, 양질의 콘텐츠 생산과 수요를 기본방침으로 정하고 이를 추진했다. 세제, 대출자 지원, 기술 연계를 통한 콘텐츠 개발 등 세계 수준의 경쟁력을 창출하고 콘텐츠 해외 진출 기회와 연계를 확대해 새로운 시장 개척 방향을 구체적으로 제시했다. 불공평한 환경을 개선하고 재능 있는 인재가 자유롭게 활동할 수 있도록 공정한 창작환경 정비와 기술혁신을 강조했다.

이듬해 발표한 '콘텐츠 산업 3대 혁신전략과 10대 사업'에서는 정책금융 확충을 통한 혁신적 문화기업 지원, 리드형 실감 콘텐츠 육성을 통한 미래 성장동력 확보, 그리고 신한류 관련 산업 성장 견인 등의 전략을 제시했다. 각각의 전략에 따라 투자펀드, 체험형 콘텐츠와 공간 구축, 인재 육성·제작 지원, 소비재 및 관광 등 관련 산업 마케팅 지원 강화, 산업과 산업 연계 및 시장 주도 콘텐츠 창작 등 폭넓게 다양한 성장 기회를 마련했다.

표 6-4에서는 지금까지 언급한 문화정책을 간단하게 정리하고 있다.

표 6-4 한국의 문화정책의 특징

김대중 (1998~2003)	노무현 (2003~2008)	이명박 (2008~2013)	박근혜 (2013~2017)	문재인 (2017~2022)
Dynamic Korea	Premium Korea		Creative Korea	
문화산업진흥 기본법 온라인디지털 콘텐츠산업 진흥법	온라인디지털 콘텐츠산업발전 기본계획	문화비전 (2008~2012) 한국콘텐츠 진흥원(KOCCA) 신설	지역발전 5개년계획 (2012) 지역문화진흥 기본계획 (2015)	문화비전2030 (2018) 콘텐츠산업 경쟁력강화 핵심전략 (2018) 콘텐츠산업 3대 혁신전략 (2019)
콘텐츠산업의 착목	국가 브랜딩 전략의 본격화			

자료: 일본 내각부 『CJ전략 KPI 책정을 위한 기초조사 분석 및 가설제안』을 토대로 저자 작성.

1998년부터 현재까지 약 25년간 쌓아온 한국 문화정책의 중점 키워드는 '인터넷', '디지털', '글로벌', '지역', '콘텐츠', '인재', '공평', '자유'이다. 한국은 5년마다 대통령 선거가 치러지고 중임 금지 법률에 따라 지속적인 정책 시행이 어려울 것이라는 의견이 있다. 그러나 한국은 정권이 바뀌어도 문화정책의 중요성을 인식하고 시대에 맞는 문화산업 도약의 기반을 마련해 온 것은 틀림없다. "지원은 하지만 간섭은 없다"라는 국가 정책의 기본 자세는 앞으로도 변함없이 유지해 나아가야 할 것이다. 또한 중소 콘텐츠기업의 자립과 우수한 인재 육성에 보다 면밀한 지원과 대책이 요구되며, 산학관민 연대를 통한 다양한 기회를 많은 사람에게 공평하게 부여하는 것이 필요하다.

3 문화교류 20년, 한류의 저력

1) 한국 콘텐츠와 팬덤

한류가 끼친 영향은 산업뿐만 아니라 사회적, 문화적으로도 크며, 문화적 측면에서는 ① 한류 팬덤의 생성, ② K-Culture의 확산, ③ 한국 문화의 세계화라는 세 가지로 정리할 수 있다. 일본의 경우는 2003년 NHK 위성방송에서 방영된 드라마 〈겨울연가〉를 계기로 제1차 한류가 시작되었고, 이후 2차, 3차 한류가 이어져 수많은 한국 드라마와 음악, 영화 등이 일본에 소개됐다.

콘텐츠를 통해 많은 일본인이 한국의 문화와 역사를 접하면서 친숙한 존재임을 느끼고, 우리나라 국민들도 일본을 방문하는 외국인 관광객수 상위를 차지할 정도로 두 나라 간의 문화교류가 활발해진 것은 사실이다.[7] 서로 알아가고 즐기는 문화 실천은 일본에서는 4차 한류까지 이어지고 있다.

표 6-5는 한국 콘텐츠 비즈니스 관계자 및 미디어, 연구자 등 전문가 취재를 바탕으로 콘텐츠, 미디어, 팬, 팬덤, 관련 산업 등 20여 년간 한류의 변천을 정리한 것이다.

---

7   일본 문화청 『방일 외국인 여행자 수 및 출국 일본인 수』 https://www.mlit.go.jp/kanko-cho/siryou/toukei/in_out.html (2022년 3월 10일 열람).

표 6-5 한류의 변천(일본)

구분	2002년	2003년	2006년	2007년	2012년	2016년	2020년
	한류의 여명	1차 한류		2차 한류	한류의 침체기	3차 한류	4차 한류
콘텐츠	TV아사히	NHK	한류 콘텐츠 견제1	동방신기	한류 콘텐츠 견제2	TWICE	<기생충>
							<사랑의 불시착>
			소녀시대			<이태원 클라스>
						『82년생 김지영』
	<이브의 모든 것>	<겨울 연가>	KARA		BTS	Beyond Live
						BANG-BANG CON
			BIG-BANG			NiziU
미디어	방송	방송	방송	라이브	BS방송	라이브	인터넷 OTT
						인터넷	라이브 스트리밍
				방송		SNS	애플리케이션
장르	드라마	드라마	드라마	음악	음악	음악	드라마
						소비재	음악
						커뮤니티	출판
							웹툰
관련산업		DVD	DVD	CD/DVD		화장품	코리아 타운 상권
				잡지		패션	전자상거래
		잡지	잡지	식료품		여행	
팬	드라마	드라마	K-POP	드라마	K-POP	드라마
	배우	배우	드라마	배우	K-POP	한국 상품	K-POP

구분	2002년	2003년	2006년	2007년	2012년	2016년	2020년
	한류의 여명	1차 한류		2차 한류	한류의 침체기	3차 한류	4차 한류
연령	50세 이상 여성	50세 이상 여성		35-49세 여성	35-49세 여성	13-19세 남녀	13-19세 남녀
							20-34세 여성
						35-49세 여성	35-49세 여성
				50세 이상 여성	50세 이상 여성		50세 이상 여성
							20-34세 남성
						50세 이상 여성	35-49세 남성
							50세 이상 남성
팬덤		드라마 프로모션		음식문화		한국어	커뮤니티
						패션	
		이벤트		팬클럽		라이프 스타일	동료의식
		팬미팅				공유문화	가족문화

자료: 'Contents Innovation Days vol. -글로벌 콘텐츠 비즈니스를 만드는 방법-' 발표자료 발췌(저자 작성).

앞으로 한류 팬덤을 확장하기 위해서는, 한국의 문화와 상품을 접할 기회를 넓히고, 이를 통해 한국의 문화를 다양한 형태로 경험하고 싶은 행동을 유발시키고, 나아가 세계 시장을 넓힐 필요가 있다. 일본의 한류 팬덤은 처음에는 한국 드라마, K−POP과 연결되어 그 콘텐츠를 접한 팬층이 소비의 중심이었다. 그로부터 콘텐츠에만 머무르지 않고 음식, 한국어, 패션, 관광 등 관련 산업으로 확대되어 뿌리 깊은 문화로 이어지고 있다.

2) 한국 콘텐츠의 영향력: 전문가 인터뷰

한류가 20여 년 동안 확산하고 꾸준히 이어오고 있는 저력이 무엇인지, 팬덤의 변화와 확대에 콘텐츠가 미친 영향력에 대해 3명의 전문가로부터 들어보기로 하자.

첫 번째는, 한국 대중문화 저널리스트로 라디오 DJ, TV VJ, 라이브 이벤트 MC 등 다양한 활동을 하는 후루야 마사유키(古家正亨)[8] 씨이다. 그는 K-POP의 인기와 변천에 대해 이렇게 말했다.

"1997년 캐나다에서 유학할 때 만난 한국인 친구에게 CD를 빌려 듣기 시작한 것으로 한국 음악과의 인연이 시작되었어요. J-POP이나 서양 음악과는 다른 독특한 음악 세계가 있다고 느꼈습니다. 그런 한국 음악을 'K-POP'이라고 부르기 시작한 것은 바로 일본이며, 2000년대 초부터 가수 보아의 일본 진출로 시작되어 2002년 한일 공동 개최한 월드컵 때에 많은 한국 아티스트가 일본에서 활동하였죠. 2003년 드라마 〈겨울연가〉가 주목을 끌면서 드라마 OST와 배우들이 부르는 음악에 이목이 쏠리고 2009년부터 2010년까지 카라, 소녀시대의 활동으로 K-POP은 단숨에 대중화되었습니다. 2016년부터 2017년까지 BTS와 트와이스의 인기는 K-POP을 통한 커뮤니티 형성에 큰 원동력이 되었고, SNS 등을 통해 한국의 정보가 직접 해외팬들에게 전해지면서 K-POP은 음악 장르를 넘어 커뮤니티를 형성하기까지 이르렀습니다. 팬들과의 소통을 소중히 하는 K-POP의 아티스트는 SNS를 통해

---

8 후루야 마사유키: 라디오 DJ, TV VJ, 한국 대중문화 저널리스트. 조지대학대학원 문학연구과 신문학전공 박사전기과정 수료. 한국 및 동아시아 문화를 중심으로 폭넓은 장르의 비교 연구. 한국관광 명예홍보대사, 문화체육관광부장관 표창을 받음(2022년 3월 10일 인터뷰 진행).

확산되었지만, 팬들의 의견을 대변하는 사회적인 발언을 요구받는 경우가 있습니다. 극단적인 의견에 찬동하는 움직임도 생기는 등 커뮤니티 분단을 초래하는 문제도 있고요. 팬들의 힘이 압도적으로 강한 K-POP의 경우, 아티스트와 팬들과의 관계에 있어서 보다 성숙할 수 있도록 앞으로의 활동이 주시될 것으로 생각됩니다. (중략)

K-POP을 비롯해 한국 드라마와 한국 영화 등 콘텐츠 산업은 세계 시장을 겨냥해서 제작 구조와 유통 구조가 더욱 다양화되고 다각적인 비즈니스를 전개할 것입니다. 그러나 한국 콘텐츠 팬들은 한국다움을 작품에서 찾지만, 제작자와 창작자는 거기에 초점을 두기보다는 세계적인 시각에서 수용할 수 있는 콘텐츠를 제작하기 위해 노력하고 있죠. 콘텐츠를 소비하는 입장과 시장의 요구에 향후 어떻게 대응할 것인지 검토할 필요가 있다고 생각합니다.

전 세계가 신종 코로나바이러스 감염증으로 불편한 생활을 이어가고 있는 가운데, 온라인에서만 접할 수 있는 K-POP 시장에 팬 이탈이 심화하고 있습니다. 음악은 팬과의 소통을 통해 아티스트가 만든 세계에서 몰입감을 체험할 수 있는 것이 중요합니다. 그런 의미에서도 대면을 통한 공감 자리가 빨리 마련되어 계속해서 K-POP의 매력이 확산되길 기대합니다."

그는 팬 사이에서 거론되는 'K-POP 성지'에 대해서도 언급했다. 한국은 뮤직비디오 촬영이 시작되면 아티스트 스스로가 SNS를 통해 정보를 공유하고, 지역자치단체나 지역 주민들이 매우 적극적으로 홍보한다고 전했다. 한편 일본의 경우는 반대로 팬들이 촬영지나 컨셉이 된 장소를 발견하고 공유하는 경향이 강하다. 그래서 지역 주민들은 왜 관광객이 찾는지 파악하지 못하는 등 양국의 확산 방법에 차이가 있다고 전했다. 그러면서 그는 무엇보다 지속가능한 관광자원으로 콘텐츠를 개척하는 것이 지역경제 활성화로 이어진다고 강조했다.

두 번째는 한국 드라마와 예능 등 영상 콘텐츠 비즈니스의 최전선에서 활동하고 있는 히라이 혜원(平井恵媛)[9] 씨이다. 히라이 씨는 한류 팬층의 변화와 그에 따른 비즈니스에 관해 이야기를 전했다.

"(중략) 한류 팬층이 바뀌었다고 실감한 것이 BTS와 트와이스가 주목받았던 2016년, 2017년이었습니다. 먼저 원조 한류 팬인 중년 여성이 딸과 함께 드라마를 보고, 딸은 인터넷을 통해 드라마나 배우, 아티스트 등의 정보 수집과 공유하는 행위가 적극적이죠. 중년 여성이 주요 한국 드라마의 팬이었던 시기에는 DVD 구매, 이벤트 참여, 여행 등 드러내지 않고 한국 콘텐츠와 문화를 소비했습니다. 비즈니스 역시 콘텐츠 윈도 전개와 홍보를 중심으로 전략을 세우는 것이 가능했습니다.

하지만 이후 K-POP을 계기로 확산한 젊은 팬들은 드라마, 음악, 배우, 아티스트의 정보는 물론, 유행하는 한국 음식, 패션, 화장품, 한국어 등 한국의 문화를 현지와 시차 없이 공유하고 싶어하는 것으로 나타납니다. 게다가 정보수집 속도는 굉장히 빠릅니다. SNS 등을 통해 한국과 동시에 정보와 문화를 즐기고 싶은 욕구가 강하기 때문이죠. 그런 의미에서 지금의 한류 팬은 한마디로 엔터테이너입니다. 여러모로 자신의 소비 행동을 적극적으로 공유하고, 콘텐츠를 접하는 방법이 예측 불가능합니다. 드라마나 공연 콘텐츠 등 일본에서 콘텐츠가 소개되기 전부터 정보를 수집하고 문의할 정도입니다. 지금의 일본 젊은이들에게 한류 그리고 한국이란 걸으로 드러내고 자신다움과 정체

9 히라이 혜원: 주식회사 U-NEXT 편성제작본부 한류·아시아부장. 2014년부터 한국 드라마 프로그램 판매, 인터넷 전송, DVD 제작 등 콘텐츠 비즈니스 전반을 담당, 2016년 주식회사 유넥스트로 이직함. 현재 드라마, 예능, K-POP 콘서트, 웹드라마 등 한국과 아시아의 영상 콘텐츠 비즈니스 총괄 책임자임(2022년 3월 8일 인터뷰 진행).

성을 상징하는 총체적인 문화 활동이라고 할 수 있겠습니다. 감상 등 피드백도 적극적이며, 친구나 지인들과 공유하고 자랑하는 등 커뮤니티를 직접 만들 정도의 마음껏 즐기는 모습이 특징이죠.

이러한 한류 팬층의 특징이 바뀌는 가운데, 비즈니스도 팬들의 소비 행동과 요구에 부응하도록 변화하고 있습니다. 최근 좋아하는 배우가 SNS를 통해 드라마 촬영 현장의 정보가 전달되면 일본에서도 빨리 드라마를 보고 싶다는 요청이 많습니다. 그래서 저희는 한국의 편성과 동시에 일본에서 서비스하는 오리지널 드라마 제작도 적극적으로 검토하게 되었죠. 한국과 동시에 서비스를 하고, 고화질 영상 등 부가 콘텐츠, 홍보, 이벤트, 글로벌 전개 등 여러 방면에서 양질의 서비스를 제공하는 것이 중요합니다.

한류는 콘텐츠에 대한 신뢰성이 강하고 팬덤은 점점 늘어날 것입니다. 한편 비즈니스 현장은 TV 채널, 동영상 서비스 플랫폼의 증가로 인해 권리 확보를 위한 경쟁이 치열하여 당분간 어려운 시기가 지속될 것입니다."

한편, 매년 가장 높은 수출액을 달성하는 장르는 게임이다.[10] 이와 관련하여 세 번째로 엔터테인먼트 사회학자이며 일본 콘텐츠(게임, 애니메이션, 캐릭터, 이벤트 등)의 해외 전개를 적극적으로 추진한 나카야마 아츠오(中山淳雄)[11] 씨의 이야기를 들어보자. 나카야마 씨는 한국 게임의

---

10 표 6-3 한국 콘텐츠산업 수출액 현황(일본) 참고.

11 나카야마 아츠오: 엔터테인먼트 사회학자, 주식회사 RE ENTERTAINMENT 대표이사. 게이오기주쿠대학 경제학부 방문 연구원. 리쓰메이칸대학 게임연구센터 객원 연구원. 2016년 부시로드 인터내셔널 사장으로 싱가포르 주재, 일본 콘텐츠(카드게임, 애니메이션, 게임, 프로레슬링, 음악, 이벤트)의 해외 전개를 담당함. 대표 저서로는 『추천 이코노미 「가상 일등지」가 바꾸는 엔터테인먼트의 미래』(닛케이 BP) 「오타쿠 경제권 창세기」(닛케이 BP) 등 (2022년 3월 7일 인터뷰 실시).

특징과 일본 비즈니스에 대해 다음과 같이 전했다.

"(중략) 지금은 모바일 게임이 많이 생산되고 있지만 한국의 게임이라고 하면 2000년대는 PC 게임이 위주였습니다. 온라인을 통해 여러 플레이어와 대전하는 참여형 MMORPG가 주류입니다. 지금은 당연하지만, 당시 많은 인원의 플레이어가 동시에 참여하는 구조는 뛰어났고, 가정용 게임이 없었던 중국 시장에서는 한국의 MMO게임이 점점 인기를 얻게 됩니다.

한편, 가정용 게임과 i(아이) 모드 모바일 게임이 성행했던 일본은 한국 PC 게임이 진입하기 어려웠죠. PC 게임 문화는 시장성이 희박했고, 모네타이즈(기술이나 지식을 이용한 수익화를 일컫는 용어로 주로 무료 웹 비즈니스를 이용한 수익화를 의미함)의 구조 등도 익숙하지 않은 일본의 시장에서는 그다지 주목받지 못했습니다.

그러나 최근 몇 년 사이 상황은 변하고 있습니다. Z세대라고 불리는 젊은이들은 한국과 중국의 PC게임 및 모바일 게임을 즐기고 있습니다. 게임 〈황야행동〉은 중국의 동시대 슈팅 게임으로 Z세대의 입소문을 중심으로 크게 확산되었고, 또 한국 게임을 즐기는 플레이어들도 점점 늘어나고 있습니다.

한국 게임은 제작 측면에서도 협업 측면에서도 일본, 중국뿐만 아니라 북미적인 게임 스타일이 기획·개발부터 운영까지 포괄하고 있다고 생각합니다. 게임은 드라마나 음악과 달리 현실과 떨어진 가상세계의 엔터테인먼트로, 나라별 차이를 희석하기 쉽고 위화감 없이 받아들이기 쉽습니다. 여러 문화를 도입한 한국 게임은 일본 제품에 비해 북미와 중국에서 적극적으로 소비되고 있다고 느낍니다. 해외 전개를 염두에 둔 국제적 감성을 살린 개발과 운영 매니지먼트, 해외 제작사와의 협업 체제를 잘 도입하고 있다고 생각합니다."

지난 20여 년간 한국 콘텐츠가 일본에서 주목받을 때마다 양국 언론에서 자주 거론된 것이 "앞으로 지속될 수 있을 것인가?"라는 것으로, 인기의 지속성에 대해 찬반양론이 있었다. 이 논란은 일시적인 붐이라는 말에 얽매인 의식에서 비롯된 추측일 뿐이었다. 20년이란 세월은 한 생명이 태어나 어른이 되고, 성인으로서 사회가 인정하기까지의 시간과 같다. 20년이라는 한류의 역사는 한국 콘텐츠가 팔리는 상품으로 성장했고, 일본에서는 일상 문화의 하나로 자리잡는 시간이었다. 향후의 전망과 발전에 더욱 깊게 주시해 갈 필요가 있다.

4 콘텐츠 비즈니스의 변천과 성장

1) 국경을 초월하는 문화, 플랫폼과 국제경쟁력

2020년 코로나19(신종 코로나바이러스 감염증)로 스테이홈 엔터테인먼트를 즐길 기회가 증가했고, 한국 콘텐츠를 글로벌 인터넷 동영상 플랫폼을 거쳐 전 세계인들이 부담 없이 접하게 됐다. 그 결과 드라마, 영화, K-POP 등 세계 시장을 상대로 도전이 가속화되고 화려한 성과를 얻을 수 있었다. 봉준호 감독의 영화 〈기생충〉은 아카데미 4관왕이란 영예의 결과를 가져왔으며, 미국 3대 음악 시상(아메리칸 뮤직 어워즈, 그래미 어워즈, 빌보드 뮤직 어워즈)에서 수상한 BTS, 그리고 드라마 〈킹덤〉, 〈오징어 게임〉 등 전 세계에서 한국 콘텐츠에 대한 기대는 앞으로도 이어질 것이다. 표 6-5에서 보이고 있듯이 4차 한류가 촉발된 것은 인터넷 이용 증가를 통해 보다 넓은 연령층이 소비한 결과라고 할 수 있다.

방송 콘텐츠 중 하나인 드라마의 이익구조를 살펴보면, 크게 방송권, 인터넷 전송권, 패키지 판매권, 상품화권, 포맷권 등 5가지다. 방송권, 인터넷 전송권, 패키지 판매권을 묶어 올라이츠(All Rights)라고 하며, 한국 드라마의 경우 올라이츠 거래를 신속하게 한 것이 해외 전개의 성공 요인으로 꼽힌다. 기획·제작 단계부터 권리 처리를 하고 완성 후에는 권리에 얽매이지 않고 여러모로 활용하는 것이 콘텐츠 비즈니스 성공의 전제이다. 그러나 해외 전개와 함께 OTT 플랫폼(Over The Top, 인터넷 회선을 통해서 콘텐츠를 송신하는 스트리밍 서비스)에 의해서 드라마의 비즈니스 구조에 변화가 생기고 있다(그림 6-3).[12]

/ 그림 6-3 / 한국 드라마의 비즈니스 구조의 변화

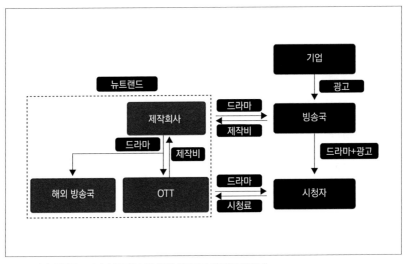

자료: 특별강의 '한국 드라마의 글로벌 전략 현황' 발표자료 발췌(저자 작성).

　이러한 드라마 제작 현장의 비즈니스 구조가 변화하고 있는 가운데, 국제경쟁력을 키우기 위해 가장 중요한 핵심은 무엇인가? 일본 드라마 작가 하바라 다이스케(羽原大介) 씨는 "나라와 지역과 상관없이 사람의 마음을 움직이는 것이야말로 성공작의 공통 요소라고 생각한다.

12　특별강연 〈한국 드라마 글로벌 전략 현황〉 (주식회사 테레파크/실시일 2021년 6월 14일).

언어와 문화가 달라도 보편적 공감을 불러일으키는 작품일수록 그 작품은 더 많은 시청자에게 전달되고 사랑받는 것"이라고 말했다.[13] 한국 드라마 제작 프로듀서 김운호 씨는 "모두가 공감할 수 있는 대중적 스토리텔링이 중요하다. 독특하고 재미있는 오리지널 이야기를 만들고 영상으로 어떻게 아름답고 멋지게 표현할 수 있느냐가 쟁점"이라고 말했다.[14]

K-POP의 경우, 팬들과의 소통을 바탕으로 한 새로운 비즈니스가 활발하게 움직이고 있다. 팬 커뮤니티 플랫폼에서 팬과 아티스트, 팬과 팬의 커뮤니티를 운영하고, 상품 판매나 전자결제 서비스, 이벤트 개최, 오리지널 콘텐츠 등 원스톱으로 서비스를 제공한다. 대표적 플랫폼은 UNIVERSE, Weverse, bubble이 있다(그림 6-4).[15]

---

13 하바라 다이스케(작가): 영화 〈박치기!〉, 〈훌라 걸스〉로 일본 아카데미상 우수, 최우수 각본상을 수상. NHK 연속 TV 소설 〈맛상〉, TV 아사히 〈싸인—법의학자 유즈키 타카시의 사건〉 등 영화, 드라마, 애니메이션, 연극 등 장르를 불문하고 집필 활동. 2022년 NHK 연속 TV 소설 〈치무돈돈〉을 집필. 2020년 11월 12일 개최된 '2020 한일 콘텐츠 비즈니스 포럼' 강연의 일부분을 인용.

14 김운호: DOREMI ENTERTAINMENT 본부장. 2021년 6월 8일 한국에서 개최된 'OTT 시대, 드라마 제작사의 고민과 도전 #1 OTT 시장 전망 및 제작사의 역할' 강연의 일부분을 인용.

15 UNIVERSE: 2020년 11월 5일 서비스 개시. 게임회사 엔씨소프트가 운영. AI 등 최신 IT기술과 엔터테인먼트 콘텐츠를 접목, 가입자는 330만 명으로 추정(2021년 7월 기준). Weverse: 2019년 6월 서비스 개시. BTS 등이 소속된 하이브와 네이버가 공동 출자한 위버스컴퍼니가 개발·운영하는 팬 커뮤니티 플랫폼. '우리(WE)'와 '우주(UNIVERSE)'의 합성어로 가입자는 전 세계 238개국·지역에서 3,600만 명으로 추정(2021년 12월 기준). bubble: 2020년 2월 서비스 개시. SM엔터테인먼트의 자회사 DEARU가 개발·운영. 메시지 중심의 팬 커뮤니티 플랫폼. 총 171명의 아티스트가 활동, 가입자는 100만 명(2021년 7월 기준).

/ 그림 6-4 / 팬커뮤니티 플랫폼 비즈니스 구조

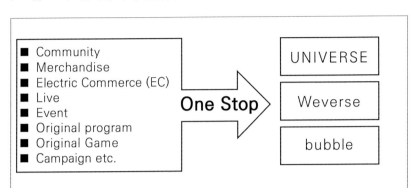

자료: 조사이국제대학대학원 '비즈니스모델디자인' 수업자료 발췌(저자 작성).

2) 한일 드라마 리메이크와 협업

2019년 7월, 한일 관계에 또다시 갈등이 빚어지는 사태가 발생했다. 일본측이 안보상의 이유로 한국의 반도체 재료의 수출 관리 규제를 강화하여 2019년 8월 2일 우대 대상국인 화이트국가(그룹 A로 개칭)에서 한국을 제외하기로 한 것이다. 이에 대해 한국측은 2018년 한국 대법원이 강제징용 배상으로 일본제철(옛 신일철주금) 자산의 강제환수를 결정한 것, 후쿠시마현 수산물 수입을 금지한 것 등에 대한 보복으로 반발, 양국 간 외교적, 정치적 갈등은 커졌다.

그 시기에 일본 지상파TV에서는 한일 공동제작 작품이 일제히 방영돼 화제가 됐다. 니혼TV 〈보이스110 긴급 지령실(이하 보이스)〉, TV 아사히 〈싸인-법의학자 유즈키 타카시 사건(이하 싸인)〉, 후지TV 〈TWO WEEKS〉, 드라마 3편이 7월 거의 비슷한 시기에 일본 지상파 TV에서 방영돼 각각 높은 시청률과 호평을 받았다.[16] 같은 시기 NHK

---

16 드라마 〈TWO WEEKS〉 https://www.ktv.jp/twoweeks/. 드라마 〈싸인-법의학자 유즈

종합 채널에서는 한국 사극 드라마 〈백일의 낭군님〉이 방영 중이었다.[17] 일본 드라마 〈보이스〉의 프로듀서인 오가미 타카히로(尾上貴洋)[18] 씨는 한국 미디어와의 인터뷰에서, "드라마 방영을 시작한 뒤 한일 관계가 악화됐지만, 시청률도 높고 시청 평가도 좋다. (중략) 정치적 갈등에도 불구하고 양국 국민 간에는 정서적으로 교류하고 서로 다른 부분을 인정하고 화합할 수 있는 계기를 마련하는 것이 중요하다"고 말했다.[19] 비슷한 시기에 한국에서도 일본 드라마의 한국 리메이크 작품이 방영됐다. 2019년 7월에는 후지TV 드라마 〈메꽃~평일 오후 3시의 연인들~〉의 한국 리메이크가 종합편성채널 채널A에서 방영됐고, 그전에는 JTBC에서 후지TV 드라마 〈리갈하이〉가 리메이크되어 방영됐다.[20] 그해 개봉한 일본 영화 〈신문기자〉는 배우 심은경 씨가 주인공으로 출연, 이듬해 2020년 제43회 일본 아카데미상 최우수 여우주연상을 수상했다.

양국의 리메이크에 관해서는 학문 영역에서도 다양한 연구가 이루지고 있다. 특히 미디어 커뮤니케이션 분야에서는 문화적 근접성, 다양성, 현지화, 사회적 역할 관점에서의 연구가 활발하다. 이를 바탕으로 인적교류 측면에서는 미디어 비즈니스나 협업 모델에서 얻을 수 있는 성과와 과제에 관한 연구의 여지가 있으며, 이를 통해 한일 문

키 타카시의 사건〉 https://www.tv-asahi.co.jp/ch/sphone/drama/0874/. 드라마 〈보이스 110 긴급 지령실〉 https://www.ntv.co.jp/voice/.

17 드라마 〈백일의 낭군님〉 https://www.nhk.or.jp/dramatopics-blog/20000/426162.html.

18 오가미 타카히로: 니혼TV 드라마 프로듀서. 드라마 〈이노센스 원죄 변호사〉, 〈레드 아이즈 감시수사반〉 등 다수의 드라마 제작을 담당. 한국 드라마 〈보이스〉 시리즈의 리메이크판 〈보이스 110 긴급 지령실〉, 〈보이스 II 110 긴급 지령실〉 제작함.

19 아시아경제 https://view.asiae.co.kr/article/2019082317092133893 (2022년 3월 14일 열람).

20 드라마 〈평일 오후 3시의 연인〉 http://www.ichannela.com/program/template/program_refinement.do?cateCode=0502&subCateCode=050216&pgm_id=WPG2190068D. 드라마 〈리갈하이〉 https://tv.jtbc.joins.com/legalhigh.

화교류를 더욱더 촉진할 가능성이 있다고 생각한다. 미디어 비즈니스 및 제작 프로세스 관점 등 한일 간의 상호 협력과 공생 관계를 구축하기 위해 연구 영역을 확장할 것을 제언한다(표 6-6).

표 6-6 드라마 리메이크 연구영역의 확대

미디어 커뮤니케이션	미디어 비즈니스	미디어 제작 프로세스
레퍼런스	국제협업을 통한 시장 확대	
문화적 접근성	비즈니스 모델	OSMU
다양성	출자/투자	국제공동제작
현지화	수익구조	분업/공동창조
사회적 역할	글로벌 전략	네트워크

자료: 홋카이도대학 '한국 콘텐츠의 글로벌 전략과 한일 문화산업 교류 전망' 발표자료 발췌(저자 작성).

3) 현지화와 세계화

최근 일본 뉴스에서 아이돌 그룹 INI의 팬들이 도쿄의 지하 통로 벽에 응원 메시지와 홍보 활동을 직접 하는 것이 보도됐다. INI는 오디션 프로그램 〈프로듀스 101 JAPAN〉의 시즌2에서 선발된 일본 남자 그룹이다.[21] 2020년 일본 열도를 뜨겁게 한 걸그룹이 있다. INI와 마찬가지로 오디션을 통해 댄스, 노래, 퍼포먼스, 특기는 물론, 매회 주어진 미션을 달성한 9명의 구성원으로 결성한 NiziU이다.[22] 일본 소니 뮤직과 한국의 JYP엔터테인먼트의 한일 합동 글로벌 오디션 프로젝트 'Nizi Project'를 말한다. 니혼TV와 동영상 서비스 훌루(Hulu)와의 연계를 통한 마케팅 전략이 성공해 정식으로 데뷔하기 전에 각종 음악

---

21 INI 공식 홈페이지 https://ini-official.com/.
22 NiziU 공식 홈페이지 https://niziu.com/.

순위에서 1위를 차지할 정도로 세간의 주목을 받았지만, 이들보다 더 주목받은 인물이 있다. 프로듀서 J.Y.PARK이다.[23] 그는 NiziU의 탄생 비화에 대해 "첫 단계로 K-POP은 해외 수출 콘텐츠로 시작되었다. 다음 단계는 해외 인재와 한국 아티스트를 결합해 세계 시장을 겨냥했다. 이 전략은 해외 진출 전략에 큰 장점으로 성과를 가져왔다. (중략) 앞으로 K-POP은 더욱 진화해서 해외 인재를 배출하는 시스템으로 발전할 것으로 확신한다"라고 말했다.[24] 그는 해외 전개의 전략 스텝을 'GLOBALIZATION BY LOCALIZATION'이라고 표명했다. 현지화를 통한 세계화를 노리는 전략이 K-POP의 차세대 비즈니스 모델이라고 선언했다. 그 선언이 있고 나서 2년 후 탄생한 것이 일본 걸그룹 NiziU이다.

해외 진출의 현지화 전략은 음악산업에 그치지 않고, 방송산업의 제작 시스템이나 구조에서도 두드러진다. 콘텐츠 비즈니스에서 가장 중요한 것은 권리 처리와 현지화 전략이다. 하나의 콘텐츠의 권리를 확보하기 위해서는 구입처의 권리문제를 해결할 필요가 있다. 또한 전개 국가의 미디어 규제 등 현지의 상황에 맞게 재편집이 요구되기도 한다. 특히 종교, 문화 등에 맞게 현지화 제작은 필수적이다. 제작 단계부터 현지화가 가능한 구조를 도입하는 것이 필요하고 지금까지는 제작한 완성품을 판매 시장에 맞게 다시 재제작하는 것이 중심이었지만, 현지화의 구조를 도입한 제작 프로세스를 염두하는 것도 가능할 것으로 생각된다.[25]

---

23 J.Y.PARK: 주식회사 JYP ENTERTAINMENT 설립자이며 작사가, 작곡가. 비, 원더걸스를 탄생시켰고, 현재 2PM, GOT7, DAY6, 트와이스, 스트레이 키즈, ITZY, NiziU 프로듀서로 활약.

24 SPARKLABS DEMODAY 11 https://youtu.be/08257W8sdNs.

25 황선혜(2019) 『논픽션 프로그램의 해외 전개 가능성을 확대하기 위한 현지화를 관리하는 제작 프로세스 -한일 방송 콘텐츠를 중심으로-』.

5 또 하나의 한류, '혐한'

1) 혐한 의식 현황과 출판 미디어

한류가 한국의 긍정적 이미지 형성에 영향을 준 반면, 부정적 이미지 형성을 대변하는 것이 혐한 현상이다. 일본 사회에 '혐한(嫌韓)'이라는 용어가 널리 정착하게 된 것은 야마노 샤린(山野車輪) 씨의 『만화 혐한류』(신유샤, 2005)의 영향이 크다. 『만화 혐한류』는 한국을 멸시하는 헤이트 스피치에 대한 논리적 근거를 제공해 혐한 활동을 확대시킨 계기가 되었다. 또한 한국을 비하하는 용어는 '혐한'에서 시작하여 반감 의식이 높아져 감에 따라 '반한(反韓)', '비한(非韓)', '악한(惡韓)', '한한(恨韓)' 등 새로운 용어가 계속 등장했다.

제1회 학봉상 연구지원을 통해 필자가 공동연구로 참여한 『일본 출판 미디어의 혐한의 현황과 비판적 고찰』의 일부분을 요약한 내용을 소개하고자 한다.[26] 일본 출판 미디어에 의한 혐한 의식 조성이 일본인들의 대한 의식에 어떻게 영향을 미치고 있는지를 분석한 것이다. 이를 통해 혐한 서적 발행과 혐한 의식과의 관련성이 어떠한 것인지를 비판적으로 고찰하는 것이 연구목적이었다.

1998년부터 출간된 혐한 서적은 230권, 그중 2005년 이후가 89%, 205권을 차지하였고, 55개 출판사에서 발행됐다(그림 6-5).[27] 혐한 의식을 일본 사회에 정착시킨 2005년 『만화 혐한류』에 이어 이듬해에 『만화 혐한류2』(신유샤, 2006)가 출판되었다. 두 서적 합해서 65만 부 이상

---

26 학봉상(서울대 법과대학 주최/재단법인 학봉장학회 후원)은 재일동포 사업가였던 고 이기학 선생(1928~2012, 이기학, 호: 학봉)의 뜻과 이념을 기리고 그 유지를 계승하기 위해 제정된 것으로 2015년 제1회를 개최함. 제1회 학봉상은 「한일 문화 교류와 양국 관계의 미래」를 주제로 논문과 연구지원을 공모함. 공식 사이트 https://law.snu.ac.kr/hb_award/.

27 이홍천·김미림·이경은·황선혜(2016) 『일본 출판 미디어의 혐한의 현황과 비판적 고찰』(pp.22-25)

판매되었고 일본 사회에 일정한 관심을 두는 층이 존재하고 있음을 보여줬다. 혐한 서적이 취급하고 있는 테마(복수 선택)는 17개로 분류해서 조사한 결과, '정치'가 혐한 서적의 94.1%로 가장 많았고 다음으로 역사 63.8%, 사회문제 44.7%의 순이었다. 한편 문화는 27.6%, 경제는 26.3%로 상대적으로 적었다. 즉 한일 간에 상호 교류가 많은 문화와 경제는 상대방에 대한 이해가 높은 분야로 혐한 서적의 테마로 다뤄지는 비율이 낮은 것으로 분석되었다.

/ 그림 6-5 / 혐한 서적의 출판 추이

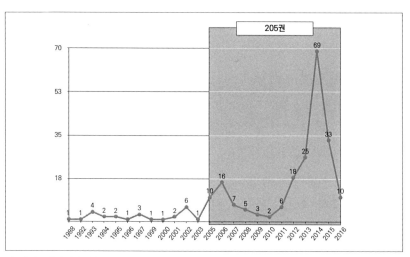

자료: 『일본 출판 미디어의 혐한의 현황과 비판적 고찰』.

출판 미디어가 전한 혐한 의식이란 어떤 것일까? 혐한 관련 기사나 책을 읽은 적이 있는 일본인을 대상으로 한국에 대한 감정, 인식, 행동을 주제로 조사하였다.[28] 한국에 대한 이미지와 감정의 정도를 측정하기 위해, '한국', '한국인', '한국 문화', '한국 사회', '한국 정치'에 관한 감정의 정도에 대해 설문조사를 실시했다. 각 항목 중에서 '매우 좋아한다'와 '대체로 좋아한다'를 합친 비율이 높게 나타난 항목은, '한국 문화'(28.3%)였다.

한편 각 항목 중에서 '매우 싫어한다'와 '대체로 싫어한다'를 합친 비율이 가장 높게 나타난 항목은, '한국 정치'(72.7%)였다. 전체적으로 보면 '한국 문화'(41.0%)와 '한국인'(47.9%)을 제외한 모든 항목에서 '매우 싫어한다'와 '대체로 싫어한다'를 합친 비율이 50%를 넘어 한국에 대한 부정적 이미지가 긍정적인 이미지보다 큰 것으로 나타났다.

한국의 이미지 형성에 큰 영향을 미친 요인에 대해 질문한 결과는 '영토 문제'(63.9%), '과거 한일 관계'(59.4%), '인터넷 정보'(54.3%), '일본 TV 뉴스와 정보 프로그램'(51.9%), '일본 신문이나 잡지'(46.6%) 순으로 나타났다(그림 6-6).

---

28 이홍천·김미림·이경은·황선혜(2016) 『일본 출판 미디어의 혐한의 현황과 비판적 고찰』(pp. 35-36)

/ 그림 6-6 / 한국·한국인에 대한 이미지 형성에 영향을 미친 것

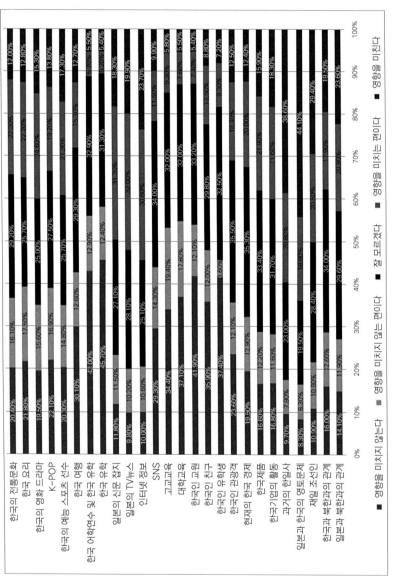

자료: 『일본 출판 미디어의 혐한의 현황과 비판적 고찰』.

이 밖에도 한국의 연예인과 스포츠 선수(39.2%), K-POP(33.5%), 한국 영화와 드라마(39.9%), 한국 요리(35.0%), 한국의 전통문화(34.3%) 등 한국 관련 콘텐츠도 이미지 형성에 영향을 미치는 것으로 나타났다. 이런 결과는 한류가 한국에 대한 긍정적인 이미지 형성에 기여하고 있다는 점을 보여주고 있다.

20년이라는 역사를 거쳐 일본에서 하나의 문화로 자리 잡은 한국 콘텐츠는 혐한 현상 속에서도 한국 문화에 대한 공감대를 잃지 않고 한일 문화교류의 가교로 중요한 자리매김을 하고 있다.

6 한일 협업을 통한 문화교류의 노력

한국 동아시아연구원(EAI)과 일본 겐론(言論) NPO가 공동으로 실시한 『제9차 한일 국민상호여론조사』의 결과에 따르면 한국인의 일본에 대한 긍정적인 인상은 20.5%로 2020년의 12.3%보다는 증가했지만 낮은 수준이다(표 6-7).[29]

표 6-7 상대국에 대한 인상(2013-2021) (단위: %)

	2013년	2014년	2015년	2016년	2017년	2018년	2019년	2020년	2021년
상대국에 대해 '좋은 인상' 응답 비율									
일본	31.1	20.5	23.8	29.1	26.9	22.9	20	25.9	25.4
한국	12.2	17.5	15.7	21.3	26.8	28.3	31.7	12.3	20.5
상대국에 대해 '좋지 않은 인상' 응답 비율									
일본	37.3	54.4	52.4	44.6	48.6	46.3	49.9	46.3	48.8
한국	76.6	70.9	72.5	61	56.1	50.6	49.9	71.6	63.2

자료: 동아시아연구원(EAI)·겐론(言論) NPO『제9차 한일 국민상호여론조사』

---

29 언론 NPO 홈페이지 참조. https://www.genron-npo.net/world/archives/11348.html (2022년 1월 14일 열람)

2021년 조사 결과를 보면, 한국인의 일본에 대한 인상은 개선되는 경향을 보였다. '좋지 않다'라는 여전히 60%를 넘었지만, 전년보다 8.4% 감소하였고, '좋다'가 지난해 12.3%에서 20.5%로 8.2%로 증가했다. 한편 한국에 대해 좋지 않은 인상을 갖고 있는 일본인은 48.8%로 양국의 민심은 지난 해보다 다소 진정됐지만, 여전히 냉담한 상황에서 벗어나지 못하고 있다. 한국에 좋은 인상을 가진 일본인의 64.6%가 '한일 관계가 악화되어도 상대국의 대중문화를 즐기고 있다'라고 응답하였다. 특히 20대 미만에서는 약 80%가 좋은 인상의 이유로 한국의 대중문화를 꼽았으며 한국인도 20대 미만과 20대는 일본의 대중문화를 즐기고 있다('매우 그렇다'와 '약간 그렇다'의 응답 합계)의 응답은 각각 50%, 40.6%이었다.

이하에서는 한일 협업의 사례를 소개하며, 양국의 협업을 통한 문화산업 교류의 전망을 제시하고 앞으로의 과제를 정리하고자 한다. 더불어 한국과 일본의 바람직한 관계를 콘텐츠 비즈니스 관점에서 제언하기로 한다.

2020년 음악 걸그룹 NiziU의 인기에 뒤처지지 않을 만큼 일본 내 TV, IPTV, 인터넷 서비스에 그치지 않고, 전 세계에서 선풍적인 인기를 끈 작품이 있다. TV애니메이션 〈신의 탑-Tower of God-〉이다.[30] 이 작품은 한국의 네이버웹툰에서 2010년부터 연재 중인 웹툰으로, 2014년부터 해외 전개를 실시했다. 일본에서는 라인망가 애플리케이션을 통해 2018년부터 서비스를 시작하였고 일본 애니메이션 제작사에 의해 TV애니메이션 영상화했다. 제작된 애니메이션은 8개 언어(영어, 독일어, 프랑스어, 이탈리아어, 포르투갈어, 스페인어, 아랍어, 러시아어)로 번역되

---

30 TV 애니메이션 〈신의 탑-TOWER OF GOD-〉 공식 사이트 https://tog-anime.com/.

었으며, 애니메이션 전문 글로벌 인터넷 플랫폼을 통해 세계적으로 서비스되었다. 1화가 서비스되자 13개국 트위터에서 트랜드 순위에 진입하는 등 큰 주목을 받았다. 제작 프로듀서인 쿠로스 노부히코(黑須信彦)씨는 "이 작품은 한국의 뛰어난 스토리와 글로벌 비즈니스 전개에, 일본의 섬세한 애니메이션 제작능력이 합쳐져 세계 시장에 선보인 성공 사례"라고 강조했다.[31]

이처럼 일본과 한국은 서로의 문화 형성이 이미 성숙되어 있어 시장 쟁탈을 하는 경쟁자가 아니라, 협업 파트너로서 아시아 및 전 세계를 향해 양국의 문화를 충분히 발신할 수 있다고 확신한다. 또한 아시아의 문화적 영향력은 문화를 포함한 보편적 가치관이 콘텐츠를 통해 전달됨으로써 새로운 국제질서를 찾을 수 있게 될 것으로 전망한다. 양국의 '협업(協業)', '분업(分業)', '공동창조(共同創造)', 그리고 다방면의 '활용(活用)'을 하는 것이야말로 두 나라의 콘텐츠 비즈니스 가치를 가장 빛나게 하고 동반 성장하는 원동력이 된다.

과거의 콘텐츠 시장은 공급자와 수요자의 수직 관계에서 시장이 형성되었다면 이제는 동반과 협업을 통한 수평 관계가 요구된다. 바람직한 수평 관계의 확장을 위해서는 공유를 통한 공감대 형성이 중요할 것이다. 형성된 공감대는 다른 업종과의 협업으로 확대되고 다양한 국제 연대가 만들어질 것이다. "함께 만들면 서로 팬이 된다"라는 마케팅 효과를 기대할 수 있으며, '공감'을 통한 세계화가 더욱 확산될 것으로 믿는다. 한일 콘텐츠 비즈니스 산업에 있어 문화 교류가 나아갈 방향은 "함께 생각하고, 함께 만들고, 함께 지속적으로 전달하는" 이 세 가지를 실천하는 것이라 제언한다.

---

31 쿠로스 노부히코: 크런치롤 주식회사 애니메이션 프로덕션 시니어 프로듀서, 2020년 11월 12일에 개최된 '2020 한일 콘텐츠 비즈니스 포럼' 강연의 일부분을 인용.

국종호(요코하마시립대학)

제7장

한일 사고방식 비교와 보완성

제7장
한일 사고방식 비교와 보완성

국중호(요코하마시립대학)

1 한일 사고방식의 세 축

어쩌면 적지 않은 사람들이 한국인과 일본인의 사고방식이 어떻게 다른지에 대해, "뭔가 알 듯하기는 하나 전체상이 잡히지 않는다"고 하는 '어떤 개운치 않은 느낌'이 자리하고 있는지도 모르겠다. 단편적인 지식은 있어도 전반적이고 입체적인 모습이 제대로 그려지지 않는 어렴풋한 견해에 머물고 있는 이들도 많겠다 싶다. 본 장에서 제시하는 한일 사고방식의 세 축을 어떻게 받아들일지는 모르겠으나 그것들은 오랜 일본 생활의 경험과 서책을 접하며 필자 나름으로 고심하며 도달한 것들이기도 하다.

"로마에 가면 로마법을 따르라"라는 말이 있다. 필자도 일본에서 지내고 있으니 그 로마는 일본이 되고, 일본의 관습, 규칙, 사고방식 등을 파악하기 위해 고민해 온 부류의 한 사람이다. 이런저런 생각이나 고민 끝에 "이것인가? 아, 그런가 보다" 하는 '작은 깨달음이나 번뜩이는 직관'을 경험하는 것은 삶을 충실하게 해준다고 여기고 있다.

그 작은 깨달음이나 다가오는 직관의 경험을 거듭해 가다 보면 자신도 모르는 어느 순간, "아, 이거다!" 하는 하나의 길이 열리는 게 아닌가 싶다. 그 깨달음이나 직관도 검증이 요구되나, 우선 그러한 어떤 직관을 얻기 위해 버둥대는 과정은 무엇보다 소중하다 여기고 있다.

　필자가 일본에 유학 온 날짜는 1992년 4월 3일이다. 본서 집필 시점에서 30년 이상이 지났다. 2020년 이후 3년 정도는 코로나19 감염 사태로 자숙하는 시기가 이어졌으나 그 전에는 한일 상공을 꽤나 왔다갔다 했다. 양국 위에 펼쳐진 하늘을 날며 두 사회를 어떻게 이해하면 좋을지 제대로 잡히지 않아 답답하게 지낸 나날도 다반사였다. 한국인과 일본인의 사고방식 또는 한국과 일본 사회를 관통하는 핵심 개념은 무엇인지를 찾기 위해 골몰한 시기도 꽤 있지 않았나 싶다. 그러다가 한동안이 지난 어느 순간, "아, 이것일지도!" 하며 다가온 직관이 '플로우의 한국, 스톡의 일본'이라는 축이었다.

　본 장에서는 한일 간의 사고방식 차이를 가늠하는 세가지 축을 제시한다. 첫 번째가 위에서 언급한 '플로우의 한국 vs. 스톡의 일본'이다. 다른 두 축도 한국을 오가거나 일본에서 지내면서 생각해 낸 축이다. 두 번째 축은, '디지털의 한국 vs. 아날로그의 일본'이다. 한국과 일본의 산업 전개나 기업·개인의 일처리 행태를 접하다 보면 그 임하는 사고나 행동이 한일 간에 큰 차이를 보임을 관찰할 수 있다. 특히 디지털화의 진행이 있게 되면서 발빠른 대응의 한국과 하나씩 하나씩 단계를 밟아가는 일본의 대응 방식 차이를 느껴가며 제시한 축이 '디지털의 한국 vs. 아날로그의 일본'이다.

　세 번째 축은, '넓고 얕게의 한국 vs. 좁고 깊게의 일본'이다. 아시아 대륙과 해양 국가 일본 사이에 반도 국가로 위치하는 한국에서는 한 곳에 머물러 진득하게 오랫동안 종사하기보다는 여기저기 돌아다니며 관심을 보이는 '넓고 얕게'의 행태가 두드러진다. 이와는 달리 아시아 대륙 동쪽 끝 섬나라에 위치하는 일본에서는 한곳에 정주(定住)하거나 또는 어떤 조직에 안전하게 소속되어 안심감을 느끼며 지내려는 성향이 강하게 나타난다. 일본의 역사에는 한국에는 등장하지 않는 '일소현명(一所懸命)'이라는 말이 등장한다. 주어진 '하나의 터전(一所)에서 목숨을 걸고(懸命) 지낸다'는 뜻이다. 일본인의 사고방식의 하나로 나타나는 '좁게 깊게'의 특징은 '일소현명'에서 힌트를 얻었다. 이쪽저쪽 돌아다니려는 성향이 강한 한국과, 붙박이 성향으로 한 곳에 머무르는 정주성(定住性)이 강한 일본이라는 두 나라 국민들 특성 차이로부터 제시된 축이 '넓고 얕게의 한국 vs. 좁고 깊게의 일본'이다.

본 장에서는 위에서 언급한 '플로우의 한국 vs. 스톡의 일본', '디지털의 한국 vs. 아날로그의 일본', '넓고 얕게의 한국 vs. 좁고 깊게의 일본'이라는 세 축에 비추어 한일 간의 특징이나 사고방식의 차이를 살펴본다. 이때 단지 특징 차이의 제시에서 끝나기 보다는 이들 특징 차이를 보이는 양국으로서 무엇을 지향해야 할 것인가의 제시도 중요하다 할 것이다. 본 장의 후반에서는 그 지향점도 제언하고 있다. 이끌어낸 지향점은 '플로우 감성과 스톡 감성의 겸비', '디지털과 아날로그의 조화', '넓고 깊게'의 추구이다.

2 플로우의 한국 vs. 스톡의 일본

1) 스톡 및 플로우의 의미

모두가 그렇지는 않다고 하더라도 일본인 교수의 연구실을 방문하면 금방 눈에 띄는 한 가지 광경을 목격하곤 한다. 오랜 교수 생활로 관록이 배인 원로 교수들한테는 더욱 흔히 나타나는 현상이기도 하다. 시간이 지나면서 책이나 자료가 수북이 쌓여간다는 점이다. 그렇게 쌓여 축적되는 특성을 보이는 것이 스톡이다. 덕분에 정년 퇴임을 앞둔 원로 교수의 연구실 정리를 돕다 보면 귀중한 책이나 자료를 얻기도 한다.

자신이 노력을 쏟거나 연구비를 사용하여 손에 넣은 서적이나 자료들이 세월이 흐르며 쌓이게 되는 것은 당연하다고 여기는 이들도 적지 않겠다 싶다. 일본에 체류한 지 30년 이상이 지난 필자의 연구실에도 많은 책과 자료가 축적되어 있고 오래되어 사용하지 않는 컴퓨터와 다른 비품들도 선반 한쪽에 놓여 있다. 일부는 비품 꼬리표도 붙어 있어 사용하지 않는다 하여도 처분을 주저한 채 먼지가 쌓여간다.

일본에서 축적 또는 스톡의 징후를 보이는 케이스는 비단 대학 교수의 연구실만이 아니다. 사용하지는 않으나 보존해 놓은 물건들이 수두룩한 가정 내 벽장이나 회사·관청의 창고도 허다하다. 일본에서는 물건을 어떻게 정리할 것인가를 두고 '단(斷)·사(捨)·리(離)'라는 처분 방식이 각광을 받기도 한다. '단·사·리'는 쌓인 물건을 어떻게 끊어내고(斷), 버리고(捨), 떠나보낼(離) 것인가를 안내해 주는 방법을 일컫는 말이다. 일본인들이 '단·사·리'에 높은 흥미를 보이는 것을 반대로 해석하면 그만큼 축적이나 스톡의 속성이 강하다는 것을 반증한다고 할 수 있다.

한국의 가정이나 회사에서도 시간이 지날수록 축적되는 것은 마찬가지 아니냐고 반문할 수도 있을 것이다. 일본과 다른 점은 한국은 이사하는 회수가 일본에 비해 잦은 편이며, 이사할 때 '처분하고 다시 장만하는' 경우가 많다고 하는 점이다. 또 하나 한국이 일본과 매우 다른 것은 한국에서는 전임(前任)이 담당하였거나 관할하고 있었던 방식이 이어지지 않고 전임자가 이루어놓은 업적이 살려지지 못한 채 부정되어 버리는 일들이 빈번하게 벌어진다는 점이다. 요컨대, 한국은 이전(以前)의 것들이 지속되지 못하고 흘러가 버리는 플로우 경향이 일본에 비해 강하게 나타난다.

일본의 젊은 세대에서는 비록 그 경향이 엷어졌다고는 하나, 일본에는 주어진 장소에 오래 머무르며 정해진 일을 하며 살아가는 정주성이 짙게 배어 있다. 일단 자신이 거주하려는 주택을 구입하거나 정하게 되면, 일본인들의 거주 기간이 한국인들에 비해 훨씬 긴 편이다. 한국에서는 살아가면서 여러 차례 이사를 하는 사람이 많고, 일본과 비교해 한 회사에서의 근속연수도 짧을 뿐만 아니라 자영업을 영위하는 기간도 단기간이 많고 그 부침도 심한 편이다. 일본의 노동정책연구·연수기구의 조사에 따르면 같은 회사에서 10년 이상 일하는 사람의 비율은 한국이 21.5%인데 반해 일본은 45.8%에 이를 정도로 일본이 한국에 비해 두 배 이상 높다고 하는 현격한 차이를 보인다(2019년).

한국인 가운데는 자신의 거주처를 평생 동안 머물며 살아가는 삶의 터전으로 삼아 살아가기보다는 더 좋다고 여기는 곳으로 이사하며 살아가는 사람들의 비율이 일본에 비해 훨씬 높다. 점포나 기업 운영의 연속성 면에서도 한일 간에는 큰 차이를 보인다. 한국에도 잘 알려져 있듯이 일본에는 수백 년째 영업을 하는 기업이나 노포(老鋪: 오래된 상점)가 전국 각지에 산재하고 있는 반면, 한국에는 일본처럼 수백 년째 계속되는 기업이나 노포는 드물다.

플로우(flow)는 여기저기 활발하게 움직이는(흐르는) 성향을 뜻하며, 스톡(stock)은 한 곳에 오래 머물며 축적되는 성향을 의미한다. 위에서 언급한 이사 회수나 기업·노포의 예시는 한국이 일본보다 한 곳에 오랫동안 머물러 있으면서 축적되는 스톡 성향이 약하다는 것을 잘 보여준다. 요컨대 한국은 여기저기 옮겨 다니는 플로우 특성이 일본보다 강하게 나타나며, 일본은 한 곳에 머물러 안정감 있게 지내려는 스톡 특성이 한국보다 훨씬 강하게 나타난다.

2) 지정학적으로 본 플로우의 한국과 스톡의 일본

철학자이자 문화사가(史家)로 잘 알려진 와츠지 테츠로(和辻哲郞, 1889~1960년)가 저술한 『풍토(風土)』(岩波書店, 1979)라는 책에는 지정학적 위치관계가 사람들의 생각과 삶에 커다란 영향을 미친다는 점을 솜씨 좋게 묘사하고 있다. 이 책에서는 몬순, 사막, 목장이라는 세 가지 유형으로 나누어 각각의 삶의 특징이 제시되고 있다. 와츠지는 "인간의 존재는 역사적·풍토적 특수 구조를 갖고 있다"고 언급하면서(161쪽), 일본인들은 몬순적이며 '수용(受容)적·인종(忍從)적'이라 평하고 있다.

와츠지의 『풍토』에서는 본 장과 같이 한국과 일본을 플로우 문화나 스톡 문화로 파악하여 양국의 특징에 대해 논의하고 있지는 않다. 필자가 말하고 싶은 것은 한국과 일본이 같은 아시아 대륙 동쪽 끝에 위치하며 같은 몬순 지역이라 하더라도 지정학적 위치 관계에 따라 사람들의 사고방식에도 특징적인 차이가 나타난다는 점이다. 이하에서는 두 나라의 문화권이 비슷하다고는 하지만 심도 있게 들여다 보면 지정학적 위치 관계에 따라 양국의 사고방식 차이가 역력하게 드러난다는 것을 보이기로 한다.

근대·현대는 그 움직임이 달라졌다고는 하나 근대 이전의 역사에서는 중국 대륙의 문화·문물이 동점(東漸: 동쪽으로 점차 이동)하여 한반도를 경유해 일본으로 유입되어 갔다. 한반도는 유라시아 대륙의 동쪽 끝에 있고, 동해와 현해탄을 건너 일본이 자리잡고 있다. 일본 열도의 동쪽은 광대한 태평양이라는 바다로 되어 있어 문화·문물의 흐름은 일본에서 멈추게 된다. 이처럼 아시아 대륙의 동쪽 끝에 위치한 섬나라 일본은 역사적으로 대륙 문화의 종착지였고, 다른 나라의 문화를 수용하고 축적해 온 스톡 문화의 특징을 띠기 쉬운 곳에 자리하고 있다.

일본과는 달리 반도국가로서의 한국은 대륙과 해양을 연결하는 파이프(관)와 같은 자리에 위치하고 있다. 한반도는 일본·중국·러시아를 비롯해 멀리 미국까지 강대국의 영향을 받아왔고 역사적으로 열강의 각축장이기도 했다. 이처럼 지정학적으로도 한국은 주변국의 문화·문물이 왕래하여 '흐르는' 장소에 위치하여 '플로우'의 특징을 띠기 쉬운 위치에 있다. 강대국의 틈바구니에서 살아남기 위해서라도 발빠르게 적응해야 하는 민첩성이 요구되었다. 한국과는 달리 일본은 대륙 끝 섬나라로서 흘러들어온 문화·문물이 머물러 '스톡(축적)'되는 곳에 자리한다.

근대 이전에는 대륙의 문화·문물이 일본으로 유입되었으나, 근현대에 들어서는 반대로 일본을 통하여 서양 문명이 한국으로 들어왔고 나아가 중국 대륙으로 흘러가는 일도 빈번했다. 한반도의 이와 같은 대륙 문화와 해양 문화의 왕래하는 특징을 '플로우(흐름)'로서 포착할 수 있겠다. 더불어 일본은 근현대 이전까지 대륙에서 흘러온 문화·문물이 축적되어 왔고, 그 축적되는 특징을 '스톡'으로서 파악할 수 있겠다. 이처럼 지정학적 위치 관계의 차이로부터도 한국은 플로우 속성, 일본은 스톡 속성이라는 서로 다른 특성을 지닐 것이라 추측할 수 있다. 요컨대 '플로우의 한국 vs. 스톡의 일본'이라는 축으로 하여 두 나라의 특징 차이를 보일 수 있다.

여기서 한 가지 주의할 점이 있다. 위에서 언급한 플로우나 스톡이라는 특징은 각각의 지정학적 위치나 역사적 배경이라는 관점에서 제기하는 것으로, 가치판단을 개재하여 좋고 나쁨을 가늠하는 성질의 것이 아니라는 점이다. 상대국의 나쁜 면을 들추어내며 비판 또는 비난으로 일관하다 보면 문재인 정권과 아베 신조 정권 때에서와 같이 '반일'이나 '혐한'이라는 감정적인 논조나 분위기에 휘둘리기 십상이다. 감정론이 격돌하여 부딪히게 되면 시야는 좁아지고 극단론으로 치닫게 된다.

감정론의 배후에는 배타적인 내셔널리즘(민족주의 또는 국가주의)이 웅크리곤 한다. 상대국의 약점을 꼬집고 헐뜯으며 자기 나라가 우수하다는 '국수주의(國粹主義)'에 도취되어 포용심이 없어져 버리는 경향을 그 예로 들 수 있겠다. 생산적이지 못한 감정 싸움의 소모전은 자타의 정서기반을 갉아먹는다. 배타적인 소모전이 난무할 때면 건설적 대화나 논의를 통한 진전은 이루어지지 못하고 각각이 지닌 좋은 특성도 살릴 수 없게 된다.

3) 플로우와 스톡의 특징 차이

플로우 사회와 스톡 사회는 각각 장점과 단점을 동시에 지니고 있다. '플로우 사회'로서의 한국은 신속히 대응한다는 순발력이 있으나 상황이 바뀌면 기존에 이루어놓은 것들을 서슴없이 바꾸기도 하는 '동적(動的)' 특성이 두드러진다. 반면 일본은 '스톡 사회'로서, 전례가 어떠했는지를 확인하며 신중하게 나아가는 방식을 선호하나 좀처럼 바뀌지 않는다고 하는 '정적(靜的)' 특성이 짙게 배어 있다. 이처럼 플로우와 스톡은 서로 다른 장단점을 지니고 있다.

플로우 한국과 스톡 일본의 장단점에 대해 보다 구체적으로 보기로 하자. 우선, '플로우의 한국'은 나쁜 것을 쉽게 바꾼다는 장점이 있지만, 어렵사리 이루어 놓은 좋은 것도 별 망설임 없이 부수어버리는 단점이 있다. 이러한 특성으로 인해 한국 사회는 불안정성을 띠기 쉬운 폐단이 드러나곤 한다. 다음으로 '스톡의 일본'은 좋은 전통이나 기술 등이 축적되어 간다는 장점이 있지만, 자승자박의 관례도 쌓이기 쉽다는 단점이 있다. 번잡한 규칙이나 선례(先例)에 집착하다 보면 빠르고 새롭게 변하는 것에 대한 적응이 더디고 좀처럼 앞으로 나아가지 못하는 폐색감(閉塞感)에 빠지곤 한다.

플로우 사회의 한국에서는 주변국 중 어느 나라가 강한지 혹은 강해질 것인지를 지켜보다가 정치·경제·외교 등 제반 정책의 방향이 그 강한 나라로 기울어져 버리는 일도 종종 일어난다. 이러한 경향도 이쪽저쪽 왔다갔다 하는 플로우 특성의 반영이라고 해석할 수 있을 것이다. 일본인의 감각으로 보면 한국 정부나 한국인의 성급한 처신을 보며 침착하지 못하다고 하면서 그리 호감을 갖지 않을 수 있다. 그렇지만 입장을 바꾸어 생각하면 플로우 사회인 한국으로서는 변화가 심한 환경에 적응하기 위해 민첩성이 요구되었고 거기에 적응하려는 '생존을 위한 선택'이었다는 해석도 가능하다.

'빨리빨리'와 비빔밥을 선호하는 한국이 정보통신기술(ICT)과 융합 분야에 강점을 보이는 것은 플로우 문화의 속성이 작용한다고 볼 수 있다. 그런 한편, 플로우 문화의 한국에서는 겉모양이나 체면이 중시되어 자칫 알맹이가 부실하게 되기 쉬운 문제를 안고 있다. 바꾸어 말하면 차분하게 규칙을 지키고 오랫동안 일관성을 지속하는 점에 있어서는 일본에 비해 한국이 훨씬 뒤떨어진다. 장점만이 부각되는 것이 플로우의 특징이 아니라는 뜻이다.

요컨대 플로우의 한국은 도전적이고 발빠르게 움직이는 속도감으로 나쁜 것을 금방 고치는 일처리를 자랑하지만, 모처럼 이루어 놓은 좋은 것들까지도 상황이 바뀌거나 또는 담당자가 바뀌면 별반 주저 하지 않고 전임자가 이룬 업적을 바꾸어 버리는 불안정성이 자리한다. 일본 정부가 해결되었다고 주장하는 종군 위안부 문제에 대한 한국의 대응에서 보듯이, 일단 합의가 이루어졌던 일이라 하더라도 상황이 바뀌면 다시 협상하려는 일도 종종 일어난다. 상황 변화에 따라 이전의 것을 쉽게 바꾼다는 점에서 보면 위안부 문제에 대한 한국 정부의 대응 방식도 플로우(흐름) 속성을 대변하고 있다.

한편, 일본은 스톡(축적) 성향에 얽매이기 쉬운 만큼 변화가 심한 현대 사회에서의 신속한 대응이 서툴고 그 대처도 더디게 나타난다.

그렇다고 하여 이러한 축적 성향이 단점만이 있는 것은 아니다. 축적에는 좋은 면과 나쁜 면의 축적이 있기 때문이다. 여기서 좋은 면에서의 축적과 나쁜 면의 축적의 예를 들어 보자. 장기간에 걸친 기술·자본·지식 등의 축적이 많은 것은 좋은 축적의 예라 할 수 있다. 이와는 달리 국가채무 잔액이 방대하게 늘어나는 것이나 다른 나라에 비해 번거롭고 까다로운 규칙·예법(일본어로는 번문욕례(繁文縟禮)라 한다)이 쌓이는 것 등은 나쁜 축적의 예라 할 수 있다.

산업면에서도 스톡의 일본에 대한 장단점을 지적할 수 있다. 수많은 축적 기술이 이용되는 소재·부품·기계·장비나 전통 산업에서 일본이 강점을 발휘하는 것은 장점이지만, 상황 변화에 따른 대응이 늦어지고 유연성이 부족한 것은 단점이라고 할 수 있다. 최근의 기술 변화와 관련하여 말한다면, 스톡 속성의 일본은 속도감 있는 의사결정을 필요로 하는 정보통신기술(ICT)이나 금융서비스 산업에서는 약점을 드러낸다. 실제로 일본이 디지털 산업이나 핀테크(Fintech: finance + technology) 분야에서 주요 선진국에 비해 뒤쳐져 있다는 점으로부터도 그 일단을 엿볼 수 있다.

다양한 분야 간의 벽을 허물어가며 융통성 있게 활용하며 새로운 기술을 창출해 가는 것이 융합 산업이다. 일본은 분야 간 울타리를 넘나들며 융합산업을 구축해 가는 방식에 익숙치 못하다. 설사 구축하여 간다고 하더라도 '빨리빨리'라는 말로 채근하며 일처리에 임하는 한국의 기준에서 보면 시간이 너무 많이 걸려 답답함을 느끼곤 한다. 기존의 종적(세로) 사회의 조직 내에서 수직적 인간관계나 조직문화에 사로잡혀 횡적 연결이 약하다고 하는 점이 그 배경에 자리잡고 있다. 일본에서 오랜 기간 판매되고 있는(스테디셀러) 도서인 나카네 치에(中根千枝)『종적 사회의 인간관계(タテ社会の人間関係)』(講談社現代新書, 1967)를 보면 종적 속성의 일본 사회 특징을 그림 이미지도 제시하며 잘 묘사하고 있다.

스톡사회의 또 다른 맹점은 과거 성공 체험에 매달리는 행동 양식이 강하게 나타난다는 점이다. 성공 체험에 대한 집착이 오히려 큰 짐이 되고 있는 까닭에 급변하는 환경에 맞추어 대응하지 못하는 우(愚)를 범하곤 한다. 일본은 1970년대 두 차례(1973년, 1978년) 오일쇼크를 잘 이겨낸 성공 체험이 있다. 1990년대 초 거품경제가 붕괴되고 저출산 고령화 진행이라는 사회구조 변화, 디지털화 진행이라는 경제구조의 변화가 일어나고 있었음에도 불구하고 과거의 성공 체험을 답습하여 1970년대와 같은 재정지출 증대 및 감세정책을 실시하였다. 유감스럽게도 이들 정책 효과가 경제활성화로 나타나기는커녕 일본을 성장상실기로 몰아넣었다. 디지털화 진행에 대처하는 정책전환 및 산업구조 개혁이 이루어지지 못했기 때문이다. 그 결과 답보상태를 벗어나지 못하고 정체감이 만연된 '폐색감(閉塞感)'이 감돌았다(일본은 한국어로는 거의 등장하지 않는 '폐색감'이라는 말이 거품경제 붕괴 이후 곧잘 사용되어 왔다).

플로우와 스톡의 특징을 정리해 보자. ① 플로우는 동적이고 생동감은 있으나 진득함이 부족하고 불안정성이 잠재해 있다. ② 스톡은 정적이고 차분한 안정감은 있으나 신속한 대응에는 취약하다는 단점이 있다. ③ 플로우와 스톡 중 어느 한쪽으로 치우쳐버리게 되면 균형감각이 결여된다. ④ 플로우 속성이 강한 한국은 나쁜 것을 금방 바꾼다는 개혁의 동인(動因)이 작용하나 전임자가 이루어 놓은 좋은 실적조차도 쉽게 허물어버리는 경향을 보인다. ⑤ 스톡 속성이 강한 일본은 기술·지식·자본과 같은 좋은 것들도 축적해 온 반면, 엄청난 국가채무의 누적이나 번잡하고 까다로운 관습 온존이라는 폐습으로부터 벗어나지 못하는 폐단을 안고 있다.

3 디지털의 한국 vs. 아날로그의 일본

1) 디지털 변화와 아날로그 변화의 이미지

다른 하나의 축으로 한국은 디지털 특성, 일본은 아날로그 특성으로서의 구분이다. 우선 디지털과 아날로그의 뜻을 일본에서 가장 많이 사용되고 있는 사전(辭典)인 『고우지엔(広辞苑)』에서는 어떻게 설명하고 있는지 보기로 하자. 거기에 따르면, 디지털은 "어떤 양(量) 또는 데이터를 유한(有限) 자릿수의 숫자열(예를 들어 2진수)로 표현하는 것"이라 하고 있다. 또 아날로그는 "① 어떤 양(量) 또는 데이터를 연속적으로 변화시킬 수 있는 물리량(전압·전류 등)으로 표현하는 것, ② 사안을 딱 잘라 생각하지 않는 것 또는 전자기기의 사용이 서툰 것의 비유"라 적고 있다.

사전적 의미만으로는 디지털과 아날로그의 구체적인 특징이나 이미지가 떠오르지 않을 수도 있다. 그 특징 차이를 그 속도감과 연속성 여부에 주목하여 양자의 특징 차이를 부각시켜보자. 디지털은 속도감이 빠르며 끊어지고 이어지는 '단속성(斷續性)'을 그 특징으로 하는 반면, 아날로그는 속도감은 느리지만 '연속성'을 그 특징으로 한다. 디지털은 숫자 0(끊어짐)과 1(이어짐)의 조합이라고 하는 2진수에 기반하는 단속성을 이용해 표현의 세계를 비약적으로 넓혀 왔다. 앞절에서 살펴본 플로우과 스톡에 관련시켜 언급하면, '플로우의 한국'은 비약하며 확장해 가는 디지털 속성과 궁합이 잘 맞는다고 할 수 있으며, '스톡의 일본'은 이어짐을 중시하는 아날로그 속성과 잘 어울린다고 할 수 있다.

여기서 두 종류의 수열(숫자의 열)을 이용하여 디지털과 아날로그의 속도감 차이를 상징적으로 나타내 보자. 평소 '빨리빨리' 서두르려는 한국은 1, 2, 4, 8, 16, 32, 64, …(또는 2^0, 2^1, 2^2, 2^3, 2^4, 2^5, 2^6, …)라고 하는

2의 제곱수(앞의 수의 갑절)와 같은 속도감을 띠는 인상이다. 이러한 수열 전개와는 달리, 어떤 일을 추진할 때 하나씩 하나씩 조심하며 단계를 밟아 나아가려는 방식을 선호하는 일본은, 1, 2, 3, 4, 5, 6, 7, ……이라고 하는 자연수의 전개처럼 서서히 나아가는 속도감에 익숙하다.

2의 제곱수와 자연수라는 두 가지 수열 전개를 이미지로 하여 한국과 일본의 속도감 차이를 보기로 보자. 구체적으로는 이 두 가지 수열을 이용하여 한국의 디지털적 변화의 스피드감과 일본의 아날로그적 변화의 스피드감과의 차이가 어떻게 나타나는지를 그림으로 보이고자 하는 것이다. 그림 7-1에서는 일인당 소득수준의 변화를 예로 들어 2의 제곱수적 대응(디지털 한국)과 자연수적 대응(아날로그 일본)의 변화 이미지를 나타내고 있다.

/ 그림 7-1 / '디지털 한국' 과 '아날로그 일본'의 변화 이미지

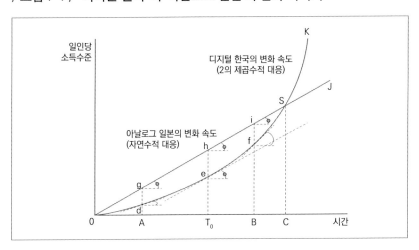

주: ◉ 점은 모두 일인당 소득수준의 증가 속도가 같다는 것을 뜻한다.
자료: 필자 작성.

그림 7-1의 가로축은 시간의 경과를 나타내며, 세로축은 그 변화로서 일인당 소득수준을 예로 하여 보이고 있다. 즉, 그림 7-1은 시간이 지날수록 한국과 일본의 일인당 소득의 크기가 어떻게 증가하는지를 예시하고 있다. '빨리빨리'를 선호하는 한국은 2의 제곱수와 같이 단계를 건너뛰는 디지털적 변화의 이미지라 할 수 있다. 그림 7-1에서 곡선 OK와 같은 변화라 할 것이다. 이에 비해 아날로그적 변화에 익숙한 일본은 자연수의 진전과 같이 하나씩 하나씩 단계를 밟아 나아가려는 성향을 지닌다. 그림 7-1에서 직선 OJ와 같은 이미지라 할 수 있다.

그림 7-1을 이용하여 디지털과 아날로그의 변화의 스피드를 보기로 하자. 그림 7-1에서 OK와 OJ의 기울기는 각각 한국과 일본의 일인당 소득수준 증가속도가 된다. T_0보다도 이전 시기(예컨대 A시점)에서는 한국의 소득수준에 비해 일본의 소득수준이 높았고 그 증가 속도도 빨랐던 시기이다. 즉, A시점에서는 OJ위에 있는 g점에서의 기울기(●표시의 각도: 일본의 소득증가 속도)가 OK위에 있는 d점에서의 기울기(한국의 소득증가 속도)보다 컸던 시기였다. 달리 말해 A시점에서는 아날로그 일본이 디지털 한국에 비해 소득증가 속도가 빨랐던 시기였다.

그림 7-1에서 T_0시점은 한국의 소득수준이 일본의 소득수준에 비해 낮다고는 하더라도(즉, $eT_0 < hT_0$) 그 증가속도는 같은 시기가 된다. 즉, OJ위에 있는 h점에서의 기울기(일본의 소득증가 속도)가 OK위에 있는 e점에서의 기울기(한국의 소득증가 속도)가 서로 같은 시점이 T_0시점이다.

그러다가 T_0을 지나면, 즉 T_0의 우측(예컨대 B시점)이 되면 디지털 한국의 소득수준 증가속도가 아날로그 일본의 소득수준 증가속도보다 빨라진다. B시점은 OJ위에 있는 i점에서의 기울기(일본의 소득증가 속도)가 OK위에 있는 f점에서의 기울기(한국의 소득증가 속도)보다 작아지는 시기를 예시하고 있다. 이는 B시점에서는 일본이 한국보다 일인당 소득수준은 높지만(즉, iB ⟩ fB) 그 증가속도는 한국이 일본보다 빠르다(기울기가 크다)는 것을 뜻한다. 디지털 한국은 2의 제곱수의 속도로 빠르게 진행되는 반면 일본은 자연수적으로 하나씩 단계적으로 나아가기 때문이다.

마침내 C시점이 되면 한국과 일본의 소득수준이 같아지지만(즉, 양국 모두 SC 수준임) 소득수준의 증가 속도는 한국이 일본에 비해 빠른(즉, S점에서 한국이 일본보다 기울기가 큰) 상황에 있다. 그 후 C시점을 지나면 한국의 소득수준이 일본보다 높아지고 그 증가 속도도 빠르기 때문에 양국의 소득수준 격차는 더욱 벌어지게 된다. 한국의 소득수준이 일본보다 높아진 C시점은 제1장에서 언급한 임금수준으로 보면 2015년이고, 구매력 평가로 나타낸 소득수준(일인당 GDP)으로 보면 2018년이라 할 수 있다.

2) 한국과 일본의 발상 차이

1→2→4→8→16⋯ (또는 2^0→2^1→2^2→2^3→2^4⋯)와 같이 2의 제곱수의 변화를 보이는 디지털 속성의 사회는 비약적인 속도로 나아가려고 하는 특징을 보인다. 이와는 달리 자연수의 변화를 보이는 사회는 2의 제곱수의 변화를 보이는 사회에 비해 그 변화 속도가 훨씬 더디다. 그림 7-1에서 OJ의 변화 속도와 같은 자연수적 변화를 보이는 일본은, OK 변화 속도와 같은 2의 제곱수적 움직임을 보이는 한국에 비해 처음 단계에서는 빠르지만 시간이 지날수록 그 변화 속도가 느리게 진행된다는 것이 명확히 드러나고 있다.

만약에 디지털 변화 시대를 맞이하지 않은 채 아날로그적 변화에 머무르는 시대가 지속되었다고 한다면 일본은 세계에서 막강한 힘을 발휘했겠다 싶다. 그렇지만 시대가 크게 변했다. 아날로그와는 그 발상이나 변화의 속도가 전혀 다른 디지털 혁명으로 불리는 시대가 도래하였기 때문이다. '점진적인 발상과 착실히 나아가는 변화'가 아날로그의 근저에 자리하고 있으나, '비약적인 발상과 빠른 변화'는 디지털 세계와 궁합이 잘 들어맞는다. 하나씩 하나씩 단계를 밟아가며 개선해 나아가려는 아날로그적 발상이 지배적인 일본인지라, 건너뛰는 비약을 특징으로 하는 디지털 방식을 적용하려 하기보다는 기존방식의 일처리를 고집하곤 한다.

제2차 세계대전 이후의 경제발전 초기 단계에서는 일본의 변화 속도가 한국보다 빨랐다(그림 7–1을 이용하여 말하면 T_0의 왼쪽 시점, 예컨대 A의 시점이 된다). 그러다가 디지털이 주류를 이루는 시대가 진행되면서 어느 시점(T_0시점)을 지나면서는 한국의 소득수준 증가속도가 일본에 비해 빨라졌다. 앞서 살펴보았듯이 일인당 소득수준으로 볼 때 현재는 한국과 일본이 C시점 부근에 위치해 있다고 할 수 있다. C시점이 지나면서 향후 한국의 일인당 소득수준이 일본을 더욱 앞지르며 나아갈 것으로 예상된다.

그림 7–1은 일인당 소득수준을 예시한 것이나 단지 소득수준뿐만이 아니라 일상의 일처리에서도 곧잘 나타나는 현상이다. 일본은 한국에 비해 매우 더딘 일처리가 곳곳에서 목격된다. 예컨대 코로나19 감염 확진자 집계를 팩스로 주고 받아 세계적인 화젯거리가 되었다. 은행 계좌 개설시 창구에서 마냥 대기하고 서류작성·현금카드 발행에서도 시간이 많이 걸리는 것으로 유명하다. 관청이나 은행을 방문할 때마다 일일이 주소·이름·전화번호를 매번 손으로 기재해야 하는 방식을 고집한다. 기계, 자동차, 소재, 부품, 장비 등 일본에는 여전히 아날로그 산업에서 강점을 발휘하고 있는 기업들이 많이 있으나 이들 기업들은 아날로그적 사고로 디지털화를 추진하는 방식이 지배적이다. 이와 같은 아날로그적 사고방식이나 일처리가 계속 이어지

게 된다면 일본은 앞으로 한국이나 다른 선진국에 비해 더욱 뒤처지게 될 것이다.

잘 알려진 "로마에 가면 로마법을 따르라"에 해당하는 일본어 속담 표현은 "마을에 가면 그 마을의 관습을 따르라(郷に入っては郷に従え)"는 말이다. 지역성을 중시하는 일본인인만큼 각 지역에는 매뉴얼 같은 관습이 진을 치고 있다. 일본에서 지내고 있는 필자로서도 일본의 관습을 따라 적응하는 것이 편하다. 그러면서도 '빨리빨리' 서두르는 성향이 몸에 젖어있는 탓인지 일본 생활 30년 이상이 지난 지금도 일본의 일처리를 접하다 보면 위화감을 느낄 때가 허다하다. 그 일례로 일본인들한테는 아주 익숙한 매뉴얼에 따른 일처리 방식을 들 수 있다.

많은 일본인들은 매뉴얼이 없으면 불안해 하고 매뉴얼대로 일을 수행하면 안심감을 느끼곤 한다. 그런 일본인들을 접하며 "참으로 감각이 다르구나" 하는 것을 수없이 경험한다. 융통성이 없는 매뉴얼 방식을 따라 하다 보면 "매뉴얼로 자유로운 생각을 가두는 것은 아닌가?", "매뉴얼에 써 있는 것보다 나은 다른 좋은 방법이 있다면 그 방법을 채용하는데 적극적이어도 좋지 않을까?", "매뉴얼에 따라 하나씩 하나씩 확인하며 해야 한다고 적혀 있다 하더라도 충분히 익숙한 것들은 생략해도 되지 않겠는가?" 등등, 답답함이 스쳐갈 때가 많다. 일본이 디지털 적응에 늦어지는 큰 이유 중의 하나가 이와 같은 '매뉴얼 방식'에 젖어 있는 점을 들 수 있겠다.

매뉴얼이 있어야 진행되는 일본의 일처리 방식은 대개의 경우 한국에서는 환영받지 못한다. 한국에서 많이 쓰는 "알아서 하라"는 말은 일본인의 일상 회화에는 거의 등장하지 않으며, 일본어로 그대로 번역하기 어려운 말이기도 하다. 일본어 표현으로는 "살펴서(察して) 하라"는 정도가 될 듯하지만, 그 어감에는 자신의 견해보다는 남들이 어떻게 보고 있는지를 살피라는 뉘앙스가 강하다고 할 수 있다. 이에 비

해 "알아서 하라"는 말에는 스스로 눈썰미 있게 판단하여 하라는 색채가 짙게 배어 있다. 즉, 평소 한국인들이 사용하는 "후딱후딱 알아서 처리하라"는 주문에 일본인들은 매우 당황한다. 일본인들은 '후딱후딱'이나 '빨리빨리'로 속도를 내는 디지털 변화의 적응에 약하다는 뜻이기도 하다.

그렇다고 '빨리빨리' 방식이 늘 좋은 것은 아니다. 한 분야에 침착하고 끈기 있게 오랫동안 지속하는 성향이 떨어진다고 하는 문제를 드러내기 때문이다. 한국인들의 빠른 속도감이 디지털 속성과 통하는 데가 있다고 하더라도, 일본인들 입장에서 보면 한국인들의 '빨리빨리' 방식의 행동은 그저 분주하고 거칠게 비춰질 수 있다.

일본에서는 '한적(閑寂)한 정취의 멋'이라는 '와비(侘び)' 와 '예스럽고 차분한 느낌'이라는 '사비(寂)'의 정서를 중시한다. 다도(茶道)나 일본 전통의 5·7·5의 구(句) 17글자로 이루어지는 하이쿠(俳句)는 이와 같은 정적(靜的)인 정서를 대표하고 정중동(靜中動)을 묘사한다. 더불어 일본에서 참고 견디는 것을 중시하는, "돌 위에서라도 3년간 진득히 앉아 있으면 따뜻해진다"는 뜻을 갖는 '돌 위에도 3년'이라는 속담은 한국에서는 사용되지 않는 말이다. 재빠르게 움직이려는 한국인의 몸놀림과는 사뭇 달리 한 분야를 꾸준히 이어가려는 연속성 중시의 일본인들한테는 아날로그 감성이 보다 잘 들어맞는다.

3) 디지털의 궁극은 아날로그

디지털은 아날로그보다 속도감이 있으나 "디지털의 궁극은 아날로그"라는 일견 모순된 듯이 보이는 관계를 이끌어 낼 수 있다. 이를 보이기 위해 디지털 액정 화면의 구조를 예로 하여 디지털과 아날로그가 어떻게 관련되어 있는가를 짚어보자.

액정화면은 펼쳐진 모눈종이라 상정할 수 있다. 이때 화면 구성은

그림 7-2의 (a), (b)와 같이 '화소(畫素)'라고 하는 작은 네모 칸 모눈의 집합체로 구성되어 있다. 화면상의 모눈을 이용하여 글씨나 기호를 표시하고 그림을 그려 나타내기도 하는 것이 액정 화면이다. 그 모눈의 크기는 기술의 발전과 함께 작아져 왔고 그만큼 화면에 표시할 수 있는 여지가 정치(精緻)해졌다. 즉 모눈의 크기가 작아졌고 화소수가 비약적으로 많아졌다. 여기서 액정 화면에 동그라미(또는 곡선)를 그린다고 보고 디지털과 아날로그의 관계를 이끌어내 보기로 하자. 그림 7-2는 그 관계를 보이고 있다.

/ 그림 7-2 / **디지털의 궁극은 아날로그**

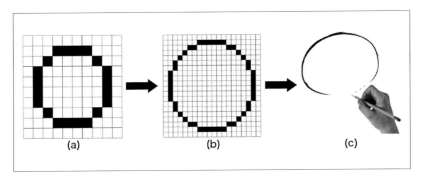

주: 디지털로 그린 동그라미는 모눈이 매끄럽지 않은 원이다. 초기 디지털 액정 화면에 원을 그리는 것은 거친 원형으로 나타난다(a). 디지털 기술이 발달하면서 모눈의 눈금이 촘촘해져 아날로그 원(O)에 접근하는 동그라미가 되어간다(b). 손으로 그린 아날로그의 매끄러운 동그라미는 디지털 원의 궁극이며 편안함을 느끼게 한다(c). 이로부터 "디지털의 궁극은 아날로그"라는 관계를 이끌어낼 수 있다.
자료: 국중호 『흐름의 한국 축적의 일본』(한국경제신문사, 2018).

화소의 개수가 적고 모눈의 크기가 큰 초기의 액정화면상에서 표현되는 동그라미는 지그재그가 심한 형태의 일그러진 유사형 동그라미로(원으로) 나타난다(그림 7-2(a)). 원의 곡선 부분을 보다 정치하게 하여 디지털 액정 화면에 동그라미를 그려 보인다고 하자. 그러기 위해서는 기술을 발달시켜 화소수를 늘리고 모눈을 작게 하여 그 수를 촘촘하게 배열할 필요가 있다. 화소수가 조밀하게 많아지고 촘촘하게 되면서 모눈 수가 늘어나게 되면 화면으로 보이는 동그라미 형태의 지그재그 부분은 보다 매끄러운 형태로 표현되어 간다(그림 7-2(b)).

액정화면 위의 디지털 동그라미(원)는 매끄러운 아날로그 동그라미와는 그 속성이 다르다. 디지털 액정화면에서는 그림 7-2의 (a) 또는 (b)에서와 같이 모눈의 화소를 이용하여 동그라미를 표현하고 있으나, 엄밀히 말하면 화소수를 늘려 표현한 디지털 동그라미는 매끄러운 연속 형태의 아날로그 동그라미가 아니기 때문이다. 매끄러운 연속 형태의 아날로그 동그라미에 한없이 근접해 가려고 하는 것이 액정화면상의 디지털 동그라미이다. 빠르게 나아가는 속도면에서 디지털이 아날로그보다 앞서가는 인상이지만 디지털 동그라미가 지향하고자 하는 저편에 아날로그 동그라미가 자리잡고 있다.

지그재그의 디지털 동그라미와는 달리 아날로그 동그라미는 처음부터 매끄러운 모양이다. 디지털의 지그재그 모양을 될 수 있는 한 작게 보이게 하며 매끄러움을 추구해 나아간다고 하는 것은, 궁극적으로는 지그재그가 없는 매끄러운 아날로그 동그라미에 도달하려고 하는 데로 귀착한다. 이는 곧 디지털이 표현하려는 동그라미의 궁극에 아날로그 동그라미가 자리하고 있음을 뜻한다(그림 7-2(c)). 이와 같은 디지털과 아날로그의 관계로부터 "디지털의 궁극은 아날로그"라는 귀결을 얻을 수 있다.

4　'넓고 얕게'의 한국 vs. '좁고 깊게'의 일본

1) 동적(動的)인 일반인 vs. 정적(靜的)인 전문인

많은 한국인들은 한 가지 일에 오래 매달리려 하기 보다는 어느 정도 흥미를 보인 다음에는 다른 일로 관심을 옮겨가는 경향을 보인다.

한 곳에 조용히 앉아 있으면서 오랫동안 음미하며 한 분야의 세세한 곳까지 꼼꼼하게 챙기고 완벽을 추구하기 보다는 이쪽저쪽 옮겨다니며 여러 분야에 관심을 보인다. 이러한 성향을 보이는 것은 '넓고 얕게'라는 특징으로 짚어낼 수 있겠다. 한국인의 '넓고 얕게'의 특징은 어떤 분야에 장기간 머무르기보다 제2절에서 언급한 여기저기 왔다갔다 하는 '플로우(흐름) 특성'과도 맥이 상통한다.

반도국가로서 아시아 대륙 동쪽 끝에 위치한 한국은 주변 국가들로부터 숱한 침략을 받은 역사를 안고 있다. 그러한 지정학적 위치 관계와 더불어 고난의 역사를 지닌 한(韓)민족인 만큼 차분하게 한 가지 일에 오래 집중하여 일가견을 이루기가 어려웠다는 점도 간과하기 어려울 것이다. 요컨대 한국인들은 동적(動的)으로 여러 분야를 섭렵하는 '일반인(generalist)'으로서 이곳저곳 바쁘게 옮겨다니려 한다. 반면에, 일본인은 한 분야의 '전문인(specialist)'으로서 자신의 일에 정적(靜的)으로 하나씩 하나씩 다져가며 안심감을 느끼려는 데 무게를 둔다.

한국과 마찬가지로 일본이 역사적으로 중국 대륙으로부터의 문물을 받아들였다고는 하나 견당사(遣唐使)가 폐지(894년)되고나서부터는 한반도와는 크게 다른 역사가 전개된다. 견당사 폐지 후 일본풍(風)의 '국풍(國風) 문화'가 전개되었고 가마쿠라(鎌倉) 시대(1185~1333년)부터 그 이후의 시기에는 지역성이 짙은 '무사' 지배의 봉건 시대를 구축했다. 이동의 자유도 대폭 제한되고 정주성(定住性)이 강했던 까닭에 주어진 장소에서 맡겨진 일을 끈기있게 하여가는 삶이 요구되었다. 그런 삶에서 자신의 분야에 몰두하는 것이 미덕으로 여겨져 담장 너머 다른 분야까지는 개입하지 않으려는 행동 양식이 오랜 기간에 걸쳐 정착되었다. 일본의 이와 같은 역사적 배경은, '좁고 깊게' 어느 한 분야(주로 아날로그 분야) 특정 영역에 종사하는 전문가 배양의 토양으로 형성되어 갔다.

'좁고 깊게'의 특징을 단적으로 보여주는 오랜 역사를 지닌 일본어로 '일소현명(一所懸命)'을 꼽을 수 있다. 현재는 '일생현명(一生懸命)'이라는 말이 주로 사용되지만, 중세시대에 비롯된 '목숨을 걸고 지키는 한 토지'를 뜻하는 '일소현명의 토지(一所懸命の地)'가 원래의 의미였다. 사전에 나와 있는 '일소현명'에 대한 설명을 보면, "하사받은 한 곳의 영지를 목숨을 걸고 생활의 의지처로 삼는 것"이라 되어 있다(『広辞苑』). 이처럼 일본은 역사적으로 볼 때 한 곳에 오래 정주(定住)하며 주어진 일에 '좁고 깊게' 관여하는 속성을 띠게 되는 쪽으로 자리잡아 왔다고 할 수 있다.

일본은 몽고의 일본 원정(1266년. 일본에서는 원구(元寇) 또는 몽고 내습(來襲)이라 함) 이외에는 외국의 침략이 없었으며, 그 몽고도 일본 점령은 이루지 못했다. 일본 점령을 이룬 것은 제2차 세계대전에서 승리한 연합국군총사령부(실질적으로는 미국)가 유일하다. 이처럼 외국의 침략을 거의 받지 않은 일본은 섬나라 안에서 치고 받는 내전을 거치면서 지역 중심으로 무사 집권을 이루었다. 무사 집권은 정해진 곳에서 거주하며 주어진 일을 진득하게 임하는 정주성(定住性)의 삶에 익숙한 쪽으로 자리잡게 했다. 그러한 무사집권 체제는 중세 가마쿠라(鎌倉) 막부부터 에도(江戸) 막부가 1868년 메이지유신(明治維新)으로 막을 내리기까지 7백년 가까이 이어져왔다.

일본어에는 "어떤 특정한 일에 고집하여 다른 일에 관여하지 않는 사람"을 가리키는 '오타쿠'라는 말도 정착되어 있다. 일본에는 오타쿠가 많다는 점도 '좁고 깊게'와 상통하는 말이다. 특정 분야에만 몰두하는 직업인은 어찌 보면 '오타쿠' 색깔이 배어 있음을 의미한다. 우리나라에서도 '오타쿠'라는 뜻의 '덕후(德厚)'라는 말이 있으나, 덕후에 비해 오타쿠가 장기간 하나의 일에 매달리며 몰두한다는 뉘앙스가 훨씬 짙게 깔려 있다. 일본에서 오타쿠 기질이 횡적으로 잘 연결되어 결합하게 되면 커다란 힘을 발휘할 수 있게 된다. 그렇지만 종적(縱的) 사회의 특징을 띠는 일본인지라 횡적 연결이 원활히 이루어지지 못하고 오타쿠의 전문성이 활용되지 못한 채 매몰되는 경우도 흔하게 일어난다.

'좁고 깊게'의 성향을 띠는 일본에서는 다양한 분야를 두루 섭렵하는 '팔방미인형'보다는 하나의 특기 분야에 꾸준히 종사하는 '외골수형'이 힘을 발휘한다. 참을성과 끈질김을 표현하는 일본 속담으로, '계속은 힘이다' 또는 '돌 위에서도 3년'이라는 말이 있다. 이들 속담이 시사하듯이 일본에는 한 가지 분야에서의 계속성을 강조하기 때문에 자신의 분야에 능한 사람들이 많다. 이와 같은 '좁고 깊게'라는 일본인들한테는 기술·지식 등이 축적되는 '스톡' 특성에 잘 들어맞는다. 일본에서 물리학이나 화학, 의학생리학의 노벨상 배출이 많았던 것도 '좁고 깊게'의 성향과도 그 맥이 닿아 있다.

2) 한국인의 이미지와 일본인의 이미지

한국인과 일본인은 겉모습은 비슷하나 서로 간의 사고방식은 실로 크게 다르다. 한국인들이 전문 분야의 지식을 쌓기 위해 소지한 재능이나 힘을 쏟는다고는 하나 일본인에 비하면 해당 분야에 종사하는 기간이 짧은 경우가 많다. 한국인들 가운데는 자신이 종사하는 분야 이외에도 이쪽저쪽에 안테나를 세우며 흥미를 보이는 이들이 많다는 뜻이다. 그런 까닭에 자신의 종사 분야에 대한 전문지식이 월등히 높다고 하기보다는 해당 분야 이외의 영역에 대해서도 어느 정도의 지식 수준을 지니고 있는 사람들이 많다. 반면에 일본인은 한국인보다 자신이 종사하는 분야에 깊이 파고드는 경향이 강하고 여기저기 관여하려는 성향이 덜하다.

여기서 '넓고 얕게'의 한국인과 '좁고 깊게'의 일본인을 어떻게 이미지화할 수 있을 것인지 보도록 하자. 그림 7-3은 '넓고 얕게'의 한국인을 이미지로 보이고 있다. 그림에 있는 막대의 높이는 각각의 분야에 대한 지식 수준의 정도를 나타낸다.

/ 그림 7-3 / 한국인의 이미지: '넓고 얕게'

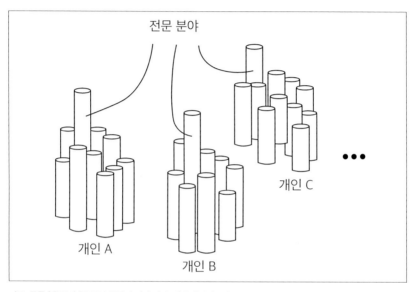

자료: 국중호(2018) 『흐름의 한국 축적의 일본』 한국경제신문사.

한국인은 어느 한 분야에 대한 전문 지식을 갖고 있다고 하더라도 일본인만큼 세심하고 꼼꼼하게 갖추고 있다고는 말하기 어렵다. 한 가지 일에 오래 매달려 있기 보다는 어느 정도 파악이 되었다 싶으면 다른 일이나 분야로 관심이 옮겨다니는 경향이 강하다고 할 수 있다. 그러다 보니 자신의 전문 분야 이외에도 관심을 보이며 상당 정도 지식을 갖추고 있는 사람들이 많게 된다. 그림 7-3은 그와 같은 자신의 해당 전문 분야에 대한 지식만이 아니라 다른 여러 분야에도 관여하며 일정 정도의 지식을 갖고 있는 한국인의 '넓고 얕게'의 이미지를 나타낸 것이다.

'넓고 얕게'의 한국인은 특정 분야를 깊이 파고드는 외골수적인 전문가로 고집하며 지내기보다는 여러 분야를 섭렵하며 지내려는 일반인으로서의 이미지가 짙다. 어느 한 분야에 특화하여 평생에 걸쳐 한 우물만을 파기보다는 다양한 분야로 관심의 촉수를 넓히려는 기질을 '넓고 얕게'라는 특징으로 짚어내고 있다.

특정 분야에 세심한 지식을 갖추며 지내는 데 익숙한 일본인들 입장에서 보면 한국인들은 일본인들이 상정하는 전문가 수준까지는 미치지 못한다고 할 수 있다. 특정 전문 분야로 한정할 때 일본인이 한국인에 비해 훨씬 구체적인 부분까지 파고들고 있다는 뜻이다. 이러한 성향 차이가 있어 한국인과 일본인이 처음 만나 다양한 주체를 화제 삼아 이야기를 진행하다 보면 한국인이 일본인보다 다른 분야까지 더 많은 발언을 하며 해당 지식을 피력하곤 한다. 필자의 경험으로 보아도 한국인들이 일본인들보다 그 관심 영역이 넓다는 인상이 짙게 남아 있다.

자신의 전문 분야에서는 두각을 나타내기도 하는 일본인이지만, 해당 종사 분야 이외의 지식 수준은 낮은 편이다. 대개의 일본인은 "주어진 곳에서 자신이 하는 일에 목숨을 건다"는 '일소현명(一所懸命)'에 익숙해져 있기 때문이다. 한 곳에 몰입하는 일본인은 '좁고 깊게'의 이미지라 할 수 있겠다. 그림 7-4에서는 그와 같은 일본인의 '좁고 깊게'의 이미지를 보이고 있다. 여기서도 막대의 높이는 해당 분야에서의 지식 수준을 나타낸다.

/ 그림 7-4 / 일본인의 이미지: '좁고 깊게'

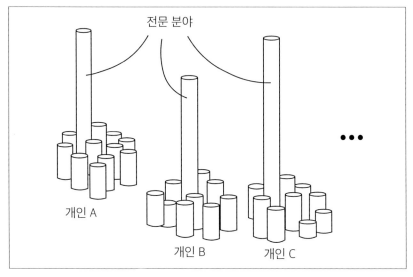

자료: 국중호(2018) 『흐름의 한국 축적의 일본』 한국경제신문사.

그림 7-4에서 높이 솟아 있는 막대는 전문 분야를 나타내며 전문 분야 이외의 다른 막대(분야)에 비해 높은 지식 수준으로 표현되고 있다. 이처럼 일본인은 자신의 전문 분야의 지식은 뛰어나지만 그 이외의 분야에는 관심 영역이 넓지 않고 지식 수준도 높지 않은 편이다. 오랜 기간에 걸쳐 주어진 한 분야에 꾸준히 종사하는 '일소현명'이라는 기질도 그림 7-4의 이미지와 상통한다. 그림 7-4의 이미지와 같이 자신의 전문 분야에서 일가견을 갖춘 사람들이 일본에는 많이 포진하고 있다.

필자가 일본에서 지내면서 많은 영향을 받은 사람으로 유학생 때 지도교수였던 이시 히로미츠(石弘光) 전(前) 히토츠바시(一橋)대학 총장을 들 수 있다. 이시 교수는 대학 산악부 시절부터 체득한 끈기와 노력으로 재정학 한 분야에서 연구와 교육을 담당한 일본 재정학계의 거두었다. 등산을 좋아하던 이시 교수는 2018년 8월 췌장암으로 세상을 떠났는데 놀랍게도 본인이 추모식장을 찾을 사람들을 위해 살아계실 때 미리 인사장도 써두고 있었다. 추모식장에서 받은 인사장에는 손수 적은 감사 인사와 간단 약력, 그리고 '전문 분야 재정학'이라고만 써 놓고 있었다. 더불어 인사장 마지막 겉장에는 몽블랑 산에서 호쾌하게 스키 타는 사진을 실어 자신의 영혼을 산으로 돌려보내려는 염원도 담고 있었다.

3) 일본의 집단(조직) 이미지

'좁고 깊게'의 높은 전문지식을 가진 사람들이 모이게 되면 다양한 전문가들이 모인 집단을 이룰 수 있다. 그림 7-5는 그림 7-4의 '좁고 깊게'의 여러 일본인들이 모인 집단(조직)을 이미지화하여 나타낸 것이다.

/ 그림 7-5 / 일본의 집단(조직) 이미지

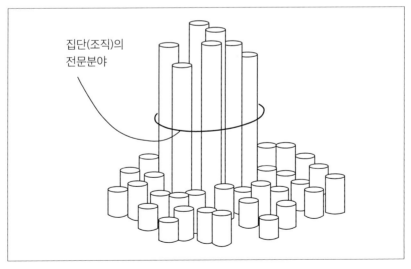

집단(조직)의
전문분야

자료: 국중호(2018) 『흐름의 한국 축적의 일본』 한국경제신문사.

그림 7-5는 어느 집단 내에서 '좁고 깊게'의 성향을 갖는 많은 일본인들의 전문성이 활용된다면 강력한 힘을 발휘할 여지가 있음을 보이고 있다. 반면 그림 7-3의 '넓고 얕게' 한국인은 집단적으로 하나로 뭉치기 어렵다는 일면이 있으며 뭉친다 하더라도 깊은 전문성을 갖는 조직 형성으로 이어지지 못하곤 한다. 즉 '넓고 얕게'의 속성을 지닌 한국인들은 의견이 분열되어 결집된 힘을 발휘하는 데 상당한 어려움을 갖게 될 우려가 있다. 이는 단체전에 있어 일본인이 한국인보다 강한 힘을 발휘할 여지가 있음을 시사한다.

일본에서 집단의 힘이 한껏 발휘되고 있는 예는 지진이나 태풍 등에 의한 재해가 일어났을 때의 상호협력이다. 일사불란하게 질서를 지키며 '모두 힘을 합쳐' 재해를 헤쳐나가는 모습에 외국인들은 놀라움을 느끼곤 한다.

나아가 전쟁과 같은 비상사태가 발생하여 '나라를 위하여'라는 구호 아래 모이면 집단으로서 큰 힘을 발휘한다. 전쟁에서 집단 힘이 발휘된 역사적 사건의 일례로 러일전쟁을 들 수 있다. 시바 료타로(司馬遼太郎)의『언덕 위의 구름(坂の上の雲)』이라는 역사소설에서는 일본이 러일전쟁에서 이기는 과정을 생생하게 묘사하고 있다. 다른 한편으로 제2차 세계대전의 예에서 보듯이 일본은 무모한 전쟁으로 치닫는 위험성도 지니고 있다. 정부가 잘못된 결정을 한다 하더라도 일반인들이 주체적으로 거기에 저항할 힘이 내부에서 발휘되기 어려운 곳이 일본이기 때문이다.

일본이 항상 저마다의 전문성을 마음껏 살리고 있는가 하면 유감스럽게도 그렇지만은 않다. 나카네 치에(中根千枝)『종적 사회의 인간관계(タテ社会の人間関係)』에서 정교하게 설명하고 있듯이 일본은 종적 계열(line)의 영향력이 강하고 횡적 연결이 약한 경향을 띠기 때문이다. 종적 관계에 묶여 있어 다른 영역과의 교류가 약한 일본인지라 평소 전

문지식이 횡적인 연결로 이어져 활용되지 못한 채 일종의 잠재력으로 숨어 있다. 활용되지 못하고 그냥 묻혀버리는 '보물' 또는 좋은 스톡(기술, 지식 등)이 많은 셈이다. 묻혀 있는 좋은 스톡을 찾아내고 저변을 넓혀가기 위해서 다양한 전문성을 폭넓게 가동할 수 있는 메카니즘이 작동할 필요가 있다. 그 메커니즘을 작동시켜 서로의 삶을 윤택하게 하는 전략이 한국으로서는 유효하겠다 싶다.

다양한 분야를 잘 엮어내면 동반상승(시너지) 효과를 기대할 수 있다. 종적 인간관계에 얽매이기 쉬운 일본에서는 영역을 넘나드는 교류가 좀처럼 진행되지 못하는 단점을 드러낸다. 묻혀있는 일본의 지식·자본·기술 스톡을 횡적 왕래가 빈번한 한국인의 속성을 활용하여 활성화시키는 전략이 한일 양국의 소득증대나 가치 창출의 기회를 늘려 준다. 종적인 벽으로 막혀 있어 활용되지 못하고 있는 일본의 스톡을 한국의 역동성(다이내미즘)으로 자극시킨다면 한국에도 일본에도 득이 된다.

5 지향점은?

1) 세 축의 접점찾기

이제까지 한일 간에 서로 다른 특징을 띠는 세 가지 축에 대해 살펴보았다. 그렇다면 그 세 가지 축과 관련하여 한국과 일본이 어떠한 지향점을 찾을 것인지에 대해 생각해보자.

한국인은 여기저기 왔다갔다 하는 플로우(흐름) 감성이 강한 까닭에 역동적이기는 하나 진득한 안정감은 떨어지기 십상이다. 그러다 보니 예전부터 쌓여온 전통 존중의 감성을 진부하게 치부하기도 한다. 한국과 달리 일본은 제2차 세계대전 이후 1970년대 초반까지 고도 경세성장을 이루어 오면서도 전례(前例) 및 전통이 중시되어 왔다. 그러다가 1991년 거품경제 붕괴 이후 활발한 기운을 잃었고 현재까지도 성장상실기는 이어지고 있다. 향후 일본이 어떻게 활기를 되찾고 주체적인 감성을 확보할 수 있을지가 큰 숙제가 되고 있다.

한일 양국이 안고 있는 과제를 푸는 열쇠로서 앞에서 제시한 세 축의 접점찾기를 들 수 있다. 보다 자세한 것은 후술하기로 하고 미리 본장의 제언과 직결되는 그 접점찾기의 지향점을 제시하면, '플로우 감성과 스톡 감성의 겸비', '디지털과 아날로그의 조화', '넓고 깊게의 추구'가 된다. 우선, '플로우 감성과 스톡 감성의 겸비'라 함은 스톡의 안정감과 플로우의 융통성을 겸비함을 뜻한다. 다음으로, 디지털과 아날로그의 융합 시대의 도래를 예견하며 아날로그의 안심감과 디지털의 편리함을 지향하는 '디지털과 아날로그의 조화'이다. 마지막으로 '넓고 깊게의 추구'는 일본의 국민 작가 나츠메 소세키(夏目漱石)의 역설(力說)에 기초하면 '진솔한 경험과 독서'를 통한 달성이 된다.

한일 간에 접점찾기를 해 나아가는 데는 한국(K)과 일본(J)의 특징을 살린 'KJ망(網)'의 구축과 같은 '전략적 협조 관계로서의 상호 활용 전략'이 유효하게 작용할 것이다. 'KJ망'의 구축에 대해서는 제8장에서 다루기로 한다.

2) 플로우 감성과 스톡 감성의 겸비

플로우 및 스톡의 특성은 다음과 같이 정리할 수 있겠다. ① 플로우는 흐름의 특성, ② 스톡은 축적의 특성, ③ 플로우는 동적 특성, ④ 스톡은 정적 특성, ⑤ 플로우 사회에서는 나쁜 것도 잘 고치지만 좋은 것도 곧잘 바꾼다, ⑥ 스톡 사회에서는 좋은 것도 쌓이지만 나쁜 것도 쌓이는 경향이 있다, ⑦ 플로우의 한국은 역동성이 있으나 불안정해지기 쉽다, ⑧ 스톡의 일본은 안정성은 있으나 폐색감(閉塞感)에 빠질 우려가 있다.

이상의 특성에 비추어 보면 한국의 고뇌와 일본의 딜레마가 부각된다. 우선 한국의 고민도 크다. 한국은 어떤 일에 대한 추진 동력은 있으나 끈기 있는 지속성을 확보하기 어렵고, 오랜 세월이 요구되는 축적 기술을 확보하는 데 미흡해지기 쉽다. '빨리빨리'라는 말을 다용하는 한국에서는 '내가 먼저' 차지하려고 앞다투어 나서는 사람들이 많은 까닭에 상호 존중되는 합의 형성이 과제로 가로놓여 있다. 여기저기 관심을 보이며 개입하는 적극성은 있으나 양보하며 진득하게 해결하는 방법을 갖추어 나아가는 것이 어렵다는 뜻이다.

다음으로 일본의 딜레마를 들어보자. 많은 일본인들이 절박하게 다가오는 디지털 대응의 필요성을 충분히 인식하지 못하고 있다. 설령 인식하고 있다 하더라도 개개인이 주체적으로 당사자 의식을 갖고 임하려는 추진 동력이 별반 작동되지 않는다는 문제를 안고 있다. 일본 속담에 "냄새나는 것에는 뚜껑을 덮는다"는 말이 있다. 필요성을 인식하면서도 기존 것들에 상처낼 우려가 있으면 건드리려 하지 않는다. 정치적으로 민감한 분위기가 감도는 얘기나 상대방의 감정을 건드리는 듯한 얘기는 극히 꺼려하는지라 허심탄회한 토론의 장을 마련하지 못한다. 껄끄러운 문제들을 겉으로 드러내 논의하지 못하고 피하는 형국이다.

주어진 자신의 일이나 담당 분야에서 착실히 대처할 것을 강조하는 일본에서는 다른 영역에서 축적된 기술이나 지식의 활용도가 그다지 높지 않다. 앞서 언급하였듯이 종적 사회의 속성이 두드러져 영역 간을 이어주는 유연한 횡적 연결고리가 부족하기 때문이다. 그런 까닭에 조직 간의 벽을 넘은 다른 영역의 사람들과 병렬적 교류 추진 동력은 발휘되기 어렵고 유연성이 결여되어 있다. 스톡 속성과 맞물린 관습 축적의 무게에 짓눌려 주체적인 움직임이 위축된 채 주변의 눈치를 본다. 이처럼 유연성의 결여와 축적(스톡)의 특징과는 밀접한 관련이 있다. 유연성이나 융통성 결여의 심화로 나타나는 일본 사회의 병폐가 '폐색감(閉塞感)'이다.

새로운 것에 신속하게 대응하지 못하고 제자리걸음을 하는 폐색감으로부터의 탈출이 일본이 풀어야 할 숙제이다. 폐색감이라는 말은 한국에서는 거의 등장하지 않는 말이다. 플로우 사회로서의 동적 특성이 강한 한국인지라 시행착오가 많고 불안정성이 크지만 꿍하고 막혀 있어 움직이지 못하는 사태는 좀처럼 발생하지 않는다는 점이 그 배경에 자리하기 때문이다. 일본시장이 커다랗게 형성되면 한국 경제에도 이롭다. 한국의 흐름의 특성을 살려 축적된 일본의 기술·지식·자본을 활용하는 전략은 한국에도 득이 되는 동시에 일본으로서도 폐색감에서 벗어나는 데 도움이 된다.

플로우 감성이나 스톡 감성 한쪽에만 치우치다 보면 균형 감각이 떨어진다. 플로우 특징만이 지배적인 분위기가 되면 좋은 것도 나쁜 것도 쉽게 바꿔버리는 불안정성이 심해진다. 스톡 특징만이 강조되어 버리면 좋은 것도 나쁜 것도 쌓여 간다. 본 항 처음 부분에서 언급하였듯이 플로우는 역동적이나 불안정해지기 쉬운 반면, 스톡은 안정적이나 폐색감에 빠질 우려가 있다. '플로우'와 '스톡'의 좋은 속성을 살려 플로우 감성과 스톡 감성의 균형 감각을 배양해 가는 것이 긴요하다. 요컨대 '플로우 감성과 스톡 감성의 겸비'가 요구된다.

플로우와 스톡의 균형 감각을 키워 나가려면 한국은 일본을 통해 스톡의 좋은 특성을 살려나가고, 일본은 한국을 통해 플로우의 좋은 특성을 활용하는 것이 유효하다. 역동성 있는 플로우 감성과 안정성 있는 스톡 감성의 균형을 유지하는 '플로우 감성과 스톡 감성의 겸비'는 윤택한 삶으로 이어지게 한다. 융통성 있고 유연한 플로우 감성과 차분하고 안정적인 스톡 감성이 어우러진 두 감성의 겸비는 너그럽고 심오한 마음으로 거듭나게 할 여지를 넓혀준다.

3) 디지털과 아날로그의 조화

앞의 제3절에서는 디지털의 변화를 1, 2, 4, 8, 16, 32, 64, … (혹은 2^0, 2^1, 2^2, 2^3, 2^4, 2^5, 2^6,…)와 같이 바로 앞의 수치를 두 배씩 뛰어넘어가는 2의 제곱수적인 변화로 하여 나타냈다. '빨리빨리'라는 말을 곧잘 사용하는 한국에서는 어떤 일을 접할 때 그 변화 속도가 매우 빠르다. 속도가 빠른 변화의 이미지를 2의 제곱수 수열이라는 건너뛰는 전개로 하여 상징적으로 보인 것이다.

한편, 아날로그의 변화를 1, 2, 3, 4, 5, 6, 7, … 의 전개와 같이 하나씩 하나씩 더해가는 자연수의 수열을 이용해 표현했다. 자연수의 수열과 같은 방식으로 나타낸 이유는 일본이 비약적으로 나아가려 한다기보다는 차근차근 단계를 밟아 나아가거나 서서히 조금씩 조금씩 변화해 가는 특징을 나타내기 위함이었다. 일본인의 일처리 방식과 일본 사회의 변화 패턴이 자연수적인 변화 속도와 같이 나아간다고 하는 이미지를 부각시킨다는 뜻에서였다.

여기서 디지털 속성을 띠는 한국과 아날로그 속성을 띠는 일본의 특징을 산업이나 일자리 창출과 연관시켜 정리해 보자. 우선, 디지털 속성이 잘 드러나는 한국의 특징을 보기로 하자. ① 디지털은 변화 속도가 빠르다는 점에서 플로우 특성과 궁합이 잘 들어맞는다. ② 한국은 디지털화 추진으로 앞다투어 나아가려는 경향을 보이지만 디지털화에 담으려는 내용물이 부진하거나 부족할 수 있다. ③ 한국의 디지털 산업은 세계경제 정세에 의존하는 경향이 강하고 불안정성도 높은 편이다. ④ 디지털 부문은 일자리 창출의 저변이 넓지 않고 소수의 성공자에게 부(富)가 쏠려 상대적 박탈감에 빠지기 쉽다.

다음으로 아날로그 속성을 띠는 일본에서는 다음과 같은 특징이 나타난다. ① 연속적으로 변화하는 물리량(物理量)으로 나타내는 아날로그는 스톡 성향과 잘 어우러지며 일본은 아날로그 부문에 강점을 발휘한다. ② 아날로그 기술에 크게 의존하는 일본의 부품·소재·기계·장비 산업은 오랜 기간에 걸친 축적 기술에 의해 지탱되어 왔고 고용 흡수도 많은 편이다. ③ 일본의 기술은 섬세한 감각과 경험으로 길러진 '암묵지(暗默知)'를 통해 갈고 닦으며 축적해 온 요인이 크다. ④ 역사적으로 일본에서는 주어진 한 곳에서 목숨걸고 일하는 '일소현명(一所懸命)'이 강조되며 장기고용이 중시되어 왔다.

기업 간에 있어 한국과 일본은 이미 일정 정도 국제분업 구조를 이루고 있는 곳도 적지 않다. 한국 기업이 일본의 부품과 소재를 수입해 제품화하고 이를 수출하여 무역입국으로서 이익을 내며 경제를 발전시켜 왔다는 사실도 부인할 수 없다. 그런 무역 구조라는 경위도 있어 한국의 대일 무역적자가 계속되어 왔다. 양국 기업 간 네트워크 형성의 예로서 삼성전자를 들어 보자. 이병철 삼성 창업자는 일본에서 반도체 기술을 도입해 한국 경제 발전에도 이바지했다. 일본 기업으로부터 기술을 도입한 삼성전자였지만 일본 기업을 따라잡고 추월하여 세계적 기업으로 올라섰다. 삼성그룹 차원에서도 일본의 소재·부품·기계·장비 업체를 대형 거래처로 삼으며 긴밀한 상호 협조 관계를 유지해 왔다. 최근 들어 일본 의존이 많이 줄어들었으나 한국의 대일 무역적자를 다른 각도에서 보면 한일 간 분업체제의 방증이기도 하다.

2018년 가을에 있었던 한국 대법원의 징용공 배상 판결에 대한 사실상의 보복 조치로 일본 정부는 2019년 한국에 대해 수출관리 규제 조치를 내린 적이 있다(이에 대해서는 제3장의 논의를 참조 바람). 정치적 대립이 양국 무역까지 악화시킨 처사이지만 그 조치로 인한 경제적 이득은 거의 없었을 뿐더러 한일관계 악화를 장기화시키는 결과를 가져왔다. 한일 기업 간의 네트워크 구축 강화가 양국의 경제 발전에 기여하게 되는데 대한(對韓) 수출규제는 그와는 반대로 작용하는 조치였기 때문이다. 한일 간 무역 분업구조가 밀접하게 연관되어 있는 상황에

서 '경제안보'를 빌미로 무역 거래가 방해를 받으면 양국 모두 손해로
이어진다는 것을 보여준 일례가 대한 수출규제 조치였다.

한일 간에 상호 약점을 보완하는 방법에 대해 양국의 성향 차이나
산업구조의 차이부터 짚어보자. 한국은 디지털 산업에서 일본보다 강
점을 보이고 있으나 위에서 언급한 삼성과 일본 기업과의 관계에서 보
듯 그 이면에서는 일본의 소재·부품·장비 기술에 힘입은 바가 크다.
한국에 비해 일본은 제조업·중소기업의 저변이 넓다. 반면 한국 기업
은 시장 개척 및 마케팅 능력이 뛰어나다. 한일 기업이 서로의 비교우
위를 살려 부족한 부분을 보충하며 제품개발이나 시장개척에서 강점
을 살리면 국제경쟁력도 크게 높여갈 수 있게 된다.

앞서 언급한 디지털과 아날로그의 속성을 염두에 두면, 개인의 삶
이나 국가경제 발전의 중요 요소로서 '디지털과 아날로그의 조화'가
바람직하다. 디지털과 아날로그의 융합과 공존의 길을 모색하는 것
이 여유롭고 풍요로운 삶으로 연결된다. 이를 위해서도 양호한 한일
관계 구축이 중요하다.

4) '넓고 깊게'의 추구

한국인의 '넓고 얕게'와 일본인의 '좁고 깊게' 특성에 나타나는 약점
을 극복하고 양국 국민이 추구해야 할 지향점은 '넓고 깊게'의 교양인
이다. 한국인은 일본인의 '깊게'의 특징을 받아들이고, 일본인은 한국
인의 '넓게'의 특징을 받아들여 서로 간의 부족을 메우고 '넓고 깊게'를
목표로 하는 보완성의 길을 모색하는 것이 현명한 방향이다.

그렇다면 과연 '넓고 깊게'의 달성이 가능할 것인가 하는 의구심이
들 수도 있다. 어떤 일을 해 나아가는 데는 다른 일의 희생을 수반하
는 것이 보통이기 때문에 '넓고 깊게'를 지향하는 것은 쉬운 일이 아닐
수 있다. 그럼에도 '넓고 깊게'를 추구함으로써 얻게 될 가치는 크다.

그 길이 비록 멀고 힘든 여정이라 하더라도 '넓고 깊게'의 실현은 윤택한 내적 충만의 삶이 되기 때문이다.

'넓고 깊게'에 대한 힌트는 일본의 국민 작가 나츠메 소세키(夏目漱石)의 작품 속에서 발견할 수 있다. 소세키의 작품 저술 전성기가 20세기 초엽이었다. 그의 저술이 나온 지 100년 이상이 지났음에도 불구하고 그는 이미 직업의 분화로 인해 각각의 영역이 협소해진 것을 감지하며 그 폐해를 우려하고 있었다. 19세기 말과 20세기 초는 일본이 서양 문물을 받아들이며 근대화를 이루어가려던 시기였다. 소세키는 당시 일본에서 나타나고 있었던 자신의 분야 이외에 대해서는 문외한인 '절름발이 인간'의 문제에 어떻게 대처할지를 논하고 있다(나츠메 소세키 「도락과 직업(道楽と職業)」, 이소다 코이치(磯田光一) 편 『소세키 문예론집』(漱石文芸論集), 岩波文庫, 1986). 소세키는 절름발이 인간 또는 협소한 전문가로부터 벗어나기 위한 방편으로 "다른 분야를 몸소 경험할 것"을 제언하고 있다.

소세키는 '넓고 깊게'를 추구하는 방법으로서 『문예의 철학적 기초』라는 작품에서 '진솔한 경험과 독서'에 대해 역설하고 있다. 한 가지 일에 집중하는 것도 삶의 한 선택이겠지만 절름발이 인간만을 고집하다가는 균형이 깨진다고 보았기 때문이다. 삶의 균형을 갖추어가기 위한 방편으로 소세키는 "참[眞]다운 경험을 할 것", 만일 참다운 경험이 어렵다고 한다면 "제대로 된 독서를 통해 사고 범위를 넓힐 것"을 권하고 있다. 유감스럽게도 소세키의 작품이 주는 메시지가 오늘날 그다지 살아있지 못하다는 안타까움이 있다.

소세키가 독서를 권장함은 '다양한 문학작품의 독서'를 통한 감성 양육으로 간접 경험을 할 수 있기 때문일 것이다. 소세키의 말을 그대로 빌리면, "진솔함[眞]은 깊게도 되고 넓게도 될 수 있는 바람직한 이상(理想)"이라 하고 있다(전게서 『문예의 철학적 기초』). 100년 이상 지난 소세키의 저작이지만 지금을 사는 현대인에게도 많은 시사점을 주

고 있다. 더불어 문학작품이 다채로운 감성을 길러준다는 것을 확인
시켜 준다. "진솔함에 바탕을 두고 힘써 나아가다 보면 '넓고 깊게'의
삶을 영위할 수 있다"는 것이 어느 정도까지 가능할지 단언하기는 힘
들다. 그렇다 하더라도 지향해야 할 바는 '넓고 깊게'의 교양인이어야
할 것이다.

국충호(요코하마시립대학)

제8장

한일 인식의 차이와
한일관계 구축

제8장
한일 인식의 차이와
한일관계 구축

국중호(요코하마시립대학)

경제학이 전공인 필자가 한일 역사인식 문제 및 한일관계 구축 방향에 대해 자세히 제시하는 것은 도를 넘는 일이기도 하다. 이하에서는 30여 년간 일본에서 지내왔고 한국과 일본을 오가면서 양국 사회 면면을 관찰하며 느낀 바를 피력하기로 한다. 본 장에서 다루는 한일 인식 차이 및 한일관계에 대한 언급은 '한 시민'의 입장에서 본 고찰이라 할 수 있다. 구체적인 내용은 역사교육 및 역사적 배경에서 본 한일 간 인식 차이, 최근의 아베·스가·기시다 정권에서의 한일관계, 국제정세와 한일관계, 'KJ망' 구축 또는 전략적 협조관계의 필요성 등 다기에 걸치고 있다.

1 인식 차이 및 일본 역사교육의 실태

1) 역사문제의 인식 차이

한일관계에서 발생하는 문제를 어떻게 풀어나갈 것인가? 난제이다. 특히 한일 간의 역사인식 문제에 있어서는 상호 간의 사고방식이나 일처리 대응이 크게 다르다. 양국 사회의 가치판단이나 철학이 다르기 때문이다. 과거사 문제에 대처하면서 미래지향적인 관계를 구축해 간다고 하더라도 역사적으로 다른 배경에서 형성된 관습이나 전통에 의해 영향을 받기 마련이다. 그런 까닭에 어떤 해결 방법이 있는지를 모색하면서 서로 의견충돌이 일어나는 것은 어쩌면 당연한 일이기도 하다.

작금의 역사문제에 관한 주장을 보더라도 한일 간 내세우는 입장 차이가 역력하다. 문재인 정권 당시에는 그 중추부에 1980년대 민주화운동에 참여했던 이들이 많았다. 문 정권에서는 인권이나 인간의 존엄성과 같은 '추상' 개념을 내세우며 한일 간에는 "역사 문제에서 해결되지 않은 것들이 남아 있다"는 입장이 강했다. 반면 일본은 "1965년 한일청구권협정에서 합의하고 이미 결착을 지었는데 한국은 왜 다시 들추어내는가?"라는 반응을 취하며 대화에 응하려조차 하지 않았다.

이제 한일관계는 1965년 당시 '비대칭적(또는 수직적)' 한일관계로부터 '대칭적(또는 수평적)'이고 상호 경쟁적인 한일관계로 변용되었다. 기미야 다다시(木宮正史) 『한일관계사(日韓関係史)』(岩波新書, 2021)에서는 일본의 식민지 지배기가 '궁극적인 비대칭성 시기'라 하고 있다. 이 책에서는 한국의 조선 말기와 일본의 메이지(明治) 시기부터 최근까지의 한일 관계사를 정리하면서 한일관계가 비대칭적 관계에서 대칭관계로 변용되어 왔다는 것을 체계적으로 보이고 있다.

제3장과 제5장에서도 논의된 바와 같이, 종군위안부(일본군'위안부') 및 징용공 문제를 둘러싼 한일 간의 인식 차이는 크며 그 인식차를 반영한 양국의 주장 차이가 두드러진다. 한일관계가 대칭 또는 수평관계로 바뀌면서 비대칭 또는 수직관계에 있을 때에는 묻혀 있던 쟁점들이 새로이 부각되기도 했다. 더욱이 한일 간에는 역사 문제만이 아니라 독도를 둘러싼 영토 문제도 점철되어 있다. 역사인식이나 영토

문제는 서로 양보하기 어려운 가치판단의 차이가 민감하게 개재하기 때문에 이들 문제를 대하면서는 감정적인 대립으로 부대끼곤 한다.

한일 간 역사인식의 차이가 왜 그렇게 심하게 벌어지고 있는지에 대해 양국의 역사 전개 관점에서 짚어보기로 하자. 논의 전개를 위한 상황 설정으로 어떤 역사 인식과 관련된 사안이 한일 간에 일단 합의를 보았다고 하자. 그럴 경우 일본은 "합의한 약속을 지키는 것이 마땅하다"는 태도를 취하는 데 비해, 한국은 "합의 결착 사항이 고정되어 있다기 보다는 상황이 바뀌면 바뀔 수 있다"는 인식이 일본보다 훨씬 강한 편이다. 특히 어떤 사건에 있어 개인의 인권이나 인간의 존엄이 훼손되었다는 색채가 짙으면 한국의 민주화운동 경험자들은 민감하게 반응하는 경향을 보인다. 문재인 정권에서의 종군위안부 문제나 징용공 문제에 관한 인식이 그 대표적인 예라 할 것이다.

여기서 한일 간에 어떤 역사문제에 대해 일단 결정된 조약이나 합의를 둘러싸고 상황변화나 정책노선의 변경이 나중에 일어났다고 하자. 그리되면 그 결정사항에 대해 다시 검토해야 할 때도 충분히 있을 수 있다. 플로우(흐름)의 속성이 강한 한국에서는(제7장 참조) 과거에 결정된 것들이 제대로 계승되지 못하고 새로운 상황 변화를 반영하여 대응하려 한다. 그런 까닭에 이미 결정된 것이라 하더라도 별다른 저항 없이 다시 바꾸는 일이 종종 벌어진다. 반면에 일본은 서로 정한 약속을 지킨다는 것을 더 중시하기 때문에 일단 합의되었던 사항은 좀처럼 바꾸려 하지 않고 "그 건은 이미 낙착되었다"는 쪽으로 처리하여 다시 들추어내는 것을 꺼려한다(보다 자세히는 제2절의 「엇갈려온 한일 시각」 참조).

2) 일본 역사교육에 대한 인상

역사인식 문제는 역사교육과도 깊이 관련되어 있다. 대상 국가나 사회를 보다 깊이 이해하기 위해서는 그 나라의 역사나 문화에 대해 알아둘 필요가 있다. 문재인 정권 및 아베 신조 정권에서는 양국 정부 간의 배타적인 대응으로 역사문제로 인한 심한 갈등을 겪어왔다. 한 일 간에 역사인식 문제로 꼬여온 배경에는 한국은 일제 식민지 역사 나 대륙 침략에 대해 비교적 자세히 가르치고 있는데 반해 일본은 그 렇지 않다고 하는 양국의 역사교육 차이도 무시할 수 없다.

일본의 고등학교 역사 교과서로 잘 알려진 『신상설 일본사(新詳說日 本史)』(山川出版社)라는 책이 있다. 필자가 일본에서 지내면서 참으로 많 은 시간을 들여 읽은 책이기도 하다. 일본어의 어려움 중 하나는 인명 및 지명 읽기이다. 이 책에서는 인명이나 지명 등의 고유명사가 처음 등장할 때만 어떻게 읽는지가 쓰여 있기 때문에 공부하는 중간에 읽 는 법을 잊어버렸을 때 다시 그 읽기 방식을 찾느라 무척이나 시간이 걸렸었다. 처음 그 책을 섭렵할 때는 고유명사 읽기에 정신이 팔려 역 사 내용을 이해하기도 벅차 아주 애를 먹은 경험이 있다. 나름 인내심 을 발휘하면서 그 교과서를 몇 번 읽으며 일본 역사에 대한 지식을 쌓 아갔다. 그러다가 모든 한자에 읽기 방식을 써 놓은 쇼가쿠칸(小学館)의 『소년소녀 일본의 역사(少年少女日本の歷史)』(전 23권)라는 만화로 된 역사 책도 접했다. 이 만화 역사책을 읽으면서는 그림으로 해당 시대 이미 지도 떠올릴 수 있어 내용 이해에 많은 도움이 되었다.

고백하면 필자의 일본 역사에 관한 소양은 위의 『신상설 일본사』 와 『소년소녀 일본의 역사』 두 종류를 독학한 정도이다. 거기에 간헐 적으로 신문·잡지의 역사 기사나 텔레비전의 역사 프로그램을 통해서 익힌 것이 추가되었다. 이 정도의 지식으로 비추어 보아도 요즘 일본 학생들을 대하면 자국의 역사에 대한 지식이 크게 부족하다는 인상을 받는다. 필자가 소속한 대학의 지도 학생들과 일본 역사에 대해 이야 기를 나누다 보면 특히 메이지(明治)유신(1868년) 이후의 역사 내용은 문 외한에 가까운 학생들이 참으로 많다.

일본 학생들을 접하고 지도하면서 느껴지는 것은 자신의 신변에 대해서는 관심이 많으나 사회·시사문제에 어둡고 근현대 역사문제에 거의 관심을 두지 않는다는 점이다. 다른 나라 학생들과 역사문제에 관해 갑론을박 논의할 기회가 주어진다면 일본인 학생 상당수가 자신의 견해를 담담하게 말하지 못하고 입을 다물고 있겠다 싶다. 한반도 식민지 지배나 일본국이 일으킨 중일전쟁(1937년), 제2차 세계대전에 대해서 일본 정부로서도 적극적인 교육 실시를 권장하지 않고 있다. 이처럼 학교 교육에서 메이지 유신 이후 교육을 잘 다루려 하지 않는 일본 문부과학성의 교육 방침도 학생들 나아가 일반인들의 역사 인식을 낮추는 요인이 되고 있다.

요컨대 일본에서 역사에 대한 인식 부족은 단순히 학생들만의 문제라기보다는 근현대사 교육에 진지하게 임하지 않으려는 교육당국의 행태도 추궁되어야 할 문제이다. 식민지 지배나 일본국이 일으킨 전쟁과 같은 냄새 나는 것에는 뚜껑을 덮어버리고 논의하지 않으려는 태도를 일본 교육당국이 취하고 있는 꼴이기 때문이다. 우려스러운 것은 역사적 사실이나 상대의 입장도 알지 못한 채 격한 감정론으로 빠져드는 사태이다. 근현대사에서 일본국이 저지른 무모한 행태를 '냄새 나는 것'으로 하여 그저 뚜껑을 덮어둘 것이 아니라 시대 사실을 담담하게 배우도록 하여 그 인식 수준을 높이는 역사교육이 요구되고 있다.

2 　한일 간 역사 배경 및 가치관의 차이

1) 한국과 일본의 역사 배경 차이

필자 나름대로 한국이나 일본의 역사를 접하면서 느껴지는 감각은 한일 간의 역사적 배경이 무척이나 다르다는 점이다. 한국은 아시아 대륙과 해양을 연결하는 반도국가이나 일본은 아시아 대륙 동쪽 끝의 섬나라이다. 제7장에서 보았듯이 이러한 지정학적 위치 관계의 차이는 사람들의 사고방식에도 적지 않은 영향을 미쳐왔다고 할 것이다. 지정학적 차이에 더해 양국의 역사 전개상의 차이도 구성원들의 사고 형성에 영향을 주게 된다.

잠시 일본 역사 전개의 큰 흐름을 짚어보자. 일본도 한국과 마찬가지로 중국의 영향을 많이 받았으나 일본은 10세기 이후 한국과 매우 다른 역사가 전개되기 시작한다. 일본이 한국과는 크게 다른 역사가 전개되는 계기가 된 것은 894년의 '견당사(遣唐使) 폐지'라 여겨진다. 견당사 폐지 이전까지의 한일 역사는 중국 대륙문화의 영향도 컸으며 한중일 교류도 비교적 활발했다고 할 수 있다. 하지만 그 후의 한일 간 역사 전개는 다른 길을 걸었다.

주지하듯이 한반도에서는 고구려·백제·신라의 삼국 시대부터 왕조문화가 이어졌고 1910년 한일합방으로 인한 일본의 식민지 지배에 이르러 왕조시대는 끝이 났다. 고대부터 조선시대까지 1500년 이상 왕조 체제였던 것이 한반도 역사이다. 이와는 달리 일본에서는 견당사 폐지 후 얼마 지나지 않아 일본 내 고유문화를 이룬다는 '국풍(國風)' 문화가 일어났다. 그러다가 12세기 말인 1192년 무사정권인 가마쿠라 막부(鎌倉幕府)가 성립되었고, 이후 1868년 메이지 유신까지 700년 가까이 무사정권이 이어졌다. 이처럼 한반도에서는 왕조의 분열과 통일이 펼쳐져 왔으나 일본은 천황제를 유지한 채 무사정권의 봉건제가 이어져 왔다. 양국의 이와 같은 역사적 배경 차이는 같은 사건을 두고도 다른 시각 및 반응을 보이는 근원이 되고 있다.

왕조 체제였던 한국과 무사정권 체제였던 일본 사이에 그 문화와 사고방식에 있어 큰 차이를 보이는 일례를 들어 보자. 양국의 역사 전개를 보면 두 나라 모두 '사농공상(士農工商)'이라는 신분제도가 있는데 그것이 의미하는 바는 사뭇 다르다. 특히 지배계층의 구성은 결정적인 차이를 보인다. 양쪽 다 지배층은 '사(士)'라고 되어 있으나 문무(文武)의 관점에서 볼 때 그 '사'가 의미하는 바는 대조적이다.

한국의 '사'는 '양반·사대부'라는 '문사(文士)'의 선비를 의미한다. 양반이라는 뜻에는 문반(文班)과 무반(武班)을 함께 칭하는 것이지만 문인(文人)의 이미지가 강하고 무사라는 이미지는 희박하다. 또 주지하듯이 사대부란 문벌이나 학식이 높은 상류층을 뜻한다. 한국과는 달리 일본의 '사'는 '무사(武士)'의 '사'를 뜻하고 문사(文士)로서의 '사'는 등장하지 않는다. 이상으로부터 문사(문인)에 의한 지배의 한국과 무사에 의한 지배의 일본과의 사이에는 그 차이가 역력함을 알 수 있다.

지배층뿐만 아니라 피지배층에 있어서의 사고방식도 다르게 전개되어 왔다. 한국에서는 출세나 신분 상승의 등용문으로 과거(科擧)제도가 있었고 관직으로의 지향 의식도 강했다. 과거제도는 일본 역사에는 없는 제도이다. 한국의 과거 시험에는 문과와 무과가 있었으나 문과의 문사가 무과의 무사보다 더 중시되었다. 한국과는 달리 일본에서는 '무가제법도(武家諸法度)'라는 법규에 따라 무사에 의한 통치가 이루어졌다. 법도와 규범에 따른 서민 통제는 일본이 한국보다 더 엄격했다고 할 수 있다. 일본이 어떤 규범과 같은 매뉴얼 사회로 되어 있는 것도 무사정권에 의해 오랜 기간 통치되어 온 점과도 관련이 깊다고 할 것이다.

2) 정치를 보는 시각 및 가치관 차이

관료로의 출세 지향이 강했던 한국과 법도에 따른 행동 규제가 강했던 일본 사이에는 정치에 대한 관심도에서도 큰 차이를 보인다. 일반적으로 한국인들은 정치 이야기에 관심이 많고 일상 대화에서도 별거리낌없이 정치 담론을 구사한다. 이와는 달리 대부분의 일본인들은 평소의 대화에서 정치 이야기를 입밖에 꺼내지 않는다. 정치 취향의 차이가 큰 것은 양국 연예인의 행태에서도 마찬가지다. 한국 연예인들은 별반 두려움 없이 정치 이슈를 화제로 삼거나 또는 직접 정치 활동에 관여하거나 또 사회운동에 뛰어들곤 하나, 일본 연예계에서는 정치 발언이나 정치색을 띠는 활동은 금기시된다.

정치인이라는 직업의 지속성에서도 한일 간 차이가 두드러진다. 한국에서는 정치를 가업(家業)으로 삼는 직업 정치인이 드물지만, 일본에서는 정치가를 하나의 직업으로 하여 대대의 가업으로 삼고 있는 이들이 많이 있다. 가업으로서의 정치는 '일소현명(一所懸命)'의 의식과도 깊이 관련되어 있다. 제7장에서 언급하였듯이 '일소현명'이라 함은 "주어진 한 곳에서 목숨을 걸고 열심히 임한다"는 뜻으로 일본 역사에 등장하는 개념이다. 일본의 특징이라 할 수 있는 연속성 또는 지속성이 세습적인 가업 정치에서도 나타나고 있는 셈이다.

일본에서는 아무런 배경 없이 정치권에 들어선 신예 정치인이 갑자기 선풍적인 인기를 끌면서 두각을 나타내기는 힘든 구조이다. 보통 사람들이 정계에 입문해 활약하는 이들도 꽤 있기는 하나 대대로 세습되는 정치가 집안의 2세나 3세들에 비해 턱없이 불리한 위치에서 출발하게 되기 때문이다. 세습 정치가 집안은 이미 지지세력, 지명도, 자금력이 갖추어져 있다. 일본에서는 지지세력을 '지반(地盤)', 지명도를 '간반(看板: 간판)', 자금력을 '가반(鞄: 가방)'이라 표현하며 이 셋을 '삼반'이라 통칭한다. 세습 정치가 집안은 그 '삼반'을 발판으로 올라서지만 정치 신인은 그런 힘(삼반)이 아주 취약하다.

일반인들의 정치를 보는 시각이나 태도에서도 한일 간에는 큰 차이를 보인다. 이동성 또는 유동성이 높은 한국에서는 나름대로 세력권을 키워가려는 사람도 많이 있다. 한국과는 달리 대부분의 일본인들은 자신이 정치계로 들어가 영향력을 행사하며 스스로의 의사를 관철시키려는 태도를 취하지 않는다. 자신이 나서서 의사를 관철시키겠다는 마음가짐이라기보다는 "정치는 정치가 하는 것이니 그들에게 맡겨두고 자신은 자신한테 주어진 일을 해나가면 된다"는 식으로 처신한다. 평소의 활동의 장(場)이 그다지 바뀌지 않는 일본인들에겐 정치의 영향력이 심각하게 인식되지 못하고 있다.

　정치는 조직이나 사회 전체의 의사결정에 지대한 영향을 미치는 영역이다. 지시받기보다는 지시하는 입장에 서려는 취향이 강한 한국인은 일본인에 비해 정치에 관심이 강하다. 한국에서는 '갑질한다'는 말이 종종 쓰이지만 일본어에선 거의 쓰이지 않는 말이다. 자기 나름대로 지시하는 입장에 서서 세력권을 형성하고자 하는 욕망은 어떤 자리를 차지하며 체면을 세우고 싶은 욕망이기도 하다. 한국이 역사적으로 관료 등용문 시험이었던 과거 급제를 열망한 것도 체면을 세우고 존재감을 드러내겠다는 의지의 표현이라고 해석할 수 있다.

　체면을 중시하는 경향이 강한 한국인의 심경을 일제 식민지 시대의 역사를 들어 짐작해 보자. 많은 한국인들은 일제로부터 식민지 지배를 받은 것은 체면이 상하는 일이라 받아들인다. 제4장에서 논의하고 있듯이 한국인과 일본인의 식민지를 둘러싼 감각 차이는 아주 크다. 한국인들의 마음속 깊은 곳에는 자신들의 자존심이 일제 통치에 의해 훼손되고 짓밟혔다며 분개하는 감정이 남아 있을지도 모른다. 이러한 한국인들의 감정은 "조선(한)반도에서 식민지 지배가 있었나 보다" 하는 정도에 머물고 있는 대개의 일본인들의 감정과는 그 간극이 크게 벌어져 있다.

　1945년 8월 일제 강점으로부터 한반도가 해방되었을 때 흥미로운 현상이 벌어졌다. 일본의 방방곡곡에는 신사(神社)가 세워져 있고 신사를 중심으로 한 마을 축제(마츠리)는 일본인의 정신적 의지처이기도 하다. 일제 식민지 시기의 한반도에도 수많은 신사가 세워졌다. 일제시대에는 '내선일체(內鮮一體: 내지(內地)인 일본과 조선이 일체)'라는 슬로건으로 한국을 동화시키려 했던 하나의 수단이 신사 세우기와 그 참배였다고 할 수 있다. 자존심 강한 한국인(조선인)들은 일제 강점으로부터 해방되자마자 전국에 있던 신사를 순식간에 철거했다. 무너진 체면을 회복하려 했던 한국인들의 분풀이가 신사 철거라는 행동으로 단숨에 터져 나왔다고 할 것이다.

일본과의 역사인식 문제가 불거져 나오면 한국인들한테는 가슴 속 어딘가에 깊이 가라앉아 있던 '한(恨)'이라는 정서가 간헐천(間歇泉)처럼 북받치는 이들도 적지 않겠다 싶다. 한국인들이 역사인식 문제에서 일본 정부에 진심 어린 사죄를 요구하는 데에는 이처럼 속 깊이 잠재한 '한(恨)' 심정과도 결부되어 있다. 한국인들의 이러한 복받치는 정서가 일본인들한테는 좀체로 와닿지 않는다. 앞서 언급했던 "냄새 나는 것에는 뚜껑을 덮는다"라는 속담이 상징하듯 일본에서는 정치적으로 민감하거나 상대방의 감정이 스며있는 일에 대하여는 공개적인 논의를 피하려 한다. 역사인식 문제도 일본인한테는 '냄새 나는 것'의 범주에 들어있다고 할 수 있겠다.

한일 간의 역사적 배경 차이가 서로 간의 가치관 차이를 가져온다. 나아가 사람들의 인식이 변화하는 데는 오랜 시간이 걸린다. 인간의 사고나 문화 형성은 오랜 역사 속에서 이루어지기 때문이다. 양국 국민의 가치관 차이에 대한 인식 수준을 높여가는 것이 상호 이해의 요체이겠으나, 오랜 세월에 걸쳐 형성된 사고방식의 차이에 뿌리를 둔 갈등을 현대를 살아가는 이들이 포용하고 극복해 나간다고 하는 것은 다난한 여정이기도 하다. 제4장의 '한일모델'에서 강조하듯이 그럼에도 한국과 일본은 그 다난한 여정을 걸어왔고 앞으로도 걸어가야 할 것이다.

3) 엇갈려온 한일 시각

한일 간에는 민주화 운동이나 인권 문제 등에 대한 대응방식이 사뭇 다르게 나타난다. 문재인 정권과 아베 신조 정권에서 어떤 이유로 역사인식에 대한 정서적 거리가 멀어지는 쪽으로 전개되었는지를 짚어보자.

한국에서는 1980년대 학생과 시민들이 나서서 군사독재 정권에 강렬하게 항거하며 민주화를 쟁취했다는 자부심이 있다. 민주화 운동 때는 개인의 인권, 인간의 존엄, 자유 등 추상 개념을 가치로 내걸고 투쟁했었다. 특히 문재인 정권의 보좌진이나 당시의 법조계에는 민주화 운동에 관여한 이들이 많았다. 한국 대법원에서 징용공 배상 판결을 내린 배경에도 일본 정부가 "징용공들에 대한 인권을 보다 더 절실하게 받아들이라"는 그들의 속내가 깔려 있다고 할 것이다.

이상과 같은 한국의 입장과는 달리, 일본은 인권, 민주, 자유 등과 같은 추상 개념의 가치에 대해 진지하게 마주하며 논쟁하지 못하는 한계가 있다. 이러한 추상 가치에 무게를 두기보다는 어떤 구체적 사안에 무게를 두고 사안별로 해결책을 찾으려는 경향이 강하기 때문에 추상 가치를 내세운 한국의 운동권 시각과는 크게 달랐다. 부연하면 일본에서는 자신이 맡고 있는 일이나 신변과 관련된 것, 상호 간에 지키기로 한 약속과 같은 구체적인 사안에 보다 무게를 둔다. 일본 언론이나 정치인들이 징용공 문제는 이미 해결되었다는 투로 말하면 많은 일본인들은 거기에 부합하여 "이미 합의하여 매듭지어진 일인데 한국은 왜 다시 들추어 내는가? 약속을 지키라"는 식의 반응을 보이게 된다.

문재인 정권을 받치고 있던 보좌진들의 사고방식 표출과 그에 대한 일본인들의 반응 사이에는 엇박자가 있었다. 문재인 정권측에 있던 사람들은 인권이나 인간의 존엄을 아베 정권이 보다 절실히 인식하고 적극적으로 대응해 주기를 기대했다고 할 수 있다. 그와 같은 추상적 발상의 문 정권의 대응과 과거 합의 중시의 일본의 관점이 엇갈렸고 상호 간에 그 엇갈린 입장을 고집하다 두 정권은 막을 내렸다.

민주화운동과 관련하여 일본의 한계라 할 수 있는 것은 1950~60년 대 안보투쟁이 있었다고는 하나 민중이 스스로 저항하여 쟁취한 민주화 실현 경험이 없다는 점이다. 일본이 민주주의 국가이기는 하나 민주주의를 보는 시각 차이가 컸다는 점이 문재인 정권과 아베 신조 정권 간에 관계 진전을 겉돌게 한 요인이기도 했다.

역사인식 문제는 개인 간이든 국가 간이든 서로 납득할 수 있는 합의에 이르기 어려운 영역이다. 때문에 한일 양국민의 사고방식 차이로부터 불거져 나오는 역사인식 문제를 어떻게 다루어 어떤 답을 내놓을지(또는 내놓아야 할지)는 많은 인내와 지혜가 요구된다. 생각할 수 있는 문제 해결 방법으로는 문화 교류나 경제 협력을 추진할 때는 감정적으로 치닫기 쉬운 역사 문제를 끌어들이지 않는 방식이 효과적이다. 역사인식 문제를 문화교류나 경제활동의 장으로 끌어들이게 되면 일은 진척되지 않고 꼬여버리기 십상이다.

한국 대법원의 징용공 판결에 대한 사실상의 보복조치로 일본은 수출규제 강화 조치를 취하였고 일본의 그러한 조치에 맞서 한국이 WTO(세계무역기구)에 제소하면서 한일관계는 꼬여갔었다. 그렇게 사태가 꼬여버렸던 이유 중 하나가 역사인식의 차이를 정치문제로 쟁점화시켜 경제 분야로까지 끌고 들어가 분란을 조장시켰기 때문이다. 그 결과 정치·경제·안보·외교 문제까지 얼키설키 얽히게 되면서 사태를 복잡하게 만들었고 해결의 실마리를 찾지 못한 채 삐걱거리는 상황이 연출되어 왔다. 2023년 3월 16일 한일정상회담으로 수출규제 조치 해제 및 WTO 제소 취하가 있었다고는 하나 경제문제의 정치 쟁점화라는 응어리는 남아 있다.

해결의 실마리를 찾지 못하면서 언론을 부추겨 분란을 일으키는 것은 정치인들의 언론 노출이 잦아지는 만큼 그들의 형편에 맞을 수도 있다. 문제는 일반인들까지 그 분란의 다툼에 휘말리게 되면 소모전에 빠져들 뿐 아니라 일반 국민의 건전하고 문화적인 삶에도 폐해를 가져온다는 점이다. 한일 문화교류나 경제협력을 보다 생산적인 방향으로 추진해 가려면 거기에 역사문제를 개입시키며 정치쟁점화하지 않는 것이 현명하다. 반대로 역사나 정치문제 논의에서는 문화교류나 경제부문으로까지 결부시켜 문제를 확장시키지 않도록 하는 환경조성이 요구된다. 그러한 환경 조성을 위해 양국 수뇌부의 리더십과 결단이 중요함은 물론이다. 정치가 초래한 인재(人災)(제3장 참조)는 정치적 지혜로 푸는 현명함이 있어야 할 것이다.

제1장에서 보았듯이 소득수준에 있어 한일관계는 대칭 또는 수평관계로 바뀌었다. 또한 제2장에서도 언급하고 있듯이 한일 간의 역사인식 문제에 있어 서로 엇갈리는 갈등으로 나타나는 요인으로 기미야 다다시(木宮正史)는 한일관계가 '비대칭관계에서 대칭관계로'로 변용되었다는 점을 들고 있다. 기미야는 비대칭적인 한일관계에서는 드러나지 않았던 화제가 복잡하게 얽히는 '대칭적인' 관계로 변용되면서 새로운 쟁점으로 떠올랐다고 지적한다.

구체적인 해결의 실마리로서 많은 지일(知日) 및 지한(知韓) 전문가들이 제언하는 모델이 1998년 김대중 대통령과 오부치 게이조(小渕惠三) 총리 때 이루어낸 김-오부치의 '한일 파트너십 선언'이다. 김대중 전 대통령은 일본 내에서 납치를 당하는 등 그 내력으로 볼 때 일본에 대해 가장 원한이 쌓일 수 있는 처지이기도 했다. 그런 처지를 극복하고 일본과의 관계 개선을 진행함으로써 한일관계에 큰 전환점을 마련했었다. 기미야 다다시의 『한일관계사』에서는 김-오부치의 '한일 파트너십 선언'에 따른 한일관계를 '대칭적 관계의 이상형'이라고 표현한다. 윤석열 정권도 김대중–오부치 선언을 중시한다. 윤 정권과 기시다 정권에서 과연 그 이상형에 가까운 성과를 얼마나 낼 수 있을지가 주목된다.

3 아베·스가 및 기시다 정권에서의 한일관계

1) 아베·스가 정권 당시의 한일관계

일본인들 중에는 아베 신조(安倍晋三) 전 총리가 2012년 12월 26일 제2차 내각 출범 이후 한일관계를 개선하려 했다는 의견도 적지 않다. 그럼에도 불구하고 당시 한국의 박근혜 정권이 중국과 접근하려 하였기 때문에 한일관계 개선이 어려워졌다는 입장을 취하기도 했다. 아베 전 총리는 우익 성향의 정치인으로 이전 정권과는 다른 역사관으로 안보·외교 정책을 추진하였던 터라 '역사수정주의자'로 불리기도 했다. 제2차 아베 내각 출범 당시 "일본을 되찾는다"는 구호 아래 전쟁에 관여할 수 있는 국가로서의 발판을 마련했다. 그런 아베 정권의 정책노선을 한국은 매우 경계했다고 할 수 있다.

일본 헌법 제9조에서는 '전쟁의 포기'를 규정하고 있음에도 아베 정권 시절에는 세트로 이루어진 일련의 안전보장 관련 법제 개정과 개헌 논의로 '전쟁을 할 수 있는 일본'이라는 공격적인 이미지를 주고 있었다. 이에 더해 식민지 지배에 대한 반성의 말을 담은 고노(河野) 담화와 무라야마(村山) 담화를 재검증하겠다는 '역사수정주의자'로서의 태도였다. 2015년 8월 발표된 아베 담화도 이웃나라에 대한 배려가 담겨있지 않았다는 점도 있어 한국으로서는 받아들이기 어렵다는 입장을 취했다. 이상과 같은 아베 정권의 일련의 정권 운영과 징용공 판결에 대한 사실상의 보복 조치로서의 '대한(對韓) 수출규제' 조치라는 강경 대응은 양호한 한일관계 구축에 찬물을 끼얹었다(대한 수출규제 조치에 대해서는 제3장을 참조 바람).

문재인 정권하에서 아베 정권은 우경화로 치닫는 일본이라는 이미지를 강하게 부각시켰다. 문 정권에서는 종군위안부나 징용공과 관련된 역사문제에 대해 일정한 합의점을 찾지 못하면 한일관계의 진전은 어렵다는 입장을 취하였고, 이에 반발한 아베 신조 및 스가 요시히데(菅義偉) 정권에서 한일관계는 경직되었다. 스가가 당시 관방장관으로 아베 정권을 지지했다는 배경도 있어 스가 정권에서는 아베 정권의 경제나 외교정책은 거의 그대로 유지되었다. 스가 정부는 징용공이나 위안부 문제를 대하면서 아베 정권과 비슷한 태도로 한국이 일본을 납득시킬 방안을 마련하지 않는 한 정상회담에 응하지 않겠다는 입장이었다. 문재인 정권의 대일 전략에서도 일본의 정서가 고려되지 않았기 때문에 아베·스가 정권으로서도 받아들이기 어려운 실정이었다.

아베 신조는 역대 '최장수 총리'라는 기록을 세웠다는 점에서 역사에 그 이름이 기록될 것이나, 전후 일본의 새로운 정치색을 형성한 상징적 존재이기도 하다. 아베가 장기집권이 가능했던 이면에는 그가 일본인들의 심리를 능란하게 이용하였다는 점도 간과할 수 없다. 아베 정권 때에는 내셔널리즘을 부추겼고 일본인들의 한국을 보는 눈도 달라진 분위기가 조성됐다. 진보 성향의 문재인 정권과 우익 성향을 보인 아베 정권과는 서로 코드가 맞지 않았고 문 정권은 정권 유지를 위해 반일 정서를 이용했다. 당시의 이와 같은 양국의 배타적인 대응이 한일관계 개선으로 나아가기 어렵게 하는 쪽으로 작용했다. 향후 양국이 양호한 관계 개선으로 되돌리기 위해서는 아베 및 문 정권기에 형성된 내셔널리즘과 반일 정서의 후유증을 극복할 필요가 있다.

박근혜 정권이 끝날 무렵인 2015년 12월에 종군위안부 합의에 이르렀다. 이 합의를 지키려 하지 않고 북한과의 관계 개선에 나선 문재인 정권을 일본에서는 '좌익 혁신' 정권이라 자리매김했다. 제2장의 집필자 기미야 다다시는 당시 여당이었던 더불어민주당을 '진보 리버

럴'이라고 부르고 있으나 어쨌든 문재인 정권도 일본을 대하는 태도
가 완고했다. 아베의 장기집권이 이어지는 동안 문재인 정권과의 견
해 차이는 두드러졌고 양국 내에서 한일관계 개선이 어렵다는 분위기
가 지배적이었다. 결국 문재인 전 대통령과 아베 전 총리와의 건설적
인 대화는 이뤄지지 못한 채 두 정권은 막을 내렸다.

아베 정권 때에는 '헤이세이(平成)'에서 '레이와(令和)'로의 연호 개칭
및 천황 양위가 있었고, 문재인 정권 때에는 평창동계올림픽이 개최되
는 등 한일관계의 개선 계기가 될 수 있는 기회가 여러 차례 있었으나
제대로 살리지 못했다. 더욱이 아베 정권 때는 태평양전쟁 때 한국인
노동자의 강제동원이 있었다는 군함도의 세계문화유산 등재, 김-오부
치 파트너십 선언에 대한 냉담함, 경제 분야에 역사·안보 문제를 끌어
들인 대한 수출규제 조치 등이 있어 한일관계는 가일층 경색되었다.

아베 신조(安倍晋三)의 저서 『새로운 나라로(新しい国へ)』(文芸春秋)를
보면 '전후 체제(regime)로부터의 탈피' 노선을 내세우며 자신의 정권
운영 차별성을 부각시키고 있다. 아베 정권 이전에는 정치 면에서 한
일관계가 악화되었었다 하더라도 일반 국민의 수준에까지 미치는 영
향은 경미했다. 그러다가 아베 정권 들어 대부분의 자민당 의원과 대
다수의 국민이 정권을 추종하는 움직임도 두드러졌다. 일본에는 "힘
있는 자에 휩쓸려라"는 속담이 있다. 이 속담을 따르듯 부지기수의 일
본 국민들은 보수 우익 아베 정권에 대한 비판의 목소리는 내지 못하
고 꼬리를 내린 채 서성대고 있었다. 정치 비판을 꺼리는 순응적인 일
본인들이 아베 정권에 동조하는 분위기에 휩싸이면서 한일 양국 국민
사이의 호감도도 저공비행이었다.

과연 아베 정권은 일본에 독(毒)이었을까? 아니면 약(藥)이었을까?
아베 정권의 영향력이 남아 있는 현 상황에서 그것을 평가하기에는 이
른 단계라 할 수 있으나, 필자 나름의 판단은 장기 아베 정권으로 "일

본 사회의 열화(劣化)가 진행되었다"는 느낌이다. 또한 적어도 한일관계 측면에서 본다면 독성이 약성보다 더 강하게 작용했다. 장기간의 아베 정권이나 그 후 이어진 스가 정권에서도 한일관계 개선에 대한 관심은 희박했고 실제로 관계개선은 이루어지지 않았다. 한일관계 개선이라는 잣대로 볼 때 아베·스가 정권은 독성의 효과로 나타나고 있었다. 한일관계에서 그림자처럼 드리우고 있는 아베·스가 정권의 독성의 영향력으로부터 과연 기시다 후미오 정권은 벗어날 수 있을 것인가?

2) 한국은 국민정서법이 지배하는 나라

한일관계가 좋지 않을 때 일본의 정치가들이 곧잘 사용하는 말은 "한국은 국민정서법이 지배하는 나라"라는 인식이다. 2021년 10월 출범한 기시다 후미오 정권에서는 보수 우익 성향이 강했던 아베 정권의 색채는 옅어졌지만 기시다 총리도 한국에 대해 국민정서법이 지배하는 나라라는 이미지를 갖고 있다. 정권 출범에 즈음하여 출간된 기시다 후미오(岸田文雄)의『기시다 비전(岸田ビジョン)』(講談社＋α新書)에도 국민정서법 이야기가 등장한다. 이 책에는 기시다 자신의 성장 과정, 정치, 외교, 군사, 파벌에 관한 언급과 함께 '한반도 유사시에 대비하자', '한국의 국민정서법'이라는 제목을 붙이면서 자신의 생각을 담고 있다. 그 내용을 참조하며 기시다의 한국을 보는 시각을 짚어보기로 하자.

『기시다 비전』이 쓰여진 것은 문재인 정권 시기였기 때문에 주로 문 정권을 염두에 둔 견해가 펼쳐지고 있다. 기시다 총리의 한국을 보는 시선은 그리 곱지 않다. 이 책에 따르면 기시다는 "문재인 정권은 지지율 유지를 위해 여론이 자주 다루는 반일로 활로를 찾으려는 것으로 보입니다. 측근 의혹, 부동산 정책 실패 등으로 지지율이 떨어져가는 상황에서는 국민의 눈을 돌리기 위해 일본 때리기를 멈추고 싶어도 멈출 수 없는 셈입니다"(91쪽)라고 진단하고 있다. 기시다의 말대로 문재인 정권이 반일감정을 지지율 유지를 위해 이용하고 있었음은 부인할 수 없다.

일본의 많은 정치인들은 문재인 정권이 2015년 박근혜 정권 때 이루어진 위안부 합의를 뒤집었기 때문에 기시다 정권이 문 정부와 대화하려 하지 않았다고 보고 있다. 기시다의 위 책에서는 문재인 정권이 박근혜 정권을 보좌하고 있던 인물들을 가혹하게 다루었기 때문에 나중에 보수 정권으로 바뀌면 그것이 부메랑이 되어 돌아올 것이라고 언급하고 있다. 그 이유로 기시다는 "문 정권에 있어 지지율은 사활 문제로 만약 보수파가 실권을 잡으면 그 때에는 자신(즉, 문재인 대통령)이 금고형을 언도 받을 거라는 공포를 갖고 있기 때문입니다."(92쪽)라는 생각을 적고 있다. 문 전 대통령이 과연 그런 공포를 갖고 있었는지는 모르겠으나 기시다 총리도 한국의 역대 대통령이 감옥에 가거나 자살하는 사건을 비꼬는 시선으로 보고 있었다고 할 수 있다.

기시다 총리는 '신뢰'를 외교안보 정책의 기반으로 삼고 있다. 그는 제2차 세계대전 이후 가장 오랜 기간(4년 7개월) 외무장관을 지냈으며 2015년 12월 한국과 위안부 합의를 한 장본인이기도 하다(제3장 참조). 이러한 배경을 앞세워 기시다는 국제적 합의로 이뤄진 위안부 합의를 국내 사정에 따라 뒤집어버리면 신뢰관계를 유지할 수 없다는 견해를 강조하고 있다. 그러면서 "한국에는 때로 국민 여론이 최상위에 있는 눈에 보이지 않는 국민정서법이 있습니다. (중략) 국가 간의 국제적인 약속만큼 무거운 것은 없는데 한국이 취하는 태도에는 솔직히 화가 납니다"(위 책 93쪽)라는 속내를 드러내고 있다.

일본에서 한국은 "합의한 약속을 지키기보다는 국민정서법을 우선한다"고 하는 부정적인 부분이 부각되는 인상이나, 뒤집어 보면 그것은 그만큼 정치 문제에 대한 한국 국민의 강한 관심을 표출하는 것으로도 해석할 수 있다. 정치 문제에 견제가 약한 일본 국민들과는 대조적이라고 할 수 있다. 물론 한국의 정치인이 반일감정을 부추겨 정권 유지에 이용하는 것은 바람직하지 않을 뿐더러 국민의 의식수준이 높아진 요즈음 유치한 책략이기도 하다. 제1장에서 언급하고 있듯이 반일감정의 확산은 한일관계를 악화시켜 지식·자본·기술 축적이 많은 일본과 역동적인 한국과의 협력 기회를 잃게 한다는 점에서 적어도 경제면에서 평가할 때 양국의 국익증진에는 도움이 되지 않는다.

3) 한일관계 변화에 대한 모색

한일 간에는 한국이 제기한 위안부·징용공 강제동원 문제, 일본의 역사교과서 기술 문제(위안부·징용공 강제동원 표현 삭제 등), '다케시마(독도)의 날' 제정과 같은 영토 문제가 제기되어 왔다. 아베·스가 정권과 문재인 정권에서는 이들 문제를 전면에 내세워 정권 유지에 이용했기 때문에 한일관계 개선의 돌파구를 찾지 못했다. 기시다 정권과 윤석열 정권이 이들 문제를 어떻게 다루어 갈지는 미지수인 상황이다.

기시다 정권이 아베 정권의 노선을 계승한다고 하더라도 기시다는 아베 정권과는 다르다는 이미지를 주고자 하는 쪽으로 차별화를 도모하려 했다. 기시다 정권 출범 때에는 장관급 인사에 아베파를 상당수 등용하면서도, 그에 더해 아베와는 노선을 달리하는 하야시 요시마사(林芳正)를 외무성 장관으로 기용하기도 했다. 기시다 정권도 처음에는 위안부나 징용공 문제에 대해서는 아베·스가 정권에서 취한 한국 측의 태도를 지켜보며 응한다는 방관주의를 취하고 있었다. 그러다가 북한의 미사일 발사 등의 도발이 심해지자 방관주의로만 일관하기 어려운 상황으로 바뀌어 갔다.

기시다 정권 출범 전 일본 자민당 내 파벌에 대한 한국의 주된 관심은 아베 신조가 이끄는 보수 우익의 아베파였다. 과거의 기시다파는 중국에 대한 관심이 비교적 높았던 편이었고 한반도에 중점이 놓여 있지는 않았다. 향후 자민당 내의 파벌 간 주도권 싸움이 어떻게 바

꼴지는 한일관계의 전개가 어떤 식으로 전개될 것인가를 점치는 변수가 될 것이다. 북한과 대치하고 있는 상황에서 한일문제를 악화시키고 싶지 않은 것이 기시다 정권의 속내라 할 수 있다. 현재는 미중갈등이나 러시아의 우크라이나 침공이 한일관계의 향방에도 직결되어 있다(이에 대해서는 다음 절을 참조). 이런 가운데 자민당의 전통 보수세력이 한일관계를 주도하는 데는 점차 그 한계가 드러날 것으로 생각된다.

2022년 5월 한국에서 윤석열 정부로 정권이 교체되면서 경색된 한일관계를 타개하겠다는 쪽으로 변화를 모색하고 있다. 그렇다고는 하나 일본에서 국회의원 최대 파벌인 아베파가 한일관계 개선에 그리 적극적이지 않은 상황이고 일본은 의사결정이 전례(前例) 중시 방식으로 이루어지는 경향이 강한 까닭에 당장 갑작스럽게 바뀌지는 않을 것으로 보인다. 통상적으로 전례 중시 방식은 상의하달(top-down) 식의 의사결정 방식보다 일처리 속도가 늦기 때문이다.

기시다 스스로 자신이 '듣기 명수'라고 내세우며 주변으로부터의 의견수렴을 선호한다는 점에 비추어 볼 때 일본 주도의 한일관계 개선을 위한 속도는 그다지 빠르지는 않을 것이다. 실제로 2023년 3월 6일 윤석열 정권이 한국 정부 산하 재단이 일본의 피고 기업을 대신하여 보상금을 지불한다는 징용공 문제 해법을 제시하며 기시다 정권의 '성의 있는 호응'을 촉구하였지만 그 호응은 금방 나타나지 않았다.

기시다 총리는 한국과의 외교에서 결코 원리원칙을 굽히지 않고 최종적으로 일본의 국익을 위해 타협점을 찾아 나간다는 관점을 갖고 있다. 외무성 장관 경력이 긴 기시다는 "한반도 유사시 한국 내 일본인을 구출해야 한다"는 점을 무엇보다 중시한다. 또 일본이 북한과 마주하고 있다는 현실하에서는 한국의 협조 없이 일본 단독으로 행동할 수 없다는 인식인지라 기시다 총리로서도 한일관계가 더 이상 꼬이는 것을 원치 않는다. 기시다 정권에서는 미중대립, 북한 변수 등 국제관계 진전이 어떻게 되는가에 따라 그 개선 속도가 조정될 것으로 보인다(다음 절 참조).

윤석열 대통령과 기시다 총리는 2022년 9월 뉴욕 UN총회를 계기로 약식 만남을 가졌었다. 어어 11월에는 캄보디아 프놈펜 '아세안(ASEAN: 동남아시아국가연합)+한중일' 정상회의 참석을 틈타 회담을 갖고 현안 해결을 위해 소통하며 양국의 관계개선으로 나아간다는 입장을 표명했다. 2023년 3월 16일에는 도쿄에서 양국정상회담도 실현되었다. 아베·스가 정권 때보다는 양국관계가 호전되는 분위기다. 코로나19가 수그러들면서 한일 간 민간인 입국 제한 조치도 없애 양국 국민의 왕래가 빈번해지면서 민간 교류도 늘어나고 있다.

4 국제정세와 한일관계

1) 미중·미러 갈등과 한일관계

이제는 한일관계가 양국만의 문제로 끝나는 시대는 지나고 있다. 일본에서는 2020년 초부터 유행한 코로나19 팬데믹이 있고 나서 한일관계에 대한 관심이 줄어들었었다. 그 관심 저하는 기시다 정권에서도 한동안 계속되었었다. 그러다가 한일관계는 단지 과거 양국 관계뿐 아니라 미중갈등이나 러시아의 우크라이나 침공 사태로 촉발된 미러갈등과도 관련되어 이전과는 다른 양상으로 전개되고 있다. 윤석열 정권과 기시다 정권이 어떤 식으로 한일관계를 풀어 나갈지는 더 두고 보아야 판명되겠지만 최근의 국제정세 변화가 한일관계에도 영향을 미치고 있음은 분명하다.

일본보다 중국에 대한 경제 의존도가 높고 남북통일의 과업을 안고 있는 한국으로서는 중국에 대해 강경한 자세를 취하기 어려운 사정이 있다. 실제로 문재인 정권 당시에는 중국의 요청에 순응하는 외교적 행보를 보이기도 했다. 반면 일본은 미국 주도 안전보장의 우산 아래 편입되어 중국·북한으로부터의 위협에 대응하고자 하는 입장이다. 이처럼 중국이나 북한을 바라보는 한일 간의 시각이 달라 문재인 정권 때에는 한미일 공조체제에서도 불협화음이 일어났고 그것이 한일관계의 갈등요인으로 작용하기도 했다. 이에 더해 2022년 2월 러시아의 우크라이나 침공은 한일관계를 둘러싼 방정식을 더욱 복잡하게 했다.

문재인 정권 당시에는 북미협상이 원활히 이루어지도록 한다는 '한반도 평화프로세스'에서의 '운전자론'이 회자되었다. 그러다가 미중갈등이나 러시아의 우크라이나 침공으로 국제정세가 변화하였고 '운전자론'의 의도와는 달리 진행되고 있었다. 한일관계도 한일 양국만이 아니라 미중·미러 갈등과 우크라이나 정세, 그리고 북한 요인을 함께 고민해야 하는 시대가 되었다. 양국관계에 머무르지 않고 미국, 중국, 러시아와 같은 강대국과의 역학관계 속에서 포착되는 문제로 변화하고 있다. 미중 및 미러 갈등의 진행으로 경제·무역·안보가 얽힌 복합 경쟁의 시대로 접어든 구조 속에서 한일관계를 풀어가야 하는 여정이 되고 있다.

한반도를 둘러싼 역학관계에서 한국의 역할이 커지면 일본의 한국에 대한 관심은 높아질 수밖에 없다. 한반도 정세는 일본의 안보와 직결되는 문제인 만큼 일본으로서도 내심 촉각을 곤두세우며 관여하고 싶은 사안이다. 일본으로서는 한반도를 둘러싼 국제관계 속에서 어떻게 국익을 추구하느냐에 촉각을 곤두세우고 있다. 한국으로서도 일본의 한반도 개입 움직임을 간과할 수 없다. 기시다 총리의 향방도 주목할 필요가 있다. 히로시마 출신으로 평화 구축을 중시하는 기시다는 2023년 5월 히로시마 G7 정상회담으로 일본의 외교적 위상을 높이려 했다. 기시다의 이러한 외교 성향을 간파하여 한일관계의 개선에 활용하는 방법도 하나의 선택지라 할 수 있다.

한국은 북한과 대치하면서 통일 문제가 가로놓여 있는 반면, 일본은 북한의 동태는 물론 중국의 위협과 러시아의 행동을 경계하고 있다. 2010년 센카쿠(尖閣) 열도를 둘러싼 중국과의 대립을 계기로 아베 정권에서는 일련의 안전보장 관련 법제 개정을 통해 '전쟁을 할 수 있는 나라'로 진행해 갔다. 2022년 5월 말 바이든 대통령이 일본을 방문했을 때에는 기시다 정권에서 가일층 견고한 미일동맹을 표명하며 정치·경제·군사면에서의 양국 간 연대를 강조했다. 일본으로서는 러시아의 우크라이나 침공이 있고 중국의 군사비 지출이 크게 늘어나자 안보에 대한 관심은 한층 높아졌고 기시다 총리는 군사비 증액(GDP의 1%에서 2%로 배중)도 결정한 바 있다.

러시아의 우크라이나 침공 전 일본은 'EU+일본', 나아가 호주(A), 영국(UK), 미국(US)이 군사연계를 행하는 AUKUS를 발족시켜 중국을 견제하는 세력을 확대하여 왔다. 그런 와중에 러시아의 우크라이나 침공이 있었고 그 이후에는 우크라이나를 지원하는 유럽 국가들의 위상도 커져 갔다. 바이든 정부는 트럼프 정부에서 소홀히 한 주요국과의 국제협조를 복원하는 다자간 협력을 내세웠다. 그러한 바이든 정부의 다자간 협력 노선도 한일관계 악화를 그대로 방치할 수 없는 국면으로 몰아갔다.

미국이나 일본은 한미일 연계를 통한 중국 견제론에 무게를 두고 있었으나 문재인 정권 당시는 한미일 연계에는 소극적이었다. 문 정권과는 달리 윤석열 정권은 한국 외교의 중심축을 한미 협조와 한미일 공조 노선으로 방향을 잡고 있다. 국제정세의 변화를 염두에 두고 한미일 연대 안에서의 한일관계를 어떻게 설정할지를 고민하고 있는 느낌이다.

2) 중시되는 인도 태평양 지역

　일본은 중국 견제를 위해 중국의 인도 태평양에서의 영향력 확대를 견제하기 위해 다른 나라와 연계하는 등 봉쇄외교를 추진했다. 아베 신조 정권 때는 '자유롭고 개방된 인도태평양'(FOIP: Free and Open Indo-Pacific) 구상이 나왔다. FOIP 구상은 미중 관계에 일본의 존재감을 확보하려는 노력으로 볼 수 있다. 그림 8-1은 FOIP 구상이 구체화된 미국·일본·호주·인도(이하 미일호인)의 4개국에 의한 QUAD 결성과 그 후에 창설된 '인도 태평양 경제 프레임 워크'(IPEF)를 보여주고 있다.

/ 그림 8-1 / 중시되는 인도 태평양지역: QUAD, FOIP, 및 IPEF

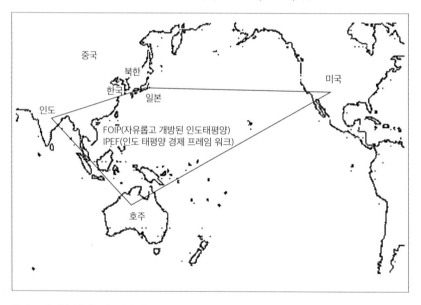

주: QUAD는 '미일호인 4개국의 안전보장 대화'(Quadrilateral Security Dialogue), FOIP는 '자유롭고 개방된 인도태평양'(Free and Open Indo-Pacific)구상, IPEF는 '인도 태평양 경제 프레임 워크'(Indo-Pacific Economic Framework)을 말한다.
자료: 필자 작성.

QUAD라 함은, 미일호인 4개국의 안전보장대화(Quadrilateral Security Dialogue)를 말하며, 윤석열 정부도 QUAD에의 참가에 긍정적인 입장이다. FOIP의 '인도 태평양' 구상은 일본이 먼저 제기한 것이지만, 미중갈등이 진행되는 가운데 미국도 그 구상에 전향적으로 관여하고 있다. 2022년 5월 한국과 일본을 방문한 미국 바이든 대통령은 '인도 태평양 경제 프레임 워크'(IPEF: Indo-Pacific Economic Framework)라는 경제권 구상을 제창했다. 미중 갈등과 러시아의 우크라이나 침공 사태를 둘러싸고 QUAD와 IPEF가 어떤 역할을 하게 될지 주시되고 있다.

윤석열 정부는 한미일 협력이나 다원주의적 접근을 취하고 있다. IPEF에는 한미일에 더하여 호주, 인도, 싱가포르, 인도네시아 등 13개국이 참가하였고 다음 네 꼭지를 주된 내용으로 담고 있다. 즉, ① 디지털 경제의 촉진을 포함한 공정무역 추진, ② 반도체와 중요 광물 등의 공급망(supply chain) 구축, ③ 탈탄소를 위한 환경 인프라 정비, 그리고 ④ 세금 탈루 및 반부패 대책을 통한 공정한 경쟁 창출이라는 네 꼭지가 IPEF가 추진하려는 주요 내용이다. 요컨대 QUAD나 IPEF 구상은 중국 및 러시아를 견제하려는 '다자간 연계구축'의 모색이라 할 수 있다.

일본은 QUAD 협의체, 환태평양경제동반자협정(CPTPP)의 전개도 지켜보며 중국 위협에 어떻게 대응할 것인지와 함께 한일관계의 수위도 조절할 것으로 보인다. 기시다 정부가 내건 경제안전보장은 외부로부터의 공격에 대비하면서 경제수단을 이용해 압력을 가한다는 방식이다. 실제로 기시다 정부는 경제안전보장을 이유로 2023년 3월 말 첨단반도체 제조 장치 및 반도체 세정(洗淨) 공정의 첨단 장비 등 23개 품목을 대상으로 대중(對中) 수출규제 조치를 발표했다. 미중 갈등이 지속되는 가운데 취해진 조치이기는 하지만 중국에 대한 경제 의존도가 높은 한국과 일본은 향후 어떤 전략이 상호 공통이익을 가져올 것인지를 모색하는 노력이 요구되고 있다.

안보 차원에서 한반도에 긴장이 고조되지 않기를 바라는 일본으로서는 북한의 비핵화를 먼저 추진하고 대북 경제제재를 완화하는 전략을 취하려 한다. 또한 한국과 일본은 모두 미국과 군사동맹관계에 있다. 북한이 어떻게 나오는가에 민감하게 반응하는 일본임을 감안하면 한미일 협력문제에 있어 합의점을 찾아가는 과정에서 한일관계 개선의 중요성이 한층 부각될 것이다. 일본으로서 북한의 미사일 발사에 대한 경계나 비핵화는 안보상의 가장 중요한 사안으로 한국의 협조가 필요하기 때문이다.

바이든 미국 대통령이 2022년 5월 말 한국과 일본을 방문했을 때에도 인도 태평양 중시를 내세우며 한일관계 개선을 촉구했다. 한일관계 개선에 의욕을 보이는 윤석열 대통령은 2023년 3월 16일 일본을 방문하여 한일정상회담을 성사시켰다. 한반도의 전략적 중요성을 인식하고 있는 기시다 정권이 향후 어떤 행동을 보일지가 주목된다.

5 한일관계 대응과 상호활용 전략

1) 고정관념 타파의 중요성

1965년 한일기본조약이 맺어질 당시 한국은 일본에 비해 소득수준이 턱없이 낮았다. 그런 상태에서 맺어진 조약인 만큼 비대칭적 관계에서 탄생한 조약이었다는 인식도 뿌리 깊게 남아 있다. 한일 간에 대칭적 또는 수평적 관계로 바뀐 현 상황에서는 당시의 비대칭적 해결책으로 여겨지는 그 기본조약의 일부에 대해 한국으로서는 받아들이기 어려운 면이 있다고 보고 있다. 그렇지만 기시다 정권은 그 기본조약을 다시 거론하며 한국과 조약 수정에 대해 협의할 생각은 없어 보인다. 이러한 한일 간의 인식 차이가 새로이 갈등을 일으킬 수도 있다. 제4장에서 강조하고 있듯이 한일관계는 앞으로도 양국이 잘 관리 (매니지먼트)해 나아가야 할 과제이다.

　기시다 정권이 한일관계를 어떻게 바라보고 있는지 살펴 보자. 1965년 한일기본조약과 함께 체결된 한일청구권협정은 이케다 하야토(池田勇人) 정권 당시 오히라 마사요시(大平正芳) 외무대신과 김종필 중앙정보부장 간의 메모 합의사항이 기초가 되어 성립된 것이다. 당시 총리였던 이케다는 현 기시다 총리가 속한 고우치카이(宏池会)를 창설한 인물이다. 이런 배경으로 비추어 보면 기시다 총리가 한일관계를 조정해 간다 하더라도 1965년 한일기본조약의 틀에서 벗어나는 방식은 그리 선호하지 않을 것임을 짐작케 한다.

　향후 한일관계를 둘러싸고 마찰이 빚어질 우려도 있다. 한일기본조약이 양국 간 국교정상화를 가져오는 계기가 되었다고는 하나 한국에 대한 일본의 원조가 주된 내용으로 되어 있고, 그 원조를 보는 시각에 있어 양국의 인식이 다르기 때문이다. 인식 차이에 따른 마찰이나 대립이 예상되는 상황을 타개하기 위해서는 어떤 식으로든 서로 납득할 수 있는 의제를 찾는 노력이 있어야 한다. 기미야 다다시(木宮正史)의 『한일관계사(日韓関係史)』에서는 "추구해야 할 것은 한일 외교의 공통이익"이라 하고 있다(218~220쪽).

　한일관계에서는 어떤 고정성이 강한 세대의 국민감정도 개재되고 있다. 예컨대 일본에서 중년 이상 남성들 중에는 오랫동안 경제 활동에 종사해 오면서 경제성장을 이뤘다는 자부심이 있다. 그러면서도 이들 중에는 작금의 한일관계에 대해 심정적으로 좋지 않은 감정을 갖는 사람들도 적지 않다. 이들은 여성이나 젊은 계층에 비해 '일본은 한국에 기술 전수를 해준 나라', '한국은 일본을 뒤쫓아 오던 나라'라는 심정도 있어 일본이 한국보다 위에 있다거나 한국을 한 수 낮게 보려는 관념이 비교적 강한 편이다.

한일 간 수평화가 크게 진전되었음에도 예전 수직적 한일관계의 고정관념을 갖고 있는 중년 남성의 일본 정치인들도 많아 한국의 위상이 과소평가되고 있다. 수평적 관계 또는 대칭적 견지에서 일본에 요구하고 있는 한국의 주장이 그들에게는 정서적·감정적으로 받아들이기 어려운 장애로 가로놓여 있다. 제6장에서 보이고 있듯이 일본의 많은 여성층과 젊은이들은 한류 드라마나 K-POP 등에 긍정적인 이미지를 갖고 있다. 이러한 변화 추세를 감안하면 그동안 정치 분야에서의 의사결정에 강한 영향력을 갖던 중년 남성 세대의 한국에 대한 우월적인 고정관념의 결박도 앞으로는 약해질 것으로 보인다.

한일 국민 간에 감정적으로 상호 어떻게 받아들이는가는 차치하고 국가 간의 안보전략의 차이, 과거사에 대한 인식 차이가 양국관계의 갈등 원인으로 잠재해 있다. 제1장에서 보이고 있듯이 적어도 경제 실적의 객관적인 데이터에 근거하면 한국의 소득수준 증가와 일본의 상대적인 위상 저하는 분명하다. 문재인 정권에서는 위안부·징용공 문제를 비롯한 과거사의 현안들이 새로이 짚어보아야 할 문제들로서 부상되는 상황이 전개되었다. 수평화된 한일관계가 전개되면서 양국관계에 대해 '구태의연한 기존 인식'에서 벗어나지 못하면 그 해결책을 찾지 못하고 갈등 상황이 한동안 이어질 수 있다.

한일 간에 가로놓여 있는 갈등 극복에 임하는 한국측의 어설픈 대응도 양국관계 개선에 있어 장애 요인으로 작용한다. 일본에 대등할 정도의 소득수준에 이르렀음에도 여전히 예전의 사고방식에 갇혀 있는 채 일본에 '떼를 쓰는' 인식이 남아 있기 때문이다. 한국은 일본으로부터의 피해의식이 강한 만큼 "일본이 군사무장을 하고 전쟁을 할 수 있는 나라로 다시 나아가지 않을까?" 하는 경계심이 뿌리 깊게 남아 있다. 일본을 견제하는 그와 같은 경계심도 중요하지만 그와 동시에 한일관계 개선을 위해서는 그간의 수직적 또는 비대칭적 방식에 기초한 고정관념을 타파한다는 발상의 전환이 요구된다.

2) 일본의 한일관계 대응과 한국의 태도

문재인 정권 당시 일본의 대한(對韓) 전략은 일본이 먼저 행동에 옮기지 않고 "징용공 문제에 대해 한국이 어떤 해결책을 제시해 올지 지켜보며 대응하겠다"는 수동적 행태로 일관했다. 이처럼 한일관계에 임하는 입장은 "방치하면 된다"는 '방치전략'이 주류였던 터라 일본에 능동적이고 적극적인 조치를 바라기에는 무리가 있었다.

제2장에 자세히 다루고 있듯이 한국에서는 2022년 3월 이재명 후보와 윤석열 후보가 접전하는 대선이 치러졌고 윤 후보가 대통령으로 당선되었다. 선거 결과는 윤 후보가 48.56%를 득표해 당선되었으나 이 후보(47.83%)와의 격차가 불과 0.73%포인트라는 초박빙 승부였다. 선거전에서 이재명 후보는 보수 일본에 싸움을 건다는 식으로 비쳐졌기 때문에 일본은 이재명 후보를 꺼리는 태도였다. 일본에 강경 자세로 임하겠다는 인상을 준 이재명 후보를 까다로운 상대로 여겨 한일관계를 더욱 경색시킬 것으로 보고 경계했다고 할 수 있다. 반대로 말하면 일본은 한일관계 개선에 의욕을 보인 윤석열 후보의 승리를 바라고 있었고 그런 윤 후보가 당선되어 2022년 5월 10일 대통령에 취임했다.

윤석열 대통령의 한일관계를 보는 관점은 1998년 10월에 있었던 당시 김대중 대통령과 오부치 케이조 총리와의 김대중—오부치 한일공동선언(한일공동선언: 21세기를 향한 새로운 파트너십)을 중시한다는 입장이다. 윤석열 대통령이 대선 기간 김—오부치 공동선언을 바탕으로 한일관계를 전개하겠다는 뜻을 밝혔다고는 하지만 김대중 전 대통령은 민주당 정권과 접점이 있다. 당시 윤 후보는 민주당이 아니라 '국민의힘' 후보였기 때문에 정책의 일관성에 대한 비판이 제기될 수도 있었다. 어쨌든 향후 김—오부치 공동선언을 감안한 한일관계의 전개가 어떤 식으로 전개될 지가 주목된다(김-오부치 공동선언에 대해서는 제5장을 참조 바람).

김-오부치 공동선언에 따라 한일관계 개선을 도모하려 한다고 하더라도 일본측의 대응 태도에 따라 시간이 걸릴 것으로 예상된다. 기시다 정권은 문재인 정권이 1965년 한일기본조약의 변경을 제기한 데 대해 불만을 품고 한국의 요구에 적극적으로 응하지 않는 전략을 취했다. 이는 한국이 1965년의 한일기본조약을 바꾸고자 한다면 그것을 왜 바꾸어야 하는지, 또 바꾸는 것이 왜 중요한지에 대해 일본을 설득해야 할 과제가 남아 있음을 뜻한다. 제1장에서 보았듯이 한국의 경제적 입지가 올라가고 일본경제의 국제적 위상이 떨어져 왔다. 그러한 변화 속에서 일본이 계속하여 한국에 소극적인 태도로 일관해 갈 수 없을 거라는 메시지를 한국측이 던져가며 교류를 증진시키는 것도 하나의 방법이 될 수 있다.

일본이 한일관계 개선에 수동적으로 나오고 있던 상황에서 2023년 3월 윤석열 대통령의 방일로 이루어진 한일정상회담은 한국이 일본의 반응을 타진한 의사표시이기도 하다. 이러한 의사표시 외에도 한국의 독자적인 행동도 중요하다. 그 방편으로 대중문화 교류를 포함한 인적 교류를 활발하게 추진하는 것은 한일관계 개선에 효과적인 방안이 될 것이다(한일 문화교류의 중요성에 대해서는 제6장을 참조 바람). 2023년 들어 코로나19로 막혔던 입국 규제 조치가 해제되면서 한국인 일본 방문자는 급속히 늘어났다. 개인이나 기업의 자유로운 교류를 통한 네트워크 형성은 삶의 질을 높여준다.

3) 상호 활용 전략과 KJ망

제7장에서는 플로우와 스톡의 좋은 속성을 활용하는 것의 유용성에 대해 언급했다. 이때 플로우 사회인 한국은 일본의 스톡의 좋은 속성(예를 들어, 안정성, 지속성)을 살리는 전략이 바람직하고, 스톡사회

인 일본은 한국의 플로우의 좋은 속성(예를 들어, 융통성, 민첩성)을 활용하는 전략이 바람직함을 강조했다. 그것은 '플로우 감성과 스톡 감성을 겸비'하는 지혜이며, 한일 상호 간의 '전략적 협조 관계'의 모색이기도 하다.

전략적 협조관계의 구축은 한일 간에 서로의 장점을 살려가는 '상호활용 전략'이기도 하다. 일본에는 한 우물 파는 일소현명(一所懸命)의 역사적 배경도 있어 '좁고 깊게'의 전문지식을 갖춘 사람이 많이 포진하고 있다. 그럼에도 각각의 분야나 부문 간의 '종적 관계'의 칸막이가 높기 때문에 충분히 가동되지 못하고 잠재해 있는 다양한 분야의 전문지식이 산재한다. 활동성이 강한 한국의 동력을 활용하여 일본의 수직적(종적) 분리막 간의 '횡적 연결' 효과를 발휘토록 하는 방법이 큰 성과로 연결될 수 있다. 일본의 경제활성화에 도움이 됨은 물론 한국으로서도 일본의 축적된 기술·지식·자본을 활용함으로써 편익을 얻을 수 있다. 한국은 일본을, 일본은 한국을 서로 활용하는 방식은 그 장점이 크며 양국에도 득이 된다는 뜻이다.

상호활용 전략의 구체적인 이미지로서 'KJ망'의 구축을 들 수 있다. 경위(経緯)라는 말을 떠올려 보자. 경(經)은 세로실(날줄)을 뜻하고, 위(緯)는 가로실(씨줄)을 의미한다. 한국(K)은 가로줄을 펼치려는 힘이 일본보다 왕성하나 지속성에 따른 축적이 부족하다. 여기저기 왔다 갔다 하는 플로우 속성이 강해 연속성을 담보하는 조상 대대의 전통 기술 축적이 일본에 비해 크게 부족하다. 반면에 일본(J)은 조상으로부터 물려받은 기술을 지키려는 의식이 강해 전통 기술 축적이 강하지만 다른 분야들과 연결하여 가로실로 매듭을 잇는 힘이 작용하기 어렵다. 가로실(씨줄)과 세로실(날줄)을 서로 엮은 'KJ망' 구축은 한일 양국에 득을 가져오는 유력한 방법이 된다. 그림 8-2는 'KJ망'의 이미지를 그린 것이다.

/ 그림 8-2 / 'KJ망'의 구축

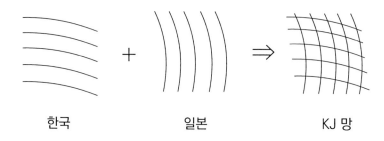

한국 + 일본 ⇒ KJ 망

자료: 필자 작성.

'KJ망'의 구축이 거창하게 들릴지 모르겠으나 실은 이미 상당 정도 이루어지고 있기도 하다. 한국과 일본 기업이 'KJ망'을 구축하여 세계 시장에서 활약하는 것을 그 예로 들 수 있으며, 실제로 한일 기업 간의 협력으로 실적을 올리고 있는 곳도 적지 않다. 또한 한일 정부가 '공통이익' 성과를 이루기 위한 'KJ망' 구축으로 미국이나 중국에 한일 독자 입장을 피력함으로써 양국의 전략적 협조의 힘을 발휘할 수도 있을 것이다. 반일이나 혐한과 같은 감정적 응수는 상호 보완의 기회를 잃게 해 양쪽 모두에게 손해를 가져온다. 감정적 대립에 의한 왜곡이나 배타적 비방은 상대방뿐만 아니라 자신의 마음도 좀먹게 한다.

6 시시비비와 중용

외국인이 일본이나 일본인에 대해 말할 때 "일본의 거리는 깨끗하다", "일본인은 친절하고 질서나 약속도 잘 지킨다", "남에게 폐를 끼치지 않는다"는 등의 칭찬이 오가곤 한다. 일본에 대해 왜 그런 칭찬이 나오는 것일까? 거기에는 매뉴얼에 따른 일처리와 문화적 배경이 함께 맞물려 있다. 예컨대 일본의 거리가 깨끗한 데에는 거리 청소원이 매뉴얼에 따라 "자신의 일을 정해진 대로 한다"는 의식이 강하게 배어 있고 그 매뉴얼에 따른 행동 결과가 깨끗한 거리를 낳게 한다.

위와 같은 시각 외에 일본을 경계나 걱정의 눈으로 바라보아야 하는 위험성이 있다는 점도 간과해서는 안 될 것이다. 일본은 어떤 정책 결정사항이 일단 한쪽 방향으로 쏠리어 사회 전체가 움직이기 시작하면, 그 움직임을 저지하는 힘 또는 원래대로 되돌리는 힘이 작용하기 어렵다고 하는 무서운 일면이 있다. 한쪽으로 쏠린 움직임에 제동을 걸지 못한 대표적인 예로서 제2차 세계대전(태평양전쟁)에 이르는 과정을 들 수 있다. 전쟁 전의 일본은 군부의 힘이 막강했고 민의를 반영하는 정당정치는 제대로 작동하지 못했다. 결국 1932년부터 '거국일치' 내각이라는 이름으로 군부가 정권을 좌우했으며 마침내 전쟁으로 치닫고 말았다. 종국에는 1945년 히로시마와 나가사키에 원자폭탄이 투하되고 무조건 항복이라는 패전으로 거국일치 내각이 해소되었고 일본의 한반도 식민지 지배도 끝이 났다.

비판을 꺼리는 경향이 강한 일본에서는 맞짱 토론과 같은 활발한 논의를 거치기보다는 잡음이 생기지 않고 사태가 수습되는 쪽으로 유도하려 한다. 잡음이 일어날 것 같은 의제는 될 수 있는 한 겉으로 드러내지 않도록 하여(일본의 속담을 빌려 말하면, '냄새 나는 것에 뚜껑을 덮고') 외부적으로 알려지지 않도록 억제한다. 중세 및 근세의 무사정권 막부 시대에는 분쟁이 일어났을 때 잘못한 쪽에만 벌을 주는 것이 아니라 다투고 있는 쌍방에게 잘못이 있다고 해서 뭉뚱그려 함께 벌하는 "싸우는 자 쌍방 처벌"(일본어로는 훤화양성패(喧嘩両成敗)라 함)이라는 법제가 오랫동안 유지되어 왔다. 이 법제는 에도시대(江戸時代)에 법적으로는 폐지되었으나 그 사고방식은 남아 있다(『広辞苑』 참조). 이처럼 일본에서는 잘못을 드러내거나 내분의 다툼이 표출되는 것을 피하려고 하기 때문에 명확한 시시비비(是是非非) 가리기를 선호하지 않는다.

"싸우는 자 쌍방 처벌"은 일종의 화합을 중시하는 방식이라 할 수 있겠으나 어느 쪽이 잘못했는지를 판별하려 하지 않기 때문에 '옳고 그름'이 가려지지 못하고 숨겨져 버리는 폐단을 안고 있다. 이러한 방식에 익숙해지면 설사 상대방이 잘못하였다 하더라도 담담하게 그 잘못을 지적하는 것도 꺼려하게 된다. 실제로 일본에서는 정부의 잘못된 정책이나 토론에서의 틀린 주장에 대해 건전한 비판조차 이루어지기 어려운 분위기다. 일본인들이 토론에 약하다는 말이 나오는 것도 비판을 꺼리며 티격태격 없이 모호하게 수습하려는 방식에 기인하는 바가 크다고 할 수 있다. 화합을 중시한다고 하는 이같은 방식이 다툼의 앙금을 남기지 않는 해결이면 다행이지만 그렇지 않으면 불만의 씨앗은 잠재적으로 숨어 있는 채 남아 있다.

건전한 비판조차 꺼리게 되면 해당 사안이 해결을 위한 핵심에는 이르지 못하고 본질적인 쟁점으로부터 멀어져 유야무야 흐지부지 묻혀 버린다. 문제 해결을 위한 핵심에까지 이르지 못하고 밍기적거리며 앞으로 나아가지 못하는 현상이 폐색감이다. 건전한 비판은 몸에 종기가 생겼을 때 통증을 동반하나 고름을 짜내는 과정에 비유할 수 있을 것이다. 건전한 비판을 피하여 비껴가는 일처리 방식은 고름짜내기를 하지 않은 채 시간이 지나 그냥 자연치유 되기를 바라는 것과 같은 맥락이다.

건전한 비판이 받아들여지지 않고 잘잘못이 가려지지 못하는 방식에서는 집단적 분위기에 휩싸여 다른 집단이나 조직을 향한 비난전이 난무할 우려가 있다. 문재인 정권과 아베·스가 정권 당시에는 한국과 일본의 정계와 언론계에서 상호 비난전이 난무했다. 감정이나 편견이 앞선 채 제동이 걸리지 않고 충돌하는 사태도 일어나곤 했다. 서로 간에 공정하게 경쟁하는 것은 발전을 가져오지만 악감정이 점철된 상호 비방은 생산성·창조성을 갉아먹으며 뒷맛도 개운치 못하다. 상대방에게 상처를 주게 됨은 물론 선의의 교류마저 방해한다.

비난전으로 나오기 보다는 왜 상대방이 자신과는 다른 생각을 갖고 있는지 알려는 노력이 서로의 이해를 높여준다. 제2절에서 다루었듯이 구성원들의 사고방식의 형성은 그 나라 역사 전개의 심층과 관련된다. 이렇게 보면 해당 국가를 제대로 이해하기 위해서는 그 나라의 역사적 배경 학습은 필수적이다.

원래대로라면 정치인과 정책당국이 상호 비난·비방전을 억제하는 역할을 해야 한다. 정치인들에게 그런 역할을 기대할 수도 있겠지만 그들만을 믿고 있기에는 애당초 무리가 있다. 인기를 얻지 못하면 자리를 유지하기 힘든 것이 정치가라는 직업인지라 국회의원과 같은 정치인은 근시안적인 선심성 정책을 선호하는 속성이 있다. 그런 속성을 띠는 정치인들에게 냉정한 대처를 바라기 어려울 때가 다반사인지라 진정한 교류로 이어지도록 하는 데는 시민 차원의 성숙된 의식 함양이 요구된다. 그렇다고는 하나 지도적 위치에 있는 대통령이나 총리의 의사결정은 사회 전체에 지대한 영향을 미친다는 점에서 훌륭한 지도자의 선출이 중요하다는 것은 아무리 강조해도 지나치지는 않는다.

어떤 견해가 한쪽으로 기울었을 때 우리는 "균형이 깨졌다"고 말한다. 균형감각을 이루지 못한 편향된 태도가 독선(도그마)이다. 사회 시스템에 있어서도 한쪽만으로 치우치지 않고 균형을 유지하려면 객관적인 논의를 할 수 있는 환경 조성, 허심탄회한 의견이나 건전한 비판을 자유롭게 제시할 수 있고 그것들을 포용하는 토양이 마련되어야 한다. 일본에서 2024년부터 1만엔(약 10만원)권 지폐의 얼굴이 되어 주목을 받고 있는 사람이 '일본 자본주의의 아버지'라 불리는 시부사와 에이이치(渋沢栄一)이다. 시부사와의 저서인 『논어와 주판(論語と算盤)』(ち

〈ま新書)에서는 "어떤 일에 임할 때 극단으로 치닫지 않고 중용(中庸)에 맞도록 한다"는 균형감각을 무엇보다 중시하고 있다. 각자의 견해나 한일관계의 구축에서도 중용의 균형감각이 긴요하다.

종장

제언

종장

제언

이제 각 장의 제언을 제시하며 본서를 마무리한다. 서장에서와 마찬가지로 이하의 제언도 각각의 집필자가 작성한 것을 취합하여 정리한 것이다.

【제1장】고도 경제성장이 끝나는 1973년 당시 일본은 한국보다도 10배 가까이 소득수준이 높았으나 이제는 양국이 비슷한 수준이다. 더구나 물가수준을 감안한 구매력 평가에서는 2018년부터 한국이 일본을 추월하고 있다. 즉, 소득수준으로 보았을 때 한국과 일본은 대칭적 또는 수평적인 관계가 되었다고 할 수 있다. 일본의 경기침체 원인을 정책면에서 보면, 산업정책, 재정정책, 금융정책 운용에 실패가 있었으나 그 정책실패에 대한 견제력이 작용하지 못했고 그것이 가계·기업의 소극성과 맞물리며 '성장상실기'에 빠져버렸다. 한일관계의 개선은 일본의 폐색감(閉塞感) 탈출 및 양국경제 활성화에도 도움이 된다.

【제2장】무엇보다도 자신에게만 정의가 있고 관계악화의 책임은 모

295

두 상대방에 있다고 하는 인식을 한일 양국 정부 및 사회가 고칠 필요가 있다. 그에 더해 북한의 핵미사일 개발 재본격화, 미중갈등의 심각도 고조, 러시아의 우크라이나 침공에 따른 세계질서 동요라는 위기 상황 속에서 한일 간의 공통이익이 존재한다는 것을 인식하고 그 공통이익은 양국이 협력함으로써 비로소 제대로 실현된다고 하는 점에 대해 합의할 필요가 있다. 그리한다면 한일 간에 긴장을 가져오고 있는 현안에 대해서도 서로 지혜를 모아 묘안을 생각해 낼 수 있을 터이다.

【제3장】일본 헌정 사상 최장기 집권을 한 아베 신조 정권, 그리고 현직 대통령의 탄핵·파면이라는 이례적인 사태에 이어 탄생한 한국의 문재인 정권, 이 두 정권에 의해 오랜 기간 구축되어 온 한일관계는 큰 상처를 입었다. 단지 시간을 되돌리려 한다 해도 그럴 수는 없다. 우리가 적어도 다음 세대에 이어가야 하는 것은 아베 신조와 문재인 두 사람의 실패를 반면교사로 하여 배우는 일일 것이다. 그 교훈은 "무엇을 해야 하는가?"가 아니라 "무엇을 해서는 안 되는가?"를 고민하는 일이 아닐까 싶다. 이는 등신대(等身大)의 이웃 나라를 냉철할 정도로 '알아간다'는 작업으로부터 시작해야 한다.

【제4장】전후(해방 후)에 있어 한국과 일본이 실천해 온 바를 '식민지 지배·피지배의 사후 처리와 관련된 한일모델', '화해와 번영과 평화를 위한 한일모델'로서 인식하는 것이 중요하다. 한일모델은 타협의 방법론이 아니다. 지배한 자와 지배를 받은 자가 대등한 관계에서 서로 비판할 수 있는 관계를 만들어가는 과정이 '한일모델'인 것이다. 이 과정은 참으로 고통과 곤란이 넘쳐흐르는 길이었고 앞으로도 그렇게 이어질 것이다. 그럼에도 한일 양국은 이 고통에 찬 화해와 번영과 평화의 길을 계속하여 더욱 걸어갈 수밖에 없는 것이다.

【제5장】'2015년 합의'에도 불구하고 일본군'위안부' 문제는 '피해자 중심주의'의 입장에서 볼 때 아직 해결되지 않은 문제이며, '생존·피

해자 없는 시대'의 문제로서 한일 양국 정부와 시민사회가 정치적 책임의 문제로서 해결에 힘써야 한다. 한국 정부는 그 합의로부터 출발하고 일본 정부는 그 합의로 종결하지 않음을 인정할 필요가 있다. 처음 문제가 제기되고 운동이 시작된 지 한 세대가 지나 문제해결의 중심이 '사실인정, 사죄반성, 법적배상'으로부터 '진상규명, 기억계승, 역사교육'으로 옮겨가고 있는 점을 감안해 '미래로 열린 형태'로서의 해결을 도모하는 것이 바람직하다.

【제6장】 한국과 일본은 서로의 문화 형성이 이미 성숙되어 있어 시장 쟁탈을 하는 경쟁자가 아니라, 함께 아시아 및 전세계를 향해 양국의 문화를 충분히 발신할 수 있다고 확신한다. 양국이 '협업', '분업', '공동창조', 나아가 다각적으로 '활용'하는 것이야말로 두 나라의 콘텐츠 비즈니스 가치를 가장 빛나게 하고 동반 성장하는 원동력이 될 것이다. 과거 콘텐츠 산업은 공급자와 수요자의 수직관계에서 시장이 형성되었다면 이제는 동반과 협업을 통한 수평관계가 요구된다. 바람직한 수평관계의 확장을 위해서는 다른 업종과의 공동작업과 국제협업 체제가 필요하다. 이를 통해 "함께 만들면 서로 팬이 된다"라는 마케팅 효과를 기대할 수 있으며, '공감'을 통한 세계화가 더욱 확산될 것으로 믿는다. 한일 콘텐츠 비즈니스 산업에 있어 문화교류가 나아가야 할 방향은, "함께 생각하고, 함께 만들며, 함께 지속적으로 전달하는" 이 세 가지를 실천하는 것이라 제언한다.

【제7장】 한일 간 사고방식의 차이를 '플로우의 한국 vs. 스톡의 일본', '디지털의 한국 vs. 아날로그의 일본', '넓고 얕게의 한국 vs. 좁고 깊게의 일본'이라는 세 축을 들어 각각의 특징을 명확히 할 수 있다. 이 세 가지 축은 양국의 지정학적 위치, 역사 전개, 생존을 위한 생활 방식의 차이 등으로부터 이끌어 낼 수 있다. 이들 세 축에 따른 양국의 사고방식 차이를 감안하면 서로 다른 특징을 보이는 한국과 일

본이 어디를 지향해 나아가고 어떤 관계를 구축하면 좋을 지가 분명해 진다. 서로가 지향할 바는, "플로우 감성과 스톡 감성의 겸비, 디지털과 아날로그의 조화, 넓고 깊게의 추구"라고 하는 세 가지 축의 접점찾기다.

【제8장】한일 양국의 역사적 배경이나 역사 교육의 차이로부터 서로 간의 엇갈리는 인식 차이가 부각된다. 일본 총리 가운데 가장 오랜 기간 집권한 아베 정권을 거치며 일본에서는 우경화가 강하게 나타났다. 한편, 일본의 정치인 및 일반 국민의 상당수는 "한국은 국민정서법이 지배하는 나라"라는 인식을 갖고 있다. 최근에는 미중갈등이나 러시아의 우크라이나 침공으로 국제정세가 크게 변화되었고 그 변화 속에서 한국과 일본은 어떻게 상호이익을 모색할 것인지가 요구되고 있다. 무엇보다도 민간교류를 넓혀가며 각각의 진솔한 모습이나 사고방식의 차이를 알아가는 과정이 있어야 할 것이다. 양국의 특성을 감안하면 여기저기로 넓히려는 속성이 강한 한국(K)의 씨줄(가로줄)과 종적 사회로서의 색채가 강한 일본(J)의 날줄(세로줄)을 서로 엮는 'KJ망' 구축이라는 '전략적 협조관계' 또는 '상호활용 전략'이 유효하다.

(국중호 정리)

에필로그

오사나이 이즈미(요코하마시립대학 이사장)

　주(駐)요코하마 대한민국 총영사관 주최로 2021년 10월 22일 '한일 과제 해결을 모색하는 심포지엄'이 열렸습니다. 본서의 프롤로그에서는 윤희찬 전 총영사님이 이 심포지움에서 개회 인사를 하신 인연으로 프롤로그를 쓰셨다고 하고 있습니다. 저는 동 심포지엄에서 폐회사를 한 인연으로 에필로그를 담당하게 되었습니다.

　요코하마시립대학 '지역공헌센터'는 동 심포지엄의 공동개최자로서 온라인·웨비나 운영을 담당하였습니다. 우리 대학이 함께 협동하여 참여하게 된 것을 매우 기쁘게 생각합니다. 본서의 내용은 동 심포지엄에서 다룬 강연의 일부를 살리고 그 후 다른 연구자분들도 집필에 가담하여 한일관계와 관련된 여러 흥미로운 주제를 포함하고 있습니다. 테마가 각 분야에 걸쳐 있고 균형을 갖춘 저작이 되었습니다. 본서의 출판에서는 한국 출신 우리 대학의 국중호 교수가 중심이 되어 기획부터 감수는 물론 편집과 집필도 담당하는 등 본서의 출판에 많은 심혈을 기울였습니다.

　공립대학법인 요코하마시립대학의 기본방침의 하나로 '앎[知]의 창생·발신'을 들고 있습니다. 앎을 어떻게 창생(創生: 창조하여 생성)하고 발신할 것인지는 여러가지 방법이 있습니다. 본서는 사회에 가로놓인 문제가 무엇인지 깊이 들여다보고 분석하여 그 문제에 대한 해결책 제시를 목표로 편집되어 있습니다. '국제도시 요코하마'를 내거는 우리 대학으로서 요코하마에 뿌리를 내리고 일본 국내뿐만 아니라 국제적인 과제에도 관심을 쏟고 있습니다. 본서가 한일 양국관계에 가로놓

299

여 있는 각 현황 분석과 제언을 하고 있음은 다름 아닌 '앎[知]의 창생과 발신'의 실천이라고 말할 수 있습니다.

한국과 일본의 연구자, 학자분들이 한자리에 모여 본서를 상재(上梓)할 수 있었습니다. 본서는 오랜 동안 각각의 분야에서 종사해 온 전문가분들이 집필한 저작으로 그 내용도 폭넓고 새로운 발견과 배움도 기대할 수 있습니다. 한일관계에 대해 생각하는 기회가 되면 더할 나위 없겠습니다.

요코하마시립대학에는 일본 전국으로부터 온 학생들이 재적하고 있으며 수년 후에 창립 100년을 맞이하게 됩니다. 우리 대학은 일본 개항 후 근대화와 함께 발전해 온 공립대학으로서 개항 국제도시 요코하마에 걸맞게 국제이해 교육을 진행하며 글로벌 인재를 배출하고 있습니다. 한국이나 중국 유학생이 많은 것도 특징입니다. 한류, BTS 인기 등 이유는 각각이라도 한국에 매력을 느끼며 유학 프로그램으로 한국에서 배우고 있는 우리 대학의 학생도 늘고 있는 듯 합니다.

요코하마시립대학은 대규모의 대학은 아니지만 글로벌 인재육성이 대학의 강점이기도 합니다. 현재 한국과의 국제 교류로서 인천대학교, 고려대학교세종캠퍼스, 숙명여자대학교, 세명대학교의 4개 대학과 대학 간 협정을 체결하고 있고, 연세대학교 및 광주과학기술원 생명과학부와는 연구자 간 협력 협정을 맺고 있습니다.

저는 요코하마시(市) 직원이었을 때 한국분들과 우호(友好)도시 교류를 비롯하여 지역과제 해결을 향해 함께 노력한 경험이 있습니다. SNS 등으로 전 세계로의 발신이 가능한 시대가 되고 로컬과 글로벌의 경계는 세대를 초월하여 느슨해지고 있습니다. 앞으로 상호이해가 진전되기를 기대하는 바입니다.

윤희찬 전 총영사님을 비롯하여 집필을 담당하여 주신 여러분께 감사의 말씀을 드리며 본서의 출판을 축하드립니다.

(국중호 번역)

저자 소개

윤희찬(尹喜粲) 전 주(駐)요코하마 대한민국 총영사관 총영사   - 프롤로그

   1991년 1월 외무부 근무 시작

   1995년 6월 주밴쿠버 대한민국 총영사관 부영사

   1998년 6월 주멕시코 대한민국 총영사관 삼등서기관

   2003년 12월 주국제연합 대한민국 대표부 이등서기관

   2006년 6월 주이라크 대한민국 대사관 일등서기관

   2007년 12월 주센다이(仙台) 대한민국 총영사관 영사

   2012년 9월 일본 큐슈대(九州大) 연구원

   2014년 9월 주후쿠오카(福岡) 대한민국 총영사관 영사

   2017년 11월 재외동포 영사실 여권과장(심의관)

   2019년 10월 주요코하마(横浜) 대한민국 총영사관 총영사(~2022년 12월)

국중호(鞠重鎬) 요코하마시립대학 국제상학부 교수   - 편집, 제1장, 제7장, 제8장

   충청남도 서산 출생. 1992년 4월 히토츠바시(一橋) 대학 경제학연구과 유학

   고려대 및 히토츠바시대 두 대학에서 박사학위(경제학) 취득

   히토츠바시대 경제학부 특별연구원 및 한국조세재정연구원 연구위원

   1999년 4월 요코하마시립대학 조교수로 부임

   University of California at Berkeley 방문교수 및 서울대학교 객원연구원

   현재, 요코하마시립대학 국제상학부 교수. 게이오기주쿠(慶應義塾)대학 특별초
      빙교수. 동아시아경제경영학회 회장도 겸무 중

   전공은 재정학, 경제정책, 한일경제

   2016년 8월부터 2022년 4월까지 매월 한국경제신문 〈세계의 창〉에 칼럼 집필

   저서로『한국지방세론』,『호리병 속의 일본』,『흐름의 한국, 축적의 일본』(이상 한
      국어판),『韓国の地方税 −日本との比較の視点−』(한국의 지방세 −일본과의 비
      교 시점−),『韓国の財政と地方財政』(한국의 재정과 지방재정). 공저로『現代韓

国を知るための60章』(현대 한국을 알기 위한 60장), 『国家主義を超える日韓の共生と交流』(국가주의를 넘어서는 한일 공생과 교류), 『韓国経済システムの研究: 高パフォーマンスの光と影』(한국 경제 시스템의 연구: 고실적의 빛과 그림자), 『韓国経済の現代的課題』(한국경제의 현대적 과제). 편저로 『日韓関係のあるべき姿』(한일관계의 바람직한 모습) 등

기미야 다다시(木宮正史) 도쿄(東京)대학 대학원 종합문화연구과 교수   - 제2장

도쿄(東京)대학 법학부졸업. 동 대학원 법학정치학연구과 박사과정 수료. 고려대학교 대학원 정치외교학과 박사과정 수료(정치학 박사)

호세이(法政)대학 법학부 조교수. 도쿄대학 대학원 종합문화연구과 조교수를 거쳐 현재 동 대학원 교수

하버드대 옌칭연구소 방문연구원. 도쿄대 현대한국연구센터, 한국학연구센터 센터장 역임

저서로 『日韓関係史』(한일관계사)(岩波書店, 2021년. 2022년 大平正芳賞 특별상 수상), 『ナショナリズムから見た韓国・北朝鮮近現代史』(내셔널리즘으로 본 남북한 근현대사)(講談社, 2018년), 『国際政治のなかの韓国現代史』(국제정치 속의 한국현대사)(山川出版社, 2012년), 『韓国 民主化と経済発展のダイナミズム』(한국 민주화와 경제발전의 다이내미즘)(筑摩書房, 2002년), 『박정희 정부의 선택: 1960년대 수출지향형 공업화와 냉전체제』(후마니타스, 2008년) 등

하코다 테츠야(箱田哲也) 아사히신문(朝日新聞) 국제보도부기자   - 제3장

1988년 아사히신문사 입사

1994년 연세대학교 어학당 연수

1999~2003년 서울특파원

2008~13년 아사히신문 서울지국장

2013년~ 한일포럼 참가

2014~18년 간사이 학원(関西学院) 시간강사

2013년 4월~2023년 아사히신문 도쿄본사 논설위원

2023년~ 아사히신문 도쿄본사 국제보도부기자

오구라 키조(小倉紀藏) 교토(京都)대학 대학원 인간·환경학연구과 교수   - 제4장

  1983년 도쿄대학 독일문학과 졸업

  1995년까지 서울대학교 철학과 동양철학전공 석·박사과정에서 공부(문학석사)

  1996년 도카이(東海)대학 외국어교육센터 부임

  2006년 교토(京都)대학 대학원 인간·환경학 연구과에 부임. 현재 동 연구과
    교수

  일본 외무성 '한일 우정의 해 2005' 위원, 일본 외무성 '한일교류축제' 위원, 일
    본 정부 '한일문화교류회의' 위원, 현대한국조선학회 회장, 비교문명학회
    부회장 등 역임

  주요 저서로 『韓国は一個の哲学である』(한국은 하나의 철학이다)(講談社), 『歷史
    認識を乗り越える』(역사인식을 뛰어넘는다)(講談社), 『心で知る、韓国』(마음으
    로 안다, 한국)(岩波書店), 『北朝鮮とは何か』(북한은 어떤 존재인가?) (藤原書
    店), 『朝鮮思想全史』(조선사상전사)(筑摩書房) 등

남기정(南基正) 서울대 일본연구소 교수   - 제5장

  서울시 출생. 서울대 외교학과 졸업. 2000년 도쿄(東京)대학에서 『朝鮮戦争と日
    本: '基地国家'における戦争と平和』(한국전쟁과 일본: '기지국가'의 전쟁과 평
    화) 연구로 박사학위 취득

  2001년부터 2005년까지 일본 도호쿠(東北)대 법학연구과 조교수. 2005년부터
    2009년까지 국민대학교 국제학부 부교수 등을 거쳐 현재 서울대학교 일본
    연구소 교수

  전후 일본의 정치외교, 전후 한일관계 등을 전공으로 하며, 최근에는 일본의 평
    화주의나 평화운동에도 관심을 갖고 연구하고 있음

  저서로 『기지(基地)국가의 탄생: 일본이 싸운 한국전쟁』, 『전후 일본과 생활평화
    주의』(편저), 『역사로서의 한일국교정상화 II: 탈식민지화편』(공저), 「한일관
    계를 어떻게 할 것인가: 한일관계 재구축의 필요성, 방법론, 가능성」, 「일본
    의 반원전 운동: 기원으로서의 베트남 반전운동과 생활평화주의의 전개」,
    『전후 한일관계의 전개: 냉전, 내셔널리즘, 리더십의 상호작용』, 「한일 1965

년체제 종식에의 길」, "Linking peace with reconciliation : Peace on the Korean Peninsula and the Seoul—Pyongyang—Tokyo triangle", "Is the postwar state melting down? : an East Asian perspective on post—Fukushima Japan" 등

황선혜(黃仙惠) 조사이(城西)국제대학대학원 비즈니스디자인연구과 부교수 - 제6장

1997년 한국방송공사(KBS)에서 정보 · 다큐멘터리 프로그램 제작 담당

2002년에 일본 유학. 히토츠바시(一橋)대학 대학원 사회학연구과 석사(사회학), 게이오기주쿠(慶應義塾)대학 대학원 미디어디자인연구과 박사(미디어디자인학) 학위 취득

2005년부터 소니 네트워크 커뮤니케이션즈(주)에서 8년간 CS 채널의 편성, 프로그램 제작, 콘텐츠 비즈니스를 담당

2014년 SR & Produce 주식회사를 설립해 프로그램 제작 · 유통, 컨설팅, 집필, 강연

2016년부터 게이오기주쿠대학 대학원 미디어디자인연구소 리서치 담당

2018년부터 한국콘텐츠진흥원(KOCCA) 일본비즈니스센터장 취임, 한국 콘텐츠의 일본 진출과 한일 콘텐츠비즈니스 지원활동

2021년부터 경영정보이노베이션전문직대학(iU) 객원교수, 이희건 한일교류재단 한국연구차세대 펠로우 등 인재육성과 한일협업, 실천연구 프로젝트에 종사

2022년부터 조사이국제대학 및 대학원에서 비즈니스 모델 디자인과 표상문화(表象文化) 연구, 미디어 프로젝트(한류 엔터테인먼트 실천) 담당

현재, 조사이(城西)국제대학 미디어학부/대학원 비즈니스디자인연구과 부교수

오사나이 이즈미(小山内いづ美) 공립대학법인 요코하마시립대학 이사장 – 에필로그

1984년 4월 요코하마시(横浜市) 공무원 채용

2003년 4월 이소고구(磯子区) 복지보건센터 서비스과장

2005년 4월 호도가야구(保土ヶ谷区) 총무부 총무과장

2007년 4월 도시경영국 경영기획조정부 조사 · 광역행정과장

2009년 4월 도시정비국 총무부 총무과장

2010년 4월 도시경영국 도쿄사무소장

2014년 4월 도쿄(東京) 프로모션 본부장

2016년 4월 사카에구(栄区) 구청장

2019년 4월 공익재단법인 요코하마시 남녀공동참여추진협회 이사장

현재, 공립대학법인 요코하마시립대학 이사장

수평화된 한일관계

초판발행	2023년 8월 4일
편저자	국중호
저 자	기미야 다다시·하코다 테츠야·오구라 키조·남기정·황선혜
발행인	안종만·안상준
편 집	탁종민
기획/마케팅	손준호
디자인	BEN STORY
제 작	고철민·조영환
펴낸곳	(주)**박영사**
	서울특별시 금천구 가산디지털2로 53, 210호(가산동, 한라시그마밸리)
	등록 1959.3.11. 제300-1959-1호(倫)
전 화	02)733-6771
f a x	02)736-4818
e-mail	pys@pybook.co.kr
homepage	www.pybook.co.kr
ISBN	979-11-303-1798-4 93300

copyright©국중호, 2023, Printed in Korea

정 가	29,000원